and .NET Core 2.x
Blueprints

C# 7 and .NET Core 2.x Blueprints

프로젝트별 예제로 배우는 C#과 닷넷 코어

더크 스트라우스 · 야스 라드메이어 지음 양정열 옮김

사랑하는 아이들, 이레네Irénéé와 트리스탄Tristan에게 이 책을 바칩니다.

— 더크 스트라우스Dirk Strauss

나를 만난 후 지금까지 사랑과 지원을 아끼지 않은 아내 자나티Janati 그리고 언제나 인생의 밝은 면을 보게 해준 젠더Xander와 라나Lana에게 이 책을 바칩니다.

— 야스 라드메이어Jas Rademeyer

| 지은이 소개 |

더크 스트라우스^{Dirk Strauss}

엠브레이스^{Embrace}의 풀스택 개발자다. 공부하고 배운 것을 다른 사람에게 알려주는 것을 좋아한다. 팩트출판사의 C# 책과 싱크퓨전^{Syncfusion}의 전자책을 출간했다. 여가 시간에는 기타를 연주하고 지미 핸드릭스^{Jimi Hendrix}의 릭(기타 연주 패턴)을 배우면서 보낸다. 트위터 @DirkStrauss로 연락할 수 있다.

항상 같은 자리에서 나를 지지해준 내 아내와 아들과 딸에게 감사한다. 그리고 진심으로 사랑한다.

야스 라드메이어^{Jas Rademeyer}

IT 업계에서 15년간 일했으며 경력의 대부분은 소프트웨어 분야다. 멀티미디어 분야의 정보 과학 학위를 받았으며 아키텍처와 솔루션 설계부터 사용자 경험과 교육에 이르기까지 모든 개발 분야에 참여했다.

현재는 테크니컬 솔루션 매니저^{technical solutions manager}로 일하면서 마이크로소프트 사에서 프로젝트 개발 팀을 관리하고 있다.

아내, 두 자녀들과 여가를 즐기면서 교회 찬양대에서 봉사하고 있다.

| 기술 감수자 소개 |

프라카쉬 트리타티 Prakash Tripathi

다국적 기업의 기술 리더이자 열정적인 작가, 발표자로 활동하고 있다. 마이크로소프트 사의 기술과 플랫폼을 활용한 기업용 응용 프로그램의 설계 및 개발, 유지 관리, 지원 등과 같은 풍부한 경험을 갖고 있다.

2016년과 2017년에는 마이크로소프트 사로부터 받은 MVPMost Valuable Professional를 비롯해 주요 개발자 포털c-sharpcorner에서도 많은 상을 받았다. 보팔Bhopal MANIT에서 컴퓨터 응용 프로그램 석사 학위를 받았다.

글을 쓰는 동안 끊임 없이 도와준 아내 아라다나Aradhana에게 감사한다. 빠르게 성장하고 끊임 없이 변화하는 분야에서 플랫폼을 제공해준 마이크로소프트 사와 c-sharpcorner 기술 커뮤니티에도 감사한다.

| 옮긴이 소개 |

양정열(yanggy@godev.kr)

국내 Telco SI/SM 소프트웨어 개발자로 시작해 현재는 프로젝트 매니저^{Project Manager}로 일하고 있으며, 독립 IT 기술자 저술 강연 상호부조 네트워크인 GoDev(http://www.godev.kr)의 정회원이다.

옮긴이의 말

십수 년 전 프로그래밍을 처음 시작하면서 사용했던 언어가 C#이다. 당시 C#의 버전은 1.2였고 개발 도구는 비주얼 스튜디오 2003, .NET Framework의 버전은 1.1이었다. 비교적 다른 개발 언어에 비해 도구는 강력했고 이로 인해 얻을 수 있는 장점도 많았다. 어느덧 세월이 흘러 이 책이 출간되는 시점인 2019년 4월, C# 버전은 8.0 preview가 준비돼 있고 비주얼 스튜디오는 2019가 출시됐다. 또한 크로스 플랫폼을 지원하는 오픈소스 .NET core는 3.0까지 진화, 발전했다. C#과 비주얼 스튜디오 그리고 .NET은 개발자에게 양보할 수 없는 다양하고 강력한 기능을 제공하고 있으며 다른 언어가 가진 장점까지 받아들여 더욱 매력적이고 멋진 언어이자 도구가 됐다.

이 책에서는 이러한 강력한 도구의 사용 방법과 함께 .NET 응용 프로그램 개발에서 중요한 요소인 객체지향 설계 원칙과 프로그래밍의 원리, 실전에서 활용할 수 있는 다양한 오픈 소스와 유용한 도구 및 플랫폼의 사용 방법을 적절한 예제를 통해 쉽게 설명하고, 코드를 모듈화하고 손쉽게 코드를 공유하며 공유한 코드를 확장하는 방법을 소개한다.

기본적으로 C# 언어에 익숙한 사용자면 좋겠지만, 그렇지 않더라도 마이크로소프트에서 제공하는 방대한 양의 온라인 자습서를 통해 기본적인 내용을 쉽게 배울 수 있으며, 이 책의 예제를 설명하는 곳에도 관련 링크를 친절하게 안내하고 있다.

이러한 도구를 배우고 익숙하게 다루게 되면 보다 적은 양의 코드로 개발 생산성을 극대화할 수 있으며 윈도우뿐 아니라 리눅스나 맥OS와 같은 다양한 플랫폼을 대상으로 자신의 아이디어를 쉽고 빠르게 적용하면서 확장해 나갈 수 있을 것이다.

이 책에서 소개하는 내용들은 바뀌지 않는 부분도 있지만 자주 업데이트되는 내용이 많으므로 자신의 모니터 앞에 펼쳐진 내용이 책에 있는 스크린샷과 다르거나 많이 바뀌었더라도 당황하지 말기 바란다. 이는 신기술을 배우고 있다는 증거다. 우직하게 변경된 부분을 찾아보면서 진행하길 기대하지만 그럼에도 문의 사항이 있다면 출판사나 역자 또는 저자에게 연락해도 좋다.

끝으로, 이 책을 번역하는 동안 묵묵히 응원해준 아내 승희와 학교 시험 공부를 하면서 면학 분위기를 잡아준 딸 우림, 아들 시온에게 고맙고 사랑한다는 말을 전한다.

차례

이 책에서는 잘 알려진 일반적인 응용 프로그램의 설계 방식을 사용해 .NET Core 2.1을 설명한다. 흥미로운 응용 프로그램을 만들면서 .NET Core 2.1의 사용법을 배울 수 있다.

이 책의 대상 독자

이 책은 C# 프로그래밍 언어를 잘 알고 있으며 .NET Core를 더 알고 싶어하는 개발자를 대상으로 한다.

이 책의 구성

1장, '전자책 관리자와 목록 앱'에서는 C# 7의 새로운 기능을 소개한다. 개발자는 이 기능을 통해 적은 코드로 높은 생산성을 얻을 수 있다. 또한 전자책 관리자 응용 프로그램도 만든다. 이 응용 프로그램은 하드 디스크와 외장 드라이브에 위치한 전자책을 하나의 가상 저장소 공간으로 모아주는 기능을 제공한다. 이 응용 프로그램은 필요에 따라 개선할 수도 있다.

2장, '크리켓 점수 계산기와 트래커'에서는 .NET 응용 프로그램을 만드는 중요한 요소인 객체지향 프로그래밍Object-oriented programming, OOP을 설명한다. 개발자는 적절한 OOP를 통해 프로젝트 간에 코드를 쉽게 공유할 수 있고 이미 작성한 코드를 재작성할 필요도 없다. 선호하는 두 팀의 크리켓 점수를 추적하는 ASP.NET Bootstrap 웹 응용 프로그램을 만들어보면서 OOP의 원칙을 명확하게 이해할 수 있다.

3장, '다양한 플랫폼에서 동작하는 .NET Core 시스템 정보 관리자'에서는 .NET Core에 관한 설명이 전부다. .NET Core를 통해 윈도우와 맥OS, 리눅스에서 동작하는 간단한 대시보드 응용 프로그램을 통해 이러한 내용을 설명한다. 이 응용 프로그램은 컴퓨터의 정보와 컴퓨터가 있는 위치의 날씨 정보를 보여준다.

4장, '태스크와 버그 로깅 ASP .NET Core MVC 앱'에서는 태스크와 버그 로깅 응용 프로그램을 만들면서 ASP.NET Core MVC와 몽고DB^{MongoDB} 사용법을 살펴본다. 개발자는 몽고DB를 통해 생산성이 향상되고 .NET Core와 쉽게 통합할 수 있다.

5장, 'ASP.NET SignalR 대화 응용 프로그램'에서는 사용자가 페이지를 새로 고침하지 않더라도 서버 측 코드에서 해당 웹 페이지에 실시간으로 데이터를 보낼 수 있는 기능을 생각해보는 것으로 시작한다. 개발자는 ASP.NET SignalR 라이브러리를 통해 응용 프로그램에 실시간 웹 기능을 간단히 추가할 수 있다. 참고로 8장, 'OAuth를 활용한 트위터 클론'을 살펴볼 때 5장의 내용을 떠올릴 수 있길 바란다. 이 응용 프로그램은 SignalR과 통합하기 좋다.

6장, '엔터티 프레임워크 코어로 만드는 웹 리서치 도구'에서는 .NET Core 학습의 핵심인 엔터티 프레임워크 코어^{Entity Framework Core}를 설명한다. 데이터를 읽어와 데이터베이스에 기록하는 응용 프로그램을 개발할 때 가장 힘든 부분은 데이터베이스와 코드 간 통신 계층 설정이다. .NET Core 응용 프로그램에서 이 문제를 해결할 때 이용하는 엔터티 프레임워크 코어에 대해 설명한다.

7장, '서버리스 이메일 유효성 검사 애저 함수'에서는 애저 함수를 만들고 ASP.NET Core MVC 응용 프로그램에서 이 함수를 호출하는 방법을 보여준다. 이 애저 함수에서는 이메일 주소를 검사한다. 7장을 통해 서버리스 컴퓨팅과 그 이점을 명확하게 이해할 수 있다.

8장, 'OAuth를 활용한 트위터 클론'에서는 트위터의 기능을 필요에 따라 수정하는 방법을 설명한다. 예를 들면 선호하는 트윗을 저장하는 기능이 이에 해당한다. ASP.NET Core MVC 응용 프로그램을 통해 기본적인 기능을 갖춘 트위터 클론을 만드는 일이 얼마나 쉬운지 살펴본다. 이 응용 프로그램에 쉽게 기능을 추가해 특정 요구 사항을 만족시키도록 사용자 정의할 수 있다.

9장, '도커와 ASP.NET Core 활용'에서는 요즘 화두가 되고 있는 도커^{Docker}를 살펴보고 도커가 개발자에게 어떤 도움을 줄 수 있는지에 대해 설명한다. ASP.NET Core MVC 응용 프로그램을 생성하고 도커 컨테이너에서 구동하는 방법을 설명한다. 마지막 부분에서는 도커 허브^{Docker Hub}와 깃허브^{GitHub}를 사용해 빌드를 자동화하는 방법을 살펴본다.

▌ 준비 사항

독자가 최소한 C# 6은 잘 알고 있다고 가정한다. 모든 예제는 C# 7을 사용하며, 최신 패치된 비주얼 스튜디오 2017이 설치돼 있어야 한다. 비주얼 스튜디오 2017이 없다면 다음 경로에서 비주얼 스튜디오 커뮤니티 2017 버전을 무료로 설치해야 한다.

https://visualstudio.microsoft.com/ko/free-developer-offers/

▌ 예제 코드 다운로드

한국어판에서는 변경된 데이터셋에 맞게 예제 코드를 수정했다. 에이콘출판사의 도서 정보 페이지 http://www.acornpub.co.kr/book/CSharp7-.NET-Core-2.0이나 옮긴이의 깃허브 저장소 https://github.com/JungYeolYang/CSharp7-and-.NET-Core-2.x-Blueprints에서 수정된 예제 코드를 다운로드할 수 있다.

원서에서 사용된 예제 코드는 http://www.packtpub.com/support를 방문해 이메일을 등록하면 파일을 직접 다운로드할 수 있으며, 원서의 Errata도 확인할 수 있다. 또한 https://github.com/PacktPublishing/CSharp7-and-.NET-Core-2.0-Blueprints에서도 원서 예제 코드를 다운로드할 수 있다.

▍ 편집 규약

이 책의 전반에서 사용한 텍스트 표기법은 다양하다.

문장 속 코드(텍스트의 코드 단어와 데이터베이스 테이블명, 폴더명, 파일명, 파일 확장자, 경로명, URL, 사용자 입력, 트위터 계정)는 다음과 같이 표기한다.

"자신이 원하는 응용 프로그램명을 정할 수도 있지만 여기서는 다음과 같이 **eBookManager** 로 한다."

코드 블록은 다음과 같이 표기한다.

```
namespace eBookManager.Engine
{
    public class DeweyDecimal
    {
        public string ComputerScience { get; set; } = "000";
        public string DataProcessing { get; set; } = "004";
        public string ComputerProgramming { get; set; } = "005";
    }
}
```

모든 명령줄 입출력은 다음과 같이 기술한다.

```
mongod -dbpath D:MongoTask
```

새로운 용어나 중요한 단어 또는 화면에 있는 단어는 다음과 같이 고딕체로 표기하며 메뉴나 대화상자의 단어가 이에 해당한다.

"저장소 공간과 전자책을 모두 추가하면 다음과 같이 Virtual Storage Spaces 목록을 확인할 수 있다."

주의해야 하거나 중요한 내용은 이 박스로 표기한다.

 참고 사항이나 요령은 이 박스로 표기한다.

▍독자 의견

독자들의 피드백은 언제나 환영이다. 이 책의 좋았던 점과 나빴던 점에 관한 솔직한 생각을 알려주길 바란다. 독자들의 피드백은 우리가 독자들이 가장 얻고자 하는 책을 개발하는 데 있어 매우 소중하다.

일반적인 의견은 이 책을 메일 제목으로 해서 feedback@packtpub.com으로 보내면 된다. 특정 분야의 책을 쓰거나 기여하는 데 관심이 있다면 www.packtpub.com/authors에 있는 저자 가이드를 참고하기 바란다.

▍오탈자

책 내용의 정확성에 만전을 기하지만 실수는 늘 생기는 법이다. 책을 읽다가 문장이나 소스 코드에서 실수가 발견되면 즉시 알려주길 바란다. 이런 협조를 통해 다른 독자들이 겪을 혼란을 줄일 수 있고, 이 책의 다음 버전을 개선하는 데 큰 도움이 될 것이다.

오탈자를 발견하면 http://www.packtpub.com/submit-errata에 접속해 책을 선택하고 Errata Submission Form 링크를 클릭해 오탈자에 관한 상세 사항을 입력하면 된다. 오류 내용이 확인되면 팩트출판사 웹 사이트에 올려지거나 책의 정오표 섹션에 있는 정오표 목록에 추가된다. 이전에 제출된 정오표를 확인하려면 https://www.packtpub.com/books/content/support 페이지의 검색 필드에 책명을 입력하면 된다.

한국어판은 에이콘출판사의 도서 정보 페이지 http://www.acornpub.co.kr/book/CSharp7-.NET-Core-2.0에서 찾아볼 수 있다.

▌ 저작권 침해

인터넷상의 저작권 침해는 모든 매체에 걸쳐 계속 진행되고 있는 문제다. 팩트출판사는 저작권과 라이선스 보호를 매우 심각하게 인식하고 있다. 인터넷에서 팩트출판사 발간물의 불법 복제를 발견하면 이에 관한 조치를 취할 수 있도록 해당 웹 사이트의 주소와 이름을 즉시 알려주기 바란다. 의심되는 불법 복제본의 링크와 함께 copyright@packtpub.com으로 연락하면 된다.

가치 있는 콘텐츠를 제공하려는 저자와 팩트출판사를 보호하기 위한 독자의 도움에 깊이 감사드린다.

▌ 문의 사항

이 책에 관한 질문은 questions@packtpub.com으로 문의하기 바라며, 팩트출판사는 문제 해결을 위해 최선을 다할 것이다. 한국어판에 관한 질문은 이 책의 옮긴이나 에이콘출판사 편집 팀(editor@acornpub.co.kr)으로 문의해주길 바란다.

01

전자책 관리자와 목록 앱

C# 7은 비주얼 스튜디오 2017로 개발할 수 있는 매우 멋진 언어다. 개발자에게 여러 가지 강력한 기능을 제공하며 그중 일부는 과거에 다른 언어에서만 제공됐던 기능이다. C# 7에서 제공하는 새로운 기능을 통해 개발자는 보다 적은 코드로 생산성을 향상시킬 수 있다.

C# 7의 새로운 기능은 다음과 같다.

- 튜플Tuples
- 패턴 일치Pattern matching
- Out 변수
- 버림Discards
- 로컬 함수Local function

- 숫자 리터럴 구문 개선 사항

- Ref local 및 return

- 일반화된 비동기 반환 형식

- 생성자constructor와 종료자finalizer, 접근자accessor에서 식 본문Expression body 사용

- Throw 식

1장에서는 이 기능 중 일부만 사용하며 나머지 기능은 이 책의 나머지 부분을 진행하면서 소개한다. 1장에서는 전자책 관리자 응용 프로그램을 만든다. 자신의 컴퓨터 하드 디스크나 외장 하드에 널려 있는 전자책을 이 응용 프로그램을 통해 가상 저장 공간Virtual Storage Space에 정리할 수 있으며 필요에 따라 기능을 개선할 수도 있다. 이러한 응용 프로그램 영역은 매우 방대하며 C# 7의 새로운 기능을 이해하기 위해 깃허브(https://github.com/JungYeolYang/CSharp7-and-.NET-Core-2.x-Blueprints)에서 소스 코드를 다운로드하고 직접 따라 할 수 있다.

그럼 시작해보자!

▌ 프로젝트 설정하기

비주얼 스튜디오 2017에서 'Windows Forms 앱' 프로젝트를 생성한다. 자신이 원하는 응용 프로그램명을 정할 수도 있지만 여기서는 다음과 같이 eBookManager로 한다.

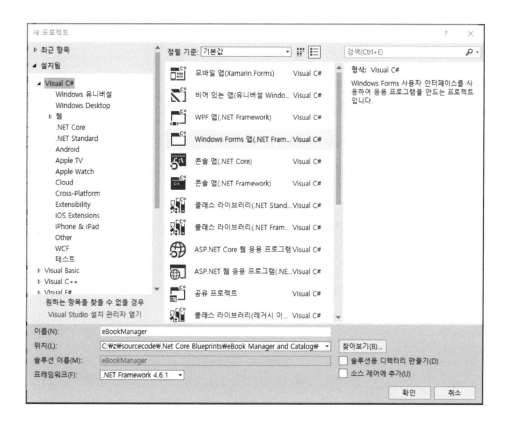

프로젝트가 생성되면 다음과 같은 내용을 볼 수 있다.

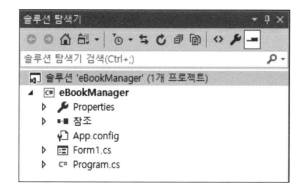

솔루션에 eBookManager 응용 프로그램을 동작시켜주는 클래스를 포함시키려면 '**클래스 라이브러리**' 프로젝트가 필요하다. 다음과 같이 새 **클래스 라이브러리** 프로젝트를 **솔루션**에 추가한 후 eBookManager.Engine이라고 입력한다.

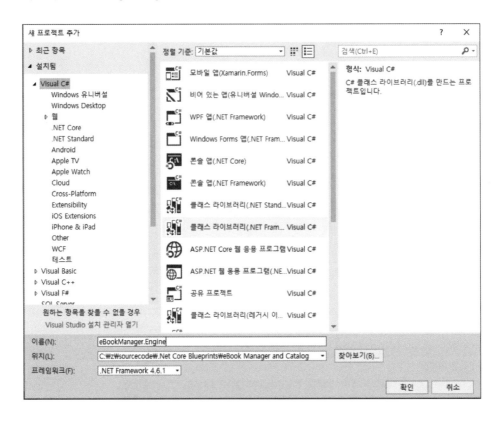

클래스 라이브러리 프로젝트가 기본 클래스명으로 **솔루션**에 추가된다. 이 클래스를 다음과 같이 Document로 변경한다.

Document 클래스는 하나의 전자책을 나타낸다. 일반적인 책을 예로 들면 한 권의 책은 여러 가지 속성으로 나타낼 수 있고 이는 모든 책을 대표할 수 있다. 저자를 예로 들면 모든 책은 저자가 있어야 하고 그렇지 않은 책은 존재할 수 없다.

 기계도 문서를 만들어낼 수 있다고 생각할 수 있지만 기계에서 만들어진 문서의 내용은 원래 사람이 작성했을 가능성이 높다. 코드의 주석을 예로 들어보자. 개발자가 코드에 주석을 작성하면 도구를 통해 이 주석에 기반을 둔 문서가 생성된다. 개발자 역시 저자다.

클래스에 추가한 몇 가지 속성은 책의 특징에서 도출한 것이다. 자신이 생각한 대로 코드를 추가해도 좋다.

Document.cs 파일을 연 후 이 클래스에 다음 코드를 추가한다.

```
namespace eBookManager.Engine {
    public class Document {
        public string Title { get; set; }
        public string FileName { get; set; }
        public string Extension { get; set; }
        public DateTime LastAccessed { get; set; }
        public DateTime Created { get; set; }
        public string FilePath { get; set; }
        public string FileSize { get; set; }
        public string ISBN { get; set; }
        public string Price { get; set; }
        public string Publisher { get; set; }
        public string Author { get; set; }
        public DateTime PublishDate { get; set; }
        public DeweyDecimal Classification { get; set; }
        public string Category { get; set; }
    }
}
```

DeweyDecimal 유형의 Classification이라는 속성이 포함돼 있다는 것을 알 수 있다. 이 클래스는 아직 추가되지 않았으며 다음 단계에서 진행한다.

eBookManager.Engine 프로젝트에 DeweyDecimal라는 클래스를 추가한다. 자신의 전자책을 이러한 분류법[1]으로 분류하고 싶지 않다면 이 단계를 건너뛰면 된다. 다음과 같이 추가하고 마무리한다.

---

1 듀이 십진 분류법(국제 도서 분류법) - 옮긴이

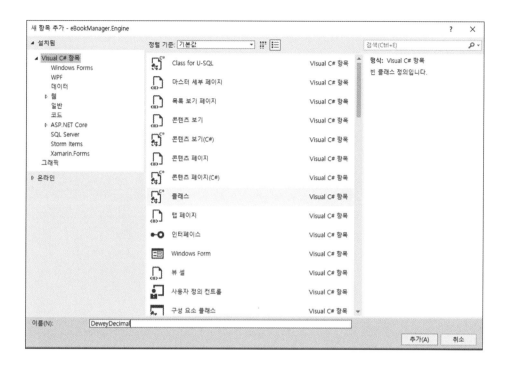

DeweyDecimal 클래스는 다음과 같이 앞서 Document 클래스가 추가된 프로젝트와 같은 위치에 놓이게 된다.

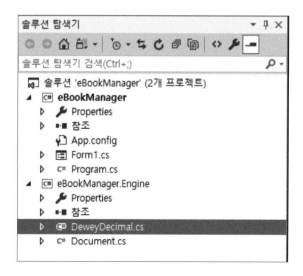

듀이 십진 분류 체계는 매우 방대하다. 이러한 이유로 모든 책을 분류하지 않고 프로그래밍에 관한 전자책을 분류한다고 가정한다. 하지만 실제로 문학, 과학, 예술 등과 같은 다른 분류를 추가하고 싶다면 원하는 대로 하면 된다. 그럼 다음과 같이 듀이 십진 분류 체계를 나타내는 클래스를 만들어보자.

1. DeweyDecimal 클래스를 연 후 이 클래스에 다음 코드를 추가한다.

```
namespace eBookManager.Engine {
    public class DeweyDecimal {
        public string ComputerScience { get; set; } = "000";
        public string DataProcessing { get; set; } = "004";
        public string ComputerProgramming { get; set; } = "005";
    }
}
```

단어 괴짜Word nerd은 이 부분에 동의하지 않겠지만 저자는 코드 괴짜Code nerd이라는 것을 상기시켜주고 싶다. 여기서 표시한 분류는 프로그래밍과 컴퓨터 사이언스에 관한 전자책을 분류하기 위한 것이며 앞서 말한 것처럼 원하는 대로 변경할 수 있다.

2. 이제 다음과 같이 **eBookManager.Engine** 솔루션의 핵심적인 부분을 추가한다. DocumentEngine은 문서 작업을 하기 위한 몇 가지 메서드가 포함된 클래스다.

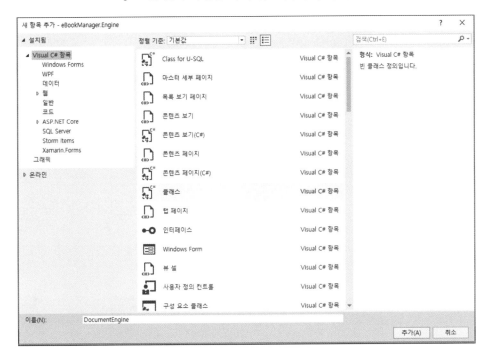

eBookManager.Engine 솔루션에는 이제 다음과 같은 클래스가 포함돼 있을 것이다.

- DeweyDecimal
- Document
- DocumentEngine

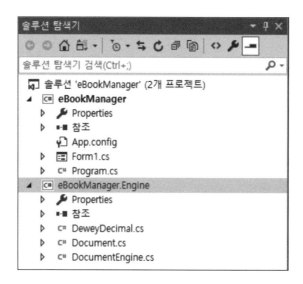

3. eBookManager 프로젝트의 eBookManager.Engine에 참조를 추가한다. 추가하는
   방법은 다음과 같다.

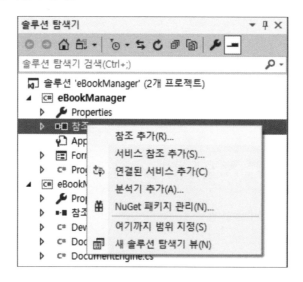

이 eBookManager.Engine 프로젝트는 다음과 같이 '**참조 관리자**' 화면의 '**프로젝트**'
하위에서 확인할 수 있다.

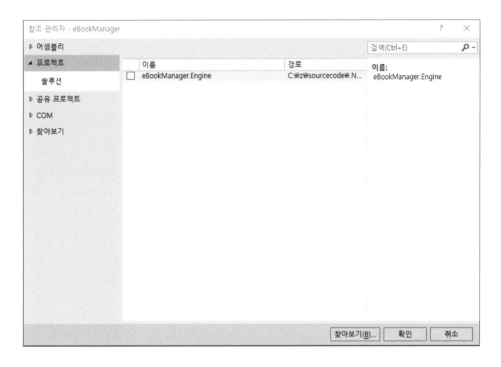

4. 참조를 추가했으면 새로운 책을 추가하기 위한 Windows Form을 만들 차례다.
eBookManager 솔루션에 다음과 같이 ImportBooks이라는 새로운 폼을 추가한다.

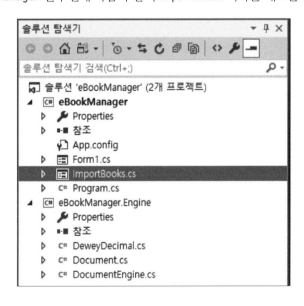

5. ImportBooks 폼에 tvImages라는 ImageList 컨트롤을 추가한다. 이 컨트롤에는 분류하고자 하는 여러 가지 형태의 문서 이미지가 포함된다.

이 ImageList는 '도구 상자'에서 ImportBooks 폼에 추가한 컨트롤이다. 이 ImageList의 '속성'에서 '이미지 컬렉션 편집기'를 사용할 수 있다.

아이콘은 다음 경로에서 다운로드할 수 있으며 소스 코드의 img 폴더에서 확인할 수 있다.

https://github.com/JungYeolYang/CSharp7-and-.NET-Core-2.x-Blueprints

PDF, MS 워드, ePub용 아이콘 파일이 제공되며 폴더 이미지도 포함돼 있다.

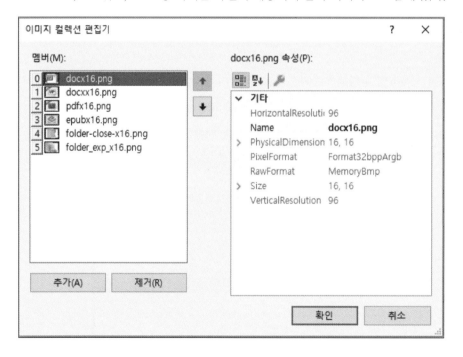

6. 이제 C# 7의 튜플을 사용하기 위해 System.ValueTuple NuGet 패키지를 추가한다. 솔루션에서 마우스 오른쪽 버튼을 클릭해 '**솔루션용 NuGet 패키지 관리...**'를 선택한다.

 TIP .NET Framework 4.7을 사용하고 있다면 이 버전의 프레임워크에 System.ValueTuple가 포함돼 있으므로 NuGet에서 다운로드할 필요가 없다.

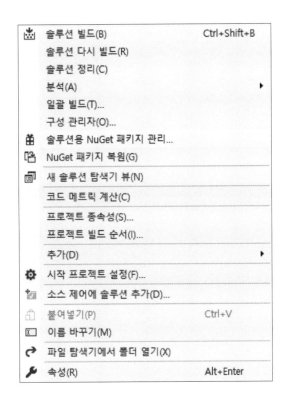

7. System.ValueTuple을 찾아 **솔루션** 프로젝트에 추가한다. 그리고 다음과 같이
   '설치'를 클릭해 과정을 마무리한다(진행 과정은 비주얼 스튜디오의 출력 창에서 볼 수
   있다).

프로젝트에는 확장 메서드를 사용할 것을 권장하며 이러한 이유로 별도의 프로
젝트나 클래스를 추가한다. 이 응용 프로그램에서는 eBookManager.Helper 클래
스 라이브러리 프로젝트를 다음과 같이 추가했다.

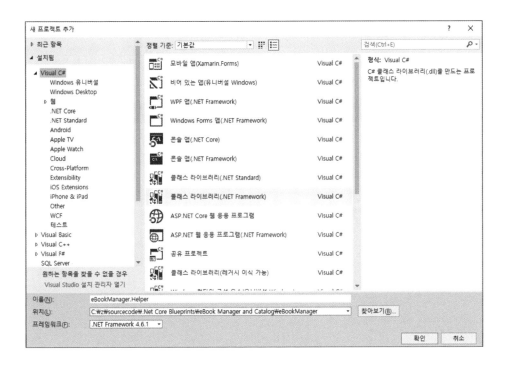

8. 다음으로 이 헬퍼 클래스를 eBookManager 솔루션에 참조 추가한다.

전자책 목록이 저장되는 파일 저장소로 JSON을 사용한다. JSON은 매우 유연하므로 다양한 프로그래밍 언어에서 사용할 수 있다. JSON은 비교적 경량이면서 가독성 좋은 장점이 있다.

9. '**솔루션용 NuGet 패키지 관리**'에서 `Newtonsoft.Json`을 검색한다. 그리고 **솔루션**의 프로젝트를 선택한 후 **설치** 버튼을 클릭한다.

지금까지 eBookManager 응용 프로그램에 필요한 기본적인 설정을 진행했다. 다음은 코드를 작성해보면서 응용 프로그램의 내부를 살펴본다.

▌ 가상 저장소 공간과 확장 메서드

가상 저장소 공간Virtual Storage Space의 동작에 관한 얘기로 시작해보자. 가상 저장소 공간은 하나 이상의 하드 디스크에 있는 물리적인 공간을 단일 가상 공간으로 표현해준다. 저장소 공간은 특정 전자책 그룹을 저장하는 영역으로 생각할 수 있다. 이 저장소 공간은 존재하지 않는 가상의 공간이기 때문에 느슨한 저장^{stored loosely}이라고 하며 하드 디스크의 물리적 공간을 넘어선 그룹화를 의미한다.

1. 가상 저장소 공간을 생성하기 위해 eBookManager.Engine 프로젝트에 Storage Space라는 새로운 클래스를 추가한다. StorageSpace.cs 파일을 연 후 다음 코드를 추가한다.

```
using System;
using System.Collections.Generic;

namespace eBookManager.Engine {
    [Serializable]
    public class StorageSpace {
        public int ID { get; set; }
        public string Name { get; set; }
        public string Description { get; set; }
        public List<Document> BookList { get; set; }
    }
}
```

 StorageSpace 클래스는 특정 저장소 공간에 있는 모든 책을 담는 List〈Document〉 유형의 BookList 속성이 포함돼 있으므로 System.Collections.Generic 네임스페이스를 추가해야 한다.

이제 eBookManager.Helper 프로젝트의 ExtensionMethods 클래스를 살펴보자. 확장 메서드는 본질적으로 확장 메서드에서 정의한 다양한 객체를 실행해야 하므로 정적이 돼야 하며 이 때문에 이 클래스는 정적 클래스가 된다.

2. eBookManager.Helper 프로젝트에 ExtensionMethods 클래스를 새로 추가한 후 다음과 같이 수정한다.

```
public static class ExtensionMethods
{
}
```

클래스에 첫 번째 확장 메서드 ToInt( )를 추가해보자. 이 확장 메서드는 문자열 값을 정숫값으로 변환한다. 우리는 게으른 개발자이므로 문자열을 정수로 변환할 때마다 Convert.ToInt32(문자열 변수)를 입력하는 것은 생각할 수 없다. 확장 메서드를 사용하는 이유는 바로 이 때문이다.

3. ExtensionMethods 클래스에 다음과 같이 정적 메서드를 추가한다.

```
public static int ToInt (this string value, int defaultInteger = 0) {
    try {
        if (int.TryParse (value, out int validInteger)) // Out 변수
            return validInteger;
        else
            return defaultInteger;
    } catch {
        return defaultInteger;
    }
}
```

ToInt( ) 확장 메서드는 문자열에만 동작한다. 이는 메서드 시그니처의 this string value 코드에서 정의하고 있으며 여기서 value는 정수로 변환하려는 문자열이 들어갈 변수명이다. defaultInteger는 기본 매개변수이며 여기서는 0으로 설정했다. 개발자가 이 확장 메서드의 호출로 기본 정숫값인 0을 반환받으려는 경우가 아니라면 이 확장 메서드에 -1과 같은 다른 정수를 전달할 수 있다.

이와 더불어 C# 7에서 추가된 기능인 out 변수도 볼 수 있다. 이전 C# 버전에서는 다음과 같이 out 변수를 사용했다.

```
int validInteger;
if (int.TryParse (value, out validInteger))
{
}
```

거추장스럽게 정수형 변수가 정의돼 있고 문자열 값이 정수integer로 변환되면 그 값을 받는다. C# 7에서는 이 코드를 다음과 같이 매우 단순하게 만들 수 있다.

```
if (int.TryParse(value, out int validInteger))
```

C# 7에서는 개발자가 out 변수를 out 인자로 전달하는 곳에 바로 선언할 수 있게 됐다. ExtensionMethods 클래스의 나머지 메서드에서는 다음과 같은 로직을 제공한다.

- 데이터 원본에 읽기(read)와 쓰기(write)
- 저장소 공간이 있는지 확인
- 바이트byte를 메가바이트megabyte로 변환
- 문자열을 정수형으로 변환(앞서 설명한 부분)

ToMegabytes 메서드는 매우 간단하다. 다음과 같이 단순한 계산식의 확장 메서드를 정의한다.

```
public static double ToMegabytes(this long bytes)
{
    return (bytes > 0) ? (bytes / 1024f) / 1024f : bytes;
}
```

특정 저장소 공간이 이미 존재하는지 여부를 확인할 방법도 필요하다.

 eBookManager.Helper 프로젝트에 eBookManager.Engine 프로젝트를 참조 추가한다.

다음의 확장 메서드는 호출한 코드에 다음next 저장소 공간 ID를 반환해준다. 저장소 공간이 존재하지 않는다면 다음 ID가 반환되며 새로운 저장소 공간을 생성하는 데 사용된다.

```
public static bool StorageSpaceExists (this List<StorageSpace> space, string
nameValueToCheck, out int storageSpaceId)
{
    bool exists = false;
    storageSpaceId = 0;

    if (space.Count () != 0)
    {
        int count = (from r in space where r.Name.Equals (nameValueToCheck)
                select r).Count ();

        if (count > 0)
            exists = true;

        storageSpaceId = (from r in space select r.ID).Max () + 1;
    }
    return exists;
}
```

다음과 같이 갖고 있는 데이터를 JSON으로 변환한 후 파일에 기록(write)하는 메서드도 만든다.

```
public static void WriteToDataStore(this List<StorageSpace> value, string
storagePath, bool appendToExistingFile = false)
```

```
{
    JsonSerializer json = new JsonSerializer();
    json.Formatting = Formatting.Indented;
    using (StreamWriter sw = new StreamWriter(storagePath, appendToExistingFile))
    {
        using (JsonWriter writer = new JsonTextWriter(sw))
        {
            json.Serialize(writer, value);
        }
    }
}
```

이 메서드는 스스로를 잘 설명하고 있다. 이 메서드는 List<StorageSpace> 객체에 따라 storagePath 변수에 정의된 파일에 기록할 JSON 데이터를 생성한다.

마지막으로 저장한 데이터를 List<StorageSpace> 객체로 다시 읽어온 후 호출한 코드에 반환해야 하며 코드는 다음과 같다.

```
public static List<StorageSpace> ReadFromDataStore (this List<StorageSpace>
value, string storagePath)
{
    JsonSerializer json = new JsonSerializer ();
    if (!File.Exists (storagePath))
    {
        var newFile = File.Create (storagePath);
        newFile.Close ();
    }
    using (StreamReader sr = new StreamReader (storagePath))
    {
        using (JsonReader reader = new JsonTextReader (sr))
        {
            var retVal =
                json.Deserialize<List<StorageSpace>> (reader);
            if (retVal is null)
                retVal = new List<StorageSpace> ();
            return retVal;
```

```
        }
    }
}
```

이 메서드에서는 빈 List<StorageSpace> 객체가 반환되므로 파일에는 아무것도 들어가지 않게 된다. ExtensionMethods 클래스에는 자주 사용하게 될 확장 메서드를 포함시킬 수 있으며 이처럼 자주 사용하는 코드는 따로 분리하는 것이 좋다.

DocumentEngine 클래스

이 클래스의 목적은 문서를 지원하는 간단한 기능을 제공하는 것이다. eBookManager 응용 프로그램에서는 GetFileProperties() 메서드를 사용하며 선택한 파일의 속성을 반환한다. 이 클래스에는 하나의 메서드만 포함돼 있다. 자신의 목적에 맞게 응용 프로그램을 변경하면서 문서에서 필요한 메서드를 이 클래스에 포함시킬 수도 있다.

DocumentEngine 클래스에서 **튜플**이라는 C# 7의 기능을 소개한다. 튜플은 정확히 어떤 일을 할까? 개발자는 메서드에서 하나 이상의 값을 반환받아야 할 경우가 종종 있다. 그 해결 방법으로 out 매개변수를 사용할 수 있지만 이 방법을 사용하면 async 메서드에서 동작하지 않는다. 튜플은 이 기능을 보다 나은 방식으로 제공한다.

DocumentEngine 클래스에 다음 코드를 추가한다.

```
public (DateTime dateCreated, DateTime dateLastAccessed, string fileName, string
fileExtension, long fileLength, bool error) GetFileProperties (string filePath)
{
    var returnTuple = (created: DateTime.MinValue,
        lastDateAccessed: DateTime.MinValue, name: "", ext: "",
        fileSize : 0L, error : false);
    try
    {
        FileInfo fi = new FileInfo (filePath);
```

```
        fi.Refresh ();
        returnTuple = (fi.CreationTime, fi.LastAccessTime, fi.Name,
            fi.Extension, fi.Length, false);
    }
    catch
    {
        returnTuple.error = true;
    }
    return returnTuple;
}
```

GetFileProperties( ) 메서드에서는 (DateTime dateCreated, DateTime dateLastAccessed, string fileName, string fileExtension, long fileLength, bool error)가 튜플로 반환되고 호출한 코드에서는 반환된 값을 쉽게 확인할 수 있다.

특정 파일에서 속성을 가져오기 전에 다음과 같이 튜플을 초기화한다.

```
var returnTuple = (created: DateTime.MinValue, lastDateAccessed: DateTime.
MinValue, name: "", ext: "", fileSize : 0L, error : false);
```

예외가 발생하면 기본값을 반환한다. 파일의 속성은 FileInfo 클래스를 통해 간단히 읽을 수 있으며 다음과 같이 해당 파일의 속성을 튜플에 할당할 수 있다.

```
returnTuple = (fi.CreationTime, fi.LastAccessTime, fi.Name, fi.Extension,
fi.Length, false);
```

해당 튜플은 호출한 코드의 용도에 따라 반환된다. 코드에서 호출하는 부분은 나중에 살펴본다.

ImportBooks 폼

ImportBooks 폼은 이름에서 의미하는 바와 같이 동작한다. 즉 가상 저장소 공간을 생성한 후 책을 가져온다. 폼의 디자인은 다음과 같다.

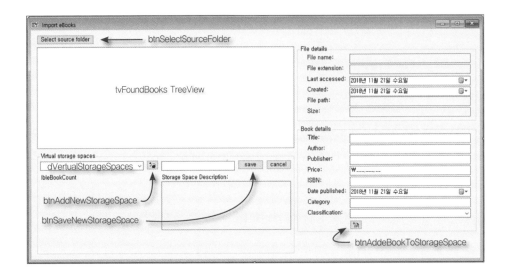

TreeView 컨트롤은 tv, 버튼은 btn, 콤보 박스는 dl, 텍스트 박스는 txt, 날짜 시간 선택은 dt를 각각 접두사로 사용한다. 이 폼이 로딩될 때 정의된 저장소 공간이 있다면 dlVirtual StorageSpaces 콤보 박스 목록에 표시된다. Select source folder 버튼을 클릭하면 전자책이 있는 폴더를 선택할 수 있다.

저장소 공간이 존재하지 않는다면 btnAddNewStorageSpace 버튼을 클릭해 새로운 가상 저장소 공간을 추가할 수 있다. 새로운 저장소 공간의 이름과 설명을 추가한 후 btnSave NewStorageSpace 버튼을 클릭한다.

tvFoundBooks 트리뷰에서 전자책을 하나 선택하면 폼 우측 File details(파일 상세 정보)의 컨트롤들을 채우게 된다. 그런 다음 부가적인 Book details(도서 상세 정보)를 입력하고 btnAddeBookToStorageSpace 버튼을 클릭해 저장소 공간에 해당 도서를 추가한다.

1. ImportBooks 클래스에 다음과 같이 네임스페이스를 추가한다.

```
using eBookManager.Engine;
using System;
using System.Collections.Generic;
using System.IO;
using System.Linq;
using System.Windows.Forms;
using static eBookManager.Helper.ExtensionMethods;
using static System.Math;
```

2. 다음으로 맨 처음 로직인 ImportBooks( ) 생성자와 폼 변수를 살펴보자. 생성자의 앞부분에 다음 코드를 추가한다.

```
private string _jsonPath;
private List<StorageSpace> spaces;
private enum StorageSpaceSelection { New = -9999, NoSelection = -1 }
```

이 열거자^{enumerator}의 용도는 나중에 코드에서 설명한다. _jsonPath 변수에는 전자책 정보를 저장한 파일의 경로가 포함된다.

3. 생성자를 다음과 같이 수정한다.

```
public ImportBooks ()
{
    InitializeComponent ();
    _jsonPath = Path.Combine (Application.StartupPath, "bookData.txt");
    spaces = spaces.ReadFromDataStore (_jsonPath);
}
```

_jsonPath는 응용 프로그램이 실행되는 폴더와 하드코딩된 bookData.txt 파일로 초기화된다. 이와 같이 설정하기 위한 화면을 제공할 수도 있지만 여기서는 하드코딩된 설정 값을 사용한다.

4. 응용 프로그램에서 저장할 수 있는 파일 확장자를 정의하는 또 다른 열거자를 추가한다. 여기서 식 본문(expression-bodied) 속성이라는 C# 7의 또 다른 기능을 확인할 수 있다.

식 본문 접근자, 생성자, 종료자

다음 표현식을 이해하는 데 어려움이 있다면 C# 6에서 소개된 기능이 C# 7에서 확장됐기 때문이다.

```
private HashSet<string> AllowedExtensions => new HashSet<string> (StringComparer.
InvariantCultureIgnoreCase)
{
    ".doc",
    ".docx",
    ".pdf",
    ".epub"
};
private enum Extention { doc = 0, docx = 1, pdf = 2, epub = 3 }
```

이 예제에서는 응용 프로그램에서 사용할 파일 확장자 HashSet을 반환한다. 이 기능은 C# 6부터 있었지만 C# 7에서는 접근자와 생성자, 종료자를 포함하도록 확장됐다. 단순한 예를 들어보자.

클래스에 _defaultDate용 필드를 설정하기 위해 Document 클래스를 수정한다고 가정하면 보통 다음과 같이 하게 된다.

```
private DateTime _defaultDate;
public Document ()
{
    _defaultDate = DateTime.Now;
}
```

C# 7에서는 이 코드를 다음과 같이 간단하게 작성할 수 있다.

```
private DateTime _defaultDate;
public Document () => _defaultDate = DateTime.Now;
```

이 코드는 완벽한 문법을 따르고 있으며 정확하게 컴파일된다. 종료자(또는 소멸자)도 동일하게 처리할 수 있다. 이외의 또 다른 좋은 구현으로는 AllowedExtensions과 함께 볼 수 있는 expression-bodied 속성을 들 수 있다. 이 expression-bodied 속성들은 실제로 C# 6에서부터 있었지만 일일이 기억하고 있는 사람은 많지 않다.

PDF용 Extension 열거형 문자열 값을 반환한다면 다음과 같이 작성할 수 있다.

```
public string PDFExtension
{
    get
    {
        return nameof (Extention.pdf);
    }
}
```

속성으로는 get 접근자가 있고 Extension.pdf의 문자열 값 외에는 아무것도 반환하지 않는다. 이 코드는 다음과 같이 단순하게 수정할 수 있다.

```
public string PDFExtension => nameof (Extention.pdf);
```

여기까지가 전부이며 단 한 줄의 코드가 일곱 줄의 코드와 동일하게 동작한다. 동일한 범주의 expression-bodied 속성 접근자들도 단순화할 수 있다. 다음 코드를 살펴보자.

```
public string DefaultSavePath
{
    get
```

```
    {
        return _jsonPath;
    }
    set
    {
        _jsonPath = value;
    }
}
```

C# 7에서는 다음과 같이 단순화할 수 있다.

```
public string DefaultSavePath
{
    get => _jsonPath;
    set => _jsonPath = value;
}
```

이렇듯 가독성이 좋은 코드를 빠르게 작성할 수 있다. AllowedExtensions 속성으로 다시 돌아가 다음과 같이 작성하는 것이 일반적인 방법이다.

```
private HashSet<string> AllowedExtensions
{
    get
    {
        return new HashSet<string>
            (StringComparer.InvariantCultureIgnoreCase)
            {
                ".doc",
                ".docx",
                ".pdf",
                ".epub"
            };
    }
}
```

앞서 살펴본 것처럼 C# 6부터는 이러한 코드를 단순화할 수 있으며 개발자는 불필요한 코드를 줄일 수 있다.

TreeView 컨트롤 채우기

PopulateBookList( ) 메서드에서 AllowedExtensions 속성의 구현을 확인할 수 있다. 이 메서드에서 하는 일은 TreeView 컨트롤을 선택한 위치의 파일과 폴더로 채우는 것이 전부다. 다음 코드를 살펴보자.

```
public void PopulateBookList (string paramDir, TreeNode paramNode)
{
    DirectoryInfo dir = new DirectoryInfo (paramDir);
    foreach (DirectoryInfo dirInfo in dir.GetDirectories ())
    {
        TreeNode node = new TreeNode (dirInfo.Name);
        node.ImageIndex = 4;
        node.SelectedImageIndex = 5;

        if (paramNode != null)
            paramNode.Nodes.Add (node);
        else
            tvFoundBooks.Nodes.Add (node);
        PopulateBookList (dirInfo.FullName, node);
    }
    foreach (FileInfo fleInfo in dir.GetFiles ().Where (x => AllowedExtensions.
Contains (x.Extension)).ToList ())
    {
        TreeNode node = new TreeNode (fleInfo.Name);
        node.Tag = fleInfo.FullName;
        int iconIndex = Enum.Parse (typeof (Extention),
            fleInfo.Extension.TrimStart ('.'), true).GetHashCode ();
        node.ImageIndex = iconIndex;
        node.SelectedImageIndex = iconIndex;
        if (paramNode != null)
            paramNode.Nodes.Add (node);
```

```
        else
            tvFoundBooks.Nodes.Add (node);
    }
}
```

이는 재귀(recursive) 메서드이며 이 메서드를 첫 번째로 호출하는 곳은 자기자신이다. 그리고 두 번째로 호출되는 곳은 다음의 btnSelectSourceFolder 버튼 클릭 이벤트다.

```
private void btnSelectSourceFolder_Click (object sender, EventArgs e) {
    try
    {
        FolderBrowserDialog fbd = new FolderBrowserDialog ();
        fbd.Description = "Select the location of your eBooks and documents";

        DialogResult dlgResult = fbd.ShowDialog ();
        if (dlgResult == DialogResult.OK)
        {
            tvFoundBooks.Nodes.Clear ();
            tvFoundBooks.ImageList = tvImages;

            string path = fbd.SelectedPath;
            DirectoryInfo di = new DirectoryInfo (path);
            TreeNode root = new TreeNode (di.Name);
            root.ImageIndex = 4;
            root.SelectedImageIndex = 5;
            tvFoundBooks.Nodes.Add (root);
            PopulateBookList (di.FullName, root);
            tvFoundBooks.Sort ();

            root.Expand ();
        }
    }
    catch (Exception ex)
    {
        MessageBox.Show (ex.Message);
    }
}
```

모두 매우 간단한 코드다. 폴더를 선택하면 AllowedExtensions 속성에 포함된 파일 확장자와 일치하는 파일을 모두 찾아 TreeView 컨트롤에 채운다.

tvFoundBooks TreeView 컨트롤의 책을 선택할 때의 코드 동작을 살펴보자. 책을 선택하면 다음과 같이 선택된 파일의 속성들을 읽어 파일 상세 정보[file details] 영역에 전달한다.

```
private void tvFoundBooks_AfterSelect (object sender, TreeViewEventArgs e)
{
    DocumentEngine engine = new DocumentEngine ();
    string path = e.Node.Tag?.ToString () ?? "";

    if (File.Exists (path))
    {
        var (dateCreated, dateLastAccessed, fileName, fileExtention, fileLength,
hasError) = engine.GetFileProperties (e.Node.Tag.ToString ());

        if (!hasError)
        {
            txtFileName.Text = fileName;
            txtExtension.Text = fileExtention;
            dtCreated.Value = dateCreated;
            dtLastAccessed.Value = dateLastAccessed;
            txtFilePath.Text = e.Node.Tag.ToString ();
             txtFileSize.Text = $"{Round(fileLength.ToMegabytes(), 2).ToString()}
MB";
        }
    }
}
```

여기서 튜플을 반환하는 DocumentEngine 클래스의 GetFileProperties() 메서드를 호출하는 부분을 확인할 수 있다.

로컬 함수

그동안 용도가 매우 궁금했던 C# 7의 기능이다. 결론적으로 로컬 함수는 매우 유용하다는 것을 알게 됐다. 중첩 함수^{nested function}라고도 부르는 이 함수는 부모 함수 안에 중첩된다. 이 함수는 부모 함수 내부의 범위에만 존재하며 해당 함수의 밖에서는 실수로 코드를 호출하는 것을 방지한다. 다음 PopulateStorageSpacesList( ) 메서드를 살펴보자.

```
private void PopulateStorageSpacesList ()
{
    List<KeyValuePair<int, string>> lstSpaces = new List<KeyValuePair<int,
string>> ();
    BindStorageSpaceList ((int) StorageSpaceSelection.NoSelection, "Select
Storage Space");

    void BindStorageSpaceList (int key, string value) // 로컬 함수
    {
        lstSpaces.Add (new KeyValuePair<int, string> (key, value));
    }

    if (spaces is null || spaces.Count () == 0) // 패턴 일치
    {
        BindStorageSpaceList ((int) StorageSpaceSelection.New, "<create new>");
    }
    else
    {
        foreach (var space in spaces)
        {
            BindStorageSpaceList (space.ID, space.Name);
        }
    }

    dlVirtualStorageSpaces.DataSource = new BindingSource (lstSpaces, null);
    dlVirtualStorageSpaces.DisplayMember = "Value";
    dlVirtualStorageSpaces.ValueMember = "Key";
}
```

어떻게 PopulateStorageSpacesList( )에서 로컬 함수 BindStorageSpaceList( )를 호출하는지 확인하기 위해 다음 스크린샷을 살펴보자.

```csharp
private void PopulateStorageSpacesList ()
{
    List<KeyValuePair<int, string>> lstSpaces = new List<KeyValuePair<int, string>> ();
    BindStorageSpaceList ((int) StorageSpaceSelection.NoSelection, "Select Storage Space");

    void BindStorageSpaceList (int key, string value) // 로컬 함수
    {
        lstSpaces.Add (new KeyValuePair<int, string> (key, value));
    }

    if (spaces is null || spaces.Count () == 0) // 패턴 일치
    {
        BindStorageSpaceList ((int) StorageSpaceSelection.New, "<create new>");
    }
    else
    {
        foreach (var space in spaces)
        {
            BindStorageSpaceList (space.ID, space.Name);
        }
    }

    dlVirtualStorageSpaces.DataSource = new BindingSource (lstSpaces, null);
    dlVirtualStorageSpaces.DisplayMember = "Value";
    dlVirtualStorageSpaces.ValueMember = "Key";
}
```

이 로컬 함수는 부모 함수 내부의 어느 곳에서나 호출할 수 있다는 것을 알 수 있다. 이 예제의 경우는 BindStorageSpaceList( ) 로컬 함수에서 아무것도 반환하지 않지만 다음과 같이 반환할 수도 있다.

```csharp
private void SomeMethod ()
{
    int currentYear = GetCurrentYear ();

    int GetCurrentYear (int iAddYears = 0)
    {
        return DateTime.Now.Year + iAddYears;
    }
```

```
    int nextYear = GetCurrentYear (1);
}
```

로컬 함수는 부모 함수 내부의 어느 위치에서나 접근할 수 있다.

패턴 일치

PopulateStorageSpacesList( ) 메서드를 통해 **패턴 일치**라는 C# 7의 또 다른 기능의 용도를 확인한다. 코드의 spaces is null은 패턴 일치의 가장 단순한 형태다. 패턴 일치에서는 실제로 몇 가지 패턴을 지원한다.

다음 switch문을 살펴보자.

```
switch (objObject)
{
    case null:
        WriteLine ("null"); // 상수 패턴
        break;

    case Document doc when doc.Author.Equals ("Stephen King"):
        WriteLine ("Stephen King is the author");
        break;

    case Document doc when doc.Author.StartsWith ("Stephen"):
        WriteLine ("Stephen is the author");
        break;

    default:
        break;
}
```

패턴 일치는 개발자가 is 식을 사용해 특정 패턴과 어떤 내용이 일치하는지 확인할 수 있게 해준다. 이 패턴은 가장 구체적인 것에서부터 매우 일반적인 패턴까지 확인할 수 있다는 것을 기억하기 바란다. 단순히 case Document doc이라고 사용하면 switch문을 통과하는 모든 Document 유형의 객체가 일치하게 된다. 결국 저자가 스티븐 킹^{Stephen King}이거나 스티븐으로 시작하는 문서는 절대 찾을 수 없다.

C 언어에서 상속받은 C# 구문의 경우는 1970년대 이후로 거의 변화가 없지만 C# 7의 패턴 일치에서는 모두 바뀌었다.

ImportBooks 마무리

ImportBooks 폼 코드의 남은 부분을 살펴보자. 다음은 폼을 로드하는 부분이며 이전에 저장해둔 저장소 공간이 존재한다면 저장소 공간 목록에 채워넣는다.

```
private void ImportBooks_Load (object sender, EventArgs e)
{
    PopulateStorageSpacesList ();

    if (dlVirtualStorageSpaces.Items.Count == 0)
    {
        dlVirtualStorageSpaces.Items.Add ("<create new storage space>");
    }

    lblEbookCount.Text = "";
}
```

다음으로 선택된 저장소 공간을 변경하는 로직을 추가한다. dlVirtualStorageSpaces 컨트롤의 SelectedIndexChanged( ) 이벤트를 다음과 같이 수정한다.

```
private void dlVirtualStorageSpaces_SelectedIndexChanged (object sender,
EventArgs e)
```

```
{
    int selectedValue = dlVirtualStorageSpaces.SelectedValue.ToString ().ToInt ();

    if (selectedValue == (int) StorageSpaceSelection.New) // -9999
    {
        txtNewStorageSpaceName.Visible = true;
        lblStorageSpaceDescription.Visible = true;
        txtStorageSpaceDescription.ReadOnly = false;
        btnSaveNewStorageSpace.Visible = true;
        btnCancelNewStorageSpaceSave.Visible = true;
        dlVirtualStorageSpaces.Enabled = false;
        btnAddNewStorageSpace.Enabled = false;
        lblEbookCount.Text = "";
    }
    else if (selectedValue != (int) StorageSpaceSelection.NoSelection)
    {
        // 선택된 저장소 공간의 내용을 확인한다.
        int contentCount = (from c in spaces where c.ID == selectedValue select
c).Count ();
        if (contentCount > 0)
        {
            StorageSpace selectedSpace = (from c in spaces where c.ID ==
selectedValue select c).First ();

            txtStorageSpaceDescription.Text = selectedSpace.Description;

            List<Document> eBooks = (selectedSpace.BookList == null) ? new
List<Document> { } : selectedSpace.BookList;
            lblEbookCount.Text = $"Storage Space contains {eBooks.Count()}
{(eBooks.Count() == 1 ? "eBook" : "eBooks")}";
        }
    }
    else
    {
        lblEbookCount.Text = "";
    }
}
```

이 코드의 동작은 비교적 명확하므로 자세한 설명은 생략한다.

Throw 식

새 저장소 공간을 저장하기 위한 코드를 추가한다. btnSaveNewStorageSpace 버튼의 Click 이벤트에 다음 코드를 추가한다.

```
private void btnSaveNewStorageSpace_Click (object sender, EventArgs e)
{
    try
    {
        if (txtNewStorageSpaceName.Text.Length != 0)
        {
            string newName = txtNewStorageSpaceName.Text;

            // throw 식: bool spaceExists = (space exists = false) ? return false
: throw exception
            // Out 변수
            bool spaceExists = (!spaces.StorageSpaceExists (newName, out int
nextID)) ? false : throw new Exception ("The storage space you are trying to add
already exists.");

            if (!spaceExists)
            {
                StorageSpace newSpace = new StorageSpace ();
                newSpace.Name = newName;
                newSpace.ID = nextID;
                newSpace.Description = txtStorageSpaceDescription.Text;
                spaces.Add (newSpace);

                PopulateStorageSpacesList ();

                // 새 저장소 공간 이름 저장
                txtNewStorageSpaceName.Clear ();
                txtNewStorageSpaceName.Visible = false;
```

```
                lblStorageSpaceDescription.Visible = false;
                txtStorageSpaceDescription.ReadOnly = true;
                txtStorageSpaceDescription.Clear ();
                btnSaveNewStorageSpace.Visible = false;
                btnCancelNewStorageSpaceSave.Visible = false;
                dlVirtualStorageSpaces.Enabled = true;
                btnAddNewStorageSpace.Enabled = true;
            }
        }
    }
    catch (Exception ex)
    {
        txtNewStorageSpaceName.SelectAll ();
        MessageBox.Show (ex.Message);
    }
}
```

여기서 throw 식이라는 C# 7의 또 다른 기능을 확인할 수 있다. 개발자는 이 기능을 통해 식에서 예외exceptions를 발생throw시킬 수 있다. 예제 코드의 다음 부분이 이에 해당한다.

```
bool spaceExists = (!spaces.StorageSpaceExists (newName, out int nextID)) ?
false : throw new Exception ("The storage space you are trying to add already
exists.");
```

다음과 같이 코드의 구조를 기억해보자.

선택한 가상 저장소 공간에 전자책을 저장하는 메서드다. **btnAddBookToStorageSpace** 버튼의 Click 이벤트를 다음과 같이 수정한다. 이 코드에도 throw 식이 포함되며 콤보 박스에서 저장소 공간을 선택하지 않으면 새로운 예외가 발생한다.

```
private void btnAddeBookToStorageSpace_Click (object sender, EventArgs e)
{
    try
    {
        int selectedStorageSpaceID = dlVirtualStorageSpaces.SelectedValue.
ToString ().ToInt ();
        if ((selectedStorageSpaceID != (int) StorageSpaceSelection.NoSelection)
&& (selectedStorageSpaceID != (int) StorageSpaceSelection.New))
        {
            UpdateStorageSpaceBooks (selectedStorageSpaceID);
        }
        else throw new Exception ("Please select a Storage Space to add your
eBook to"); // throw 식
    }
    catch (Exception ex)
    {
        MessageBox.Show (ex.Message);
    }
}
```

이제 개발자는 원하는 곳에서 곧바로 예외를 발생시킬 수 있게 됐다. 이는 명료한 코드를 통해 의도를 더 명확히 할 수 있는 매우 좋은 방식이다.

저장소 공간에 선택한 책 저장하기

다음 코드에서 선택한 저장소 공간에 이미 저장된 책이 있다면 사용자를 확인한 후 책 목록을 갱신한다. 저장된 책이 없다면 새로운 책 목록을 추가한다.

```csharp
private void UpdateStorageSpaceBooks (int storageSpaceId)
{
    try
    {
        int iCount = (from s in spaces where s.ID == storageSpaceId select
s).Count ();
        if (iCount > 0) // 공간은 항상 존재
        {
            // 갱신
            StorageSpace existingSpace = (from s in spaces where s.ID ==
storageSpaceId select s).First ();

            List<Document> ebooks = existingSpace.BookList;

            int iBooksExist = (ebooks != null) ? (from b in ebooks where $"{b.
FileName}".Equals ($"{txtFileName.Text.Trim()}") select b).Count () : 0;

            if (iBooksExist > 0)
            {
                // 기존 책 갱신
                DialogResult dlgResult = MessageBox.Show ($"A book with the same
name has been found in Storage Space {existingSpace.Name}. Do you want to replace
the existing book entry with this one?", "Duplicate Title", MessageBoxButtons.
YesNo, MessageBoxIcon.Warning, MessageBoxDefaultButton.Button2);
                if (dlgResult == DialogResult.Yes)
                {
                    Document existingBook = (from b in ebooks where $"{b.
FileName}".Equals ($"{txtFileName.Text.Trim()}") select b).First ();

                    existingBook.FileName = txtFileName.Text;
                    existingBook.Extension = txtExtension.Text;
                    existingBook.LastAccessed = dtLastAccessed.Value;
                    existingBook.Created = dtCreated.Value;
                    existingBook.FilePath = txtFilePath.Text;
                    existingBook.FileSize = txtFileSize.Text;
                    existingBook.Title = txtTitle.Text;
                    existingBook.Author = txtAuthor.Text;
                    existingBook.Publisher = txtPublisher.Text;
```

```csharp
                    existingBook.Price = txtPrice.Text;
                    existingBook.ISBN = txtISBN.Text;
                    existingBook.PublishDate = dtDatePublished.Value;
                    existingBook.Category = txtCategory.Text;
                }
            }
            else
            {
                // 새 책 추가
                Document newBook = new Document ();
                newBook.FileName = txtFileName.Text;
                newBook.Extension = txtExtension.Text;
                newBook.LastAccessed = dtLastAccessed.Value;
                newBook.Created = dtCreated.Value;
                newBook.FilePath = txtFilePath.Text;
                newBook.FileSize = txtFileSize.Text;
                newBook.Title = txtTitle.Text;
                newBook.Author = txtAuthor.Text;
                newBook.Publisher = txtPublisher.Text;
                newBook.Price = txtPrice.Text;
                newBook.ISBN = txtISBN.Text;
                newBook.PublishDate = dtDatePublished.Value;
                newBook.Category = txtCategory.Text;

                if (ebooks == null)
                    ebooks = new List<Document> ();
                ebooks.Add (newBook);
                existingSpace.BookList = ebooks;
            }

        }

    spaces.WriteToDataStore (_jsonPath);
    PopulateStorageSpacesList ();
    MessageBox.Show ("Book added");
}
catch (Exception ex)
{
    MessageBox.Show (ex.Message);
```

```
        }
    }
```

마지막으로 ImportBooks 폼에 btnCancelNewStorageSpaceSave 버튼과 btnAddNewStora geSpace 버튼의 클릭 이벤트에 컨트롤들의 활성화와 표시를 처리하는 코드를 추가한다.

```
private void btnCancelNewStorageSpaceSave_Click (object sender, EventArgs e)
{
    txtNewStorageSpaceName.Clear ();
    txtNewStorageSpaceName.Visible = false;
    lblStorageSpaceDescription.Visible = false;
    txtStorageSpaceDescription.ReadOnly = true;
    txtStorageSpaceDescription.Clear ();
    btnSaveNewStorageSpace.Visible = false;
    btnCancelNewStorageSpaceSave.Visible = false;
    dlVirtualStorageSpaces.Enabled = true;
    btnAddNewStorageSpace.Enabled = true;
}

private void btnAddNewStorageSpace_Click (object sender, EventArgs e)
{
    txtNewStorageSpaceName.Visible = true;
    lblStorageSpaceDescription.Visible = true;
    txtStorageSpaceDescription.ReadOnly = false;
    btnSaveNewStorageSpace.Visible = true;
    btnCancelNewStorageSpaceSave.Visible = true;
    dlVirtualStorageSpaces.Enabled = false;
    btnAddNewStorageSpace.Enabled = false;
}
```

이제 실행시키기 위해 Form1.cs 폼 코드를 마무리하는 것만 남았다.

▌메인 eBookManager 폼

먼저 Form1.cs의 이름을 eBookManager.cs로 변경한다. 이 폼은 응용 프로그램이 시작되는 부분으로, 이전에 저장한 모든 저장소 공간의 목록을 보여준다.

다음과 같이 eBookManager 폼을 설계한다.

- 기존 저장소 공간을 위한 보여주기 위한 ListView 컨트롤
- 선택된 저장소 공간에 포함된 전자책을 보여주기 위한 ListView
- 전자책 파일의 위치를 열기 위한 버튼
- ImportBooks.cs 폼을 열기 위한 메뉴 컨트롤
- 선택된 전자책 정보를 보여주는 여러 가지 읽기 전용 필드

이 컨트롤들을 모두 추가하면 **eBook Manager** 폼의 모양은 다음과 같다.

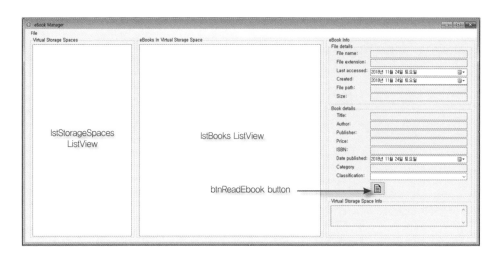

앞서 사용한 코드를 보면 다음의 using문이 추가돼야 한다는 것을 알 수 있다.

```
using eBookManager.Engine;
using eBookManager.Helper;
using System;
using System.Collections.Generic;
using System.IO;
using System.Windows.Forms;
using System.Linq;
using System.Diagnostics;
```

이는 ImportBooks.cs 폼의 생성자와 비슷하며 이전에 저장된 사용 가능한 모든 저장소의 공간을 읽어온 후 저장소 공간 목록으로 저장소 공간 리스트 뷰 컨트롤을 채운다.

```
private string _jsonPath;
 private List<StorageSpace> spaces;

 public eBookManager ()
 {
```

```
    InitializeComponent ();
    _jsonPath = Path.Combine (Application.StartupPath, "bookData.txt");
    spaces = spaces.ReadFromDataStore (_jsonPath);
}

private void Form1_Load (object sender, EventArgs e)
{
    PopulateStorageSpaceList ();
}

private void PopulateStorageSpaceList ()
{
    lstStorageSpaces.Clear ();
    if (!(spaces == null))
    {
        foreach (StorageSpace space in spaces)
        {
            ListViewItem lvItem = new ListViewItem (space.Name, 0);
            lvItem.Tag = space.BookList;
            lvItem.Name = space.ID.ToString ();
            lstStorageSpaces.Items.Add (lvItem);
        }
    }
}
```

사용자가 저장소 공간을 클릭하면 선택한 저장소 공간에 포함된 책을 읽을 수 있도록 다음과 같이 처리한다.

```
private void lstStorageSpaces_MouseClick (object sender, MouseEventArgs e)
 {
    ListViewItem selectedStorageSpace = lstStorageSpaces.SelectedItems[0];
    int spaceID = selectedStorageSpace.Name.ToInt ();

     txtStorageSpaceDescription.Text = (from d in spaces where d.ID == spaceID
select d.Description).First ();
```

```
    List<Document> ebookList = (List<Document>) selectedStorageSpace.Tag;
    PopulateContainedEbooks (ebookList);
}
```

이제 lstBooks 리스트 뷰를 선택된 저장소 공간에 포함된 책으로 채우는 메서드를 다음과 같이 작성한다.

```
private void PopulateContainedEbooks (List<Document> ebookList)
{
    lstBooks.Clear ();
    ClearSelectedBook ();

    if (ebookList != null)
    {
        foreach (Document eBook in ebookList)
        {
            ListViewItem book = new ListViewItem (eBook.Title, 1);
            book.Tag = eBook;
            lstBooks.Items.Add (book);
        }
    }
    else
    {
        ListViewItem book = new ListViewItem ("This storage space contains no
eBooks", 2);
        book.Tag = "";
        lstBooks.Items.Add (book);
    }
}
```

각 ListViewItem가 해당 폼에 추가한 전자책의 제목과 ImageList 컨트롤의 이미지 인덱스로 채워지는 것을 알 수 있다. 깃허브 저장소에 있는 이미지를 찾아보려면 다음 URL 경로를 확인한다.

'**이미지 컬렉션 편집기**'를 살펴보면 다음과 같이 이미지가 추가됐다는 것을 알 수 있다.

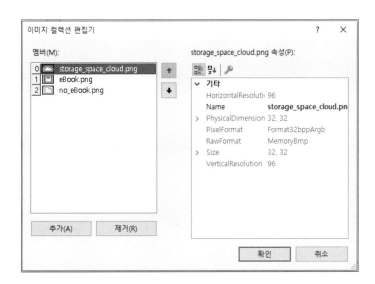

선택된 저장소 공간이 변경되면 선택된 도서의 상세 정보를 초기화해야 한다. 파일 상세
정보와 도서 상세 정보 주위에 그룹 컨트롤을 각각 만들었으므로 다음 코드에서 모든 자식
컨트롤을 반복하면서 자식 컨트롤이 텍스트 박스인 경우에 초기화시킨다.

```
private void ClearSelectedBook ()
{
    foreach (Control ctrl in gbBookDetails.Controls)
    {
        if (ctrl is TextBox)
            ctrl.Text = "";
    }

    foreach (Control ctrl in gbFileDetails.Controls)
    {
        if (ctrl is TextBox)
```

```
            ctrl.Text = "";
    }

    dtLastAccessed.Value = DateTime.Now;
    dtCreated.Value = DateTime.Now;
    dtDatePublished.Value = DateTime.Now;
}
```

폼에 추가된 MenuStrip은 다음과 같이 ImportEBooks 메뉴 아이템의 클릭 이벤트를 갖고
있으며 단순히 ImportBooks 폼을 보여준다.

```
private void mnuImportEbooks_Click (object sender, EventArgs e)
{
    ImportBooks import = new ImportBooks ();
    import.ShowDialog ();
    spaces = spaces.ReadFromDataStore (_jsonPath);
    PopulateStorageSpaceList ();
}
```

다음 메서드에서 eBookManager에 특정 eBook을 선택하고 파일과 전자책의 상세 정보를
채우는 로직이 마무리된다.

```
private void lstBooks_MouseClick (object sender, MouseEventArgs e)
{
    ListViewItem selectedBook = lstBooks.SelectedItems[0];
    if (!String.IsNullOrEmpty (selectedBook.Tag.ToString ()))
    {
        Document ebook = (Document) selectedBook.Tag;
        txtFileName.Text = ebook.FileName;
        txtExtension.Text = ebook.Extension;
        dtLastAccessed.Value = ebook.LastAccessed;
        dtCreated.Value = ebook.Created;
        txtFilePath.Text = ebook.FilePath;
        txtFileSize.Text = ebook.FileSize;
        txtTitle.Text = ebook.Title;
```

```
        txtAuthor.Text = ebook.Author;
        txtPublisher.Text = ebook.Publisher;
        txtPrice.Text = ebook.Price;
        txtISBN.Text = ebook.ISBN;
        dtDatePublished.Value = ebook.PublishDate;
        txtCategory.Text = ebook.Category;
    }
}
```

끝으로 선택된 책을 보려면 해당 책이 있는 파일의 위치를 열기 위해 **Read eBook** 버튼을
클릭한다.

```
private void btnReadEbook_Click (object sender, EventArgs e)
{
    string filePath = txtFilePath.Text;
    FileInfo fi = new FileInfo (filePath);
    if (fi.Exists)
    {
        Process.Start (Path.GetDirectoryName (filePath));
    }
}
```

이로써 **eBookManager** 응용 프로그램에 들어가는 코드 로직이 마무리됐다.

 단순히 선택된 전자책의 파일 위치를 열어주기보다 전자책에 필요한 응용 프로그램이 연결되
도록 코드로 수정해볼 수 있다. 즉 PDF 문서를 클릭하면 응용 프로그램에서 해당 문서를 불
러오는 PDF 리더를 실행한다. 마지막으로 이 응용 프로그램의 현재 버전은 도서에 대한 분
류가 구현돼 있지 않다.

이제 이 응용 프로그램을 실행하고 테스트해보자.[2]

---

2 깃허브에서 다운로드한 소스 코드를 빌드할 때 오류가 발생하면 윈도우 탐색기에서 해당 파일의 경로를 찾아간 후 마우스 오른
   쪽 버튼을 클릭해 속성 페이지를 열고 일반 탭에서 보안 항목의 차단 해제를 선택하고 적용한다. – 옮긴이

▌ eBookManager 응용 프로그램 실행하기

이 응용 프로그램을 처음 실행하면 사용할 수 있는 가상 저장소 공간이 없을 것이다. 가상
저장소 공간을 하나 만들기 위해 전자책을 몇 개 가져온다. 다음과 같이 Import eBooks 메
뉴 항목을 클릭한다.

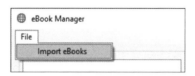

다음 Import eBooks 화면에서 전자책을 위한 새로운 저장소 공간을 추가할 수 있고 Select
source folder를 선택할 수 있다.

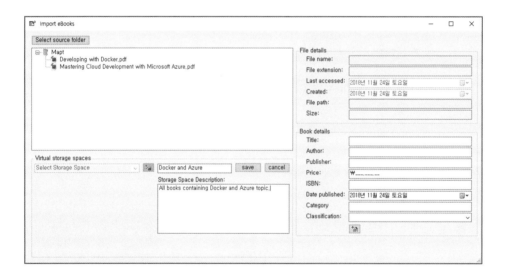

전자책을 선택한 후 해당 책의 상세 정보를 입력하고 저장소 공간에 저장한다.

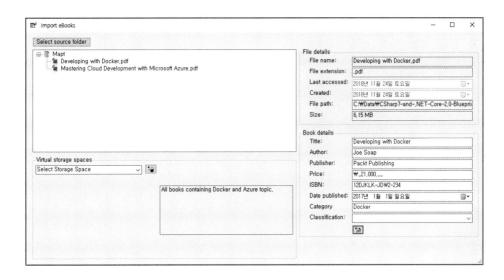

저장소 공간과 전자책을 모두 추가하면 다음과 같이 Virtual Storage Spaces 목록을 확인할 수 있다. **저장소 공간**을 클릭하면 포함된 책 목록이 표시된다.

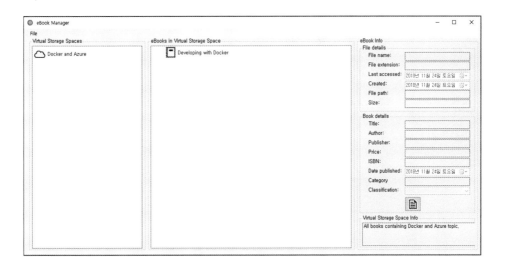

전자책을 선택한 후 **Read eBook** 버튼을 클릭하면 선택한 전자책 파일이 들어 있는 파일 위치가 열린다.

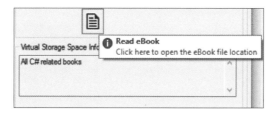

끝으로 **eBook Manager** 응용 프로그램에서 생성된 다음 JSON 파일을 살펴보자.

```
 1  [
 2    {
 3      "ID": 0,
 4      "Name": "Docker and Azure",
 5      "Description": "All books containing Docker and Azure topic.",
 6      "BookList": [
 7        {
 8          "Title": "Developing with Docker",
 9          "FileName": "Developing with Docker.pdf",
10          "Extension": ".pdf",
11          "LastAccessed": "2018-11-24T20:19:57.3001056+09:00",
12          "Created": "2018-11-24T20:19:57.3001056+09:00",
13          "FilePath": "C:\\Mapt\\Developing with Docker.pdf",
14          "FileSize": "6.15 MB",
15          "ISBN": "12DJKLK-JDW2-234",
16          "Price": "₩ 21,000.",
17          "Publisher": "Packt Publishing",
18          "Author": "Joe Soap",
19          "PublishDate": "2017-01-01T20:22:02",
20          "Classification": null,
21          "Category": "Docker"
22        }
23      ]
24    }
25  ]
```

이 JSON 파일은 잘 구분돼 있어 가독성이 좋다.

▌요약

C# 7은 매우 멋진 언어다. 1장에서는 가장 먼저 out 변수를 살펴봤다. C# 7에서는 인수를 전달하는 위치에 out 변수를 바로 선언할 수 있게 됐다. 다음으로 튜플을 살펴봤다. 이는 하나의 메서드에서 여러 개의 값을 반환하는 방법을 제공한다.

그리고 식 본문 속성을 통해 코드를 더욱 간결하게 작성하는 방법을 제공한다. 다음으로 좋아하는 기능의 하나인 로컬 함수를 살펴봤으며 함수 내부에 헬퍼 함수를 만들 수 있도록 해준다. 로컬 함수가 속해 있는 함수에서만 해당 로컬 함수를 사용할 수 있다.

다음으로 패턴 일치는 특정 값이 어떤 형태를 갖고 있는지 판별할 수 있는 구문 요소다. 이로써 switch문의 사용성이 더 좋아진다. 끝으로 throw 식을 살펴봤다. 이를 통해 expression-bodied 멤버와 조건식conditional expression, null 병합식null-coalescing expression에서 예외를 발생시킬 수 있다.

C# 7을 사용하면서 이러한 새 기능을 사용할 기회를 더 많이 발견할 수 있길 바란다. 처음에는 의도적으로 out 변수와 같은 새로운 기능을 사용해 코드를 작성해보는 것도 좋다.

어느 정도 시간이 흐른 후에는 새로운 기능을 사용하는 것이 더 편하게 느껴지고 머지않아 자연스럽게 새로운 기능을 통해 코드를 작성하고 있는 자신을 보게 될 것이다.

02

크리켓 점수 계산기와 트래커

OOP는 .NET 응용 프로그램 개발에서 중요한 요소다. 적절한 OOP는 개발자에게 프로젝트 간의 코드를 쉽게 공유할 수 있게 해준다. 이미 작성한 코드를 다시 작성할 필요가 없어지며 이를 **상속**inheritance이라고 한다.

오랜 기간 동안 OOP를 주제로 많은 글이 나왔다. 실제로 OOP의 이점에 관해 인터넷을 검색해보면 셀 수 없이 많은 결과를 확인할 수 있다. 하지만 OOP의 본질적인 이점은 코드 작성의 모듈화 방식과 손쉬운 코드의 공유, 공유된 코드의 기능을 확장하는 능력이다.

이러한 작은 블록(또는 클래스)은 저마다 독립적self-contained으로 기능을 수행할 수 있는 코드의 단위다. 개발자는 클래스를 사용할 때 내부에서 일어나는 일을 알 필요가 없으며 다만 이 클래스가 독립적이며 언제나 동작한다고 가정한다. 만약 구현하는 클래스에서 특정 기능이 제공되지 않을 경우에는 개발자는 해당 클래스의 기능을 원하는 대로 확장할 수 있다.

다음 OOP의 특징을 살펴본다.

- 상속Inheritance
- 추상화Abstraction
- 캡슐화Encapsulation
- 다형성Polymorphism

이와 더불어 다음 내용도 살펴본다.

- 단일 책임의 원칙Single responsibility
- 개방/폐쇄의 원칙open/closed principle

2장에서는 조금 재미있는 것을 진행해볼 것이다. 선호하는 두 팀의 크리켓 점수를 추적하는 ASP.NET Bootstrap 웹 응용 프로그램을 만든다. 이 응용 프로그램을 통해 OOP의 원리를 확실히 알게 될 것이다.

크리켓 점수 트래커 앱은 깃허브에서 확인할 수 있으며 소스 코드를 다운로드해 직접 확인해보길 바란다. 깃허브 저장소 URL은 다음과 같다.

https://github.com/JungYeolYang/CSharp7-and-.NET-Core-2.x-Blueprints/tree/master/Core

이와 같이 응용 프로그램에 적용해볼 수 있는 특징들은 매우 많으며 OOP에 관한 주제는 오직 2장에서만 다룬다. 따라서 크리켓의 엄격하고 빠른 규칙보다는 객체지향 프로그래밍에 중점을 뒀으며 일부 기능은 구현하지 않았다.

자, 그럼 시작해보자!

프로젝트 설정하기

비주얼 스튜디오 2017을 사용해 ASP.NET 웹 응용 프로그램 프로젝트를 만든다. 응용 프로그램의 이름은 원하는 대로 지정할 수 있지만 여기서는 cricketScoreTrack이라고 한다. **ASP.NET 웹 응용 프로그램** 템플릿을 클릭하면 몇 가지 ASP.NET 템플릿이 나타난다.

ASP.NET 템플릿은 다음과 같다.

- 비어 있음
- 웹 폼
- MVC
- Web API
- Single Page Application
- Azure API 앱
- Azure Mobile App

이 중에서 **웹 폼** 템플릿을 선택한다. 이 응용 프로그램에서는 인증이 필요하지 않으므로 이 설정은 변경하지 않는다.

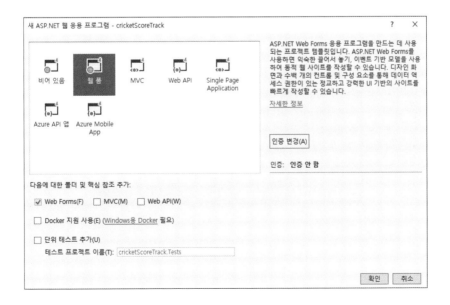

아키텍처를 설명하기 위해 깃허브에서 예제 응용 프로그램을 다운로드했다고 가정한다. URL 은 다음과 같다.

https://github.com/JungYeolYang/CSharp7-and-.NET-Core-2.x-Blueprints/ tree/master/Core 2.1/Chapter 2 – cricketScoreTrack

웹 응용 프로그램을 생성하기 위해 **확인** 버튼을 클릭한다. 프로젝트가 생성되면 다음과 같이 보인다.

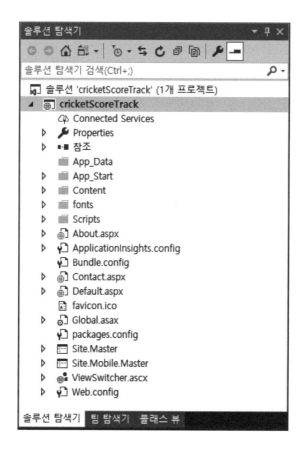

만들어볼 UI는 다음과 같다.

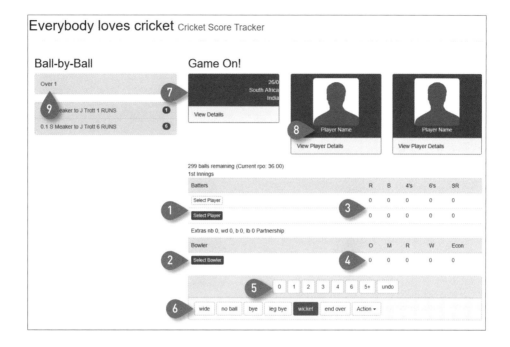

화면을 구성하는 여러 가지 요소는 다음과 같다.

- 배트맨Batsmen 영역(스크린샷의 1번)

- 볼러Bowler 영역(스크린샷의 2번)

- 배트맨 경기 상태 – Runs, Balls, 4's, 6's, Strike Rate(스크린샷의 3번)

- 볼러 경기 상태 – Overs, Maidens, Runs, Wickets, Economy(스크린샷의 4번)

- 배트맨 런(스크린샷의 5번)

- 게임 액션(스크린샷의 6번)

- 게임 점수와 팀(스크린샷의 7번)

- 현재 배트맨의 정보(스크린샷의 8번)

- 투구 수와 볼당 런Runs per ball and over(스크린샷의 9번)

위에서 알 수 있는 바와 같이 여기서는 많은 일이 일어난다. 아직 확장할 수 있는 부분이 많이 남아 있고 구현할 수 있는 시간이 허락된다면 경기 통계 화면이나 Duckworth-Lewis[1] 계산 등을 추가하는 것도 좋은 생각이다. 이 계산에 대한 실제적인 알고리즘은 비밀이다.

하지만 인터넷상에서 구현된 내용들을 많이 찾아볼 수 있으며 마이크로소프트 인도의 애저 비즈니스 리더인 Sarvashrestha Paliwal의 글이 특히 인상적이다. 내용은 머신 러닝을 활용, 지난 크리켓 경기를 분석해 개선된 Duckworth-Lewis 계산 결과를 지속적으로 제공하는 방법이다.

 관련 내용은 다음 링크에서 확인할 수 있다.
https://azure.microsoft.com/en-us/blog/improving-the-d-l-method-using-machine-learning/

---

1 각 팀이 50over를 모두 공격해야 하는데 기상 악화, 악천후 급변하는 날씨, 구름, 일몰, 비/눈, 등의 영향으로 한 팀 또는 양팀이 50over의 공격을 소화하지 못할 것으로 예상되는 경우, 승자를 가리기 위해 타자의 능력, 기상 악화 이전의 득점력 등 추론에 의한 득점 계산을 통해 어느 팀이 우위인지 따지는 방식 – 옮긴이

이 응용 프로그램의 구조를 자세히 살펴보자. Scripts 폴더를 확장해보면 응용 프로그램에서 사용하는 제이쿼리jQuery와 부트스트랩Bootstrap을 확인할 수 있다.

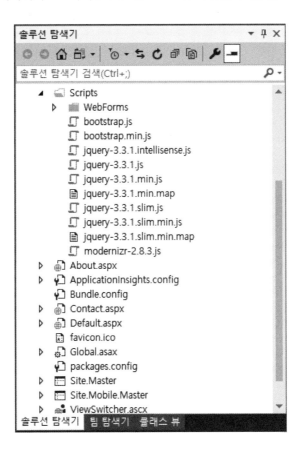

Content 폴더를 확장하면 사용 중인 CSS 파일을 확인할 수 있다.

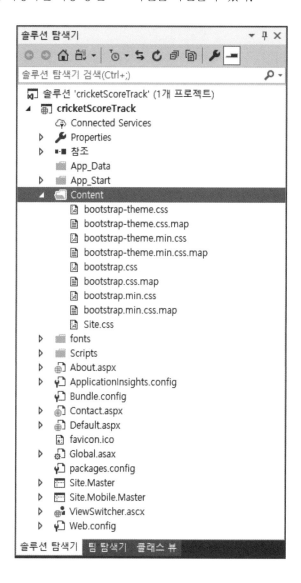

이 폴더에는 다음과 같이 미리 추가해둔 custom.css 파일이 있다.

```css
.score {
    font-size: 40px;
}
.team {
    font-size: 30px;
}
.player {
    font-size: 16.5px;
}
.info {
    font-size: 18px;
}
.btn-round-xs {
    border-radius: 11px;
    padding-left: 10px;
    padding-right: 10px;
    width: 100%;
}
.btn-round {
    border-radius: 17px;
}
.navbar-top-links {
    margin-right: 0;
}
.nav {
    padding-left: 0;
    margin-bottom: 0;
    list-style: none;
}
```

이 CSS 파일은 기본적으로 이 폼에 있는 버튼과 텍스트의 폰트에 대한 스타일을 지정하며 복잡하지 않다. 웹 페이지에서 부트스트랩 기능을 활성화하려면 부트스트랩과 제이쿼리, 자바스크립트JavaScript, CSS 파일을 사용해야 한다.

실제로 부트스트랩을 확인하려면 크롬^{Chrome}을 사용해 웹 응용 프로그램을 구동해야 한다.

 여기서 사용한 크롬 버전은 다음과 같다.
60.0.3112.90(공식 빌드)(64비트)

크리켓 점수 트래커 부트스트랩 웹 응용 프로그램을 실행하기 위해 메뉴의 **디버그**로 이동한 후 **디버그하지 않고 시작**을 클릭하거나 Ctrl + F5를 누른다. 크롬에서 웹 응용 프로그램이 로드되면 Ctrl + Shift + I를 눌러 다음과 같이 개발자 도구를 실행한다.[2]

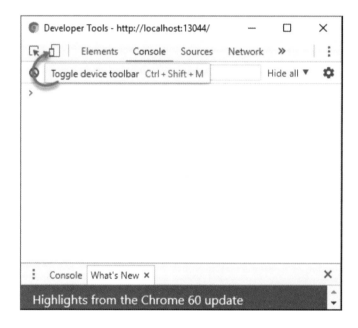

화면 왼쪽 상단의 Toggle device toolbar 버튼을 클릭하거나 Ctrl + Shift + M을 누른다.

---

2 깃허브에서 다운로드한 소스 코드 실행 시 컴파일러(csc.exe) 관련 오류가 발생하는 경우, Chapter 2-cricketScoreTrack\
  packages\Microsoft.Net.Compilers.2.3.1 폴더를 삭제한 후 다시 실행한다. - 옮긴이

그러면 크롬에서는 모바일 기기에서 동작하는 것처럼 이 응용 프로그램을 렌더링해준다. 도구 막대의 상단 메뉴를 통해 다음과 같이 iPhone 6 Plus에서 보이는 것처럼 렌더링할 수 있다.

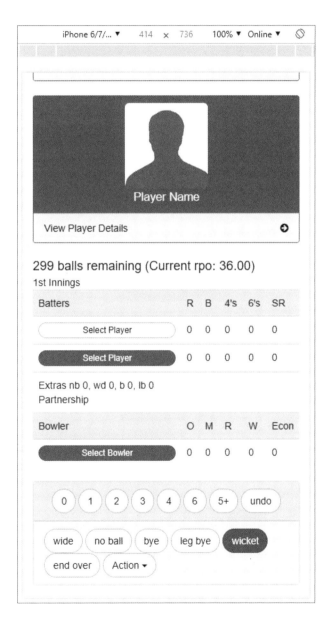

기기의 유형을 선택해 기기를 바꿔가면서 이 페이지를 볼 수 있다. iPad Pro로 변경하면 페이지가 알맞게 렌더링된다. 다음과 같이 기기의 회전을 시뮬레이션해볼 수도 있다.

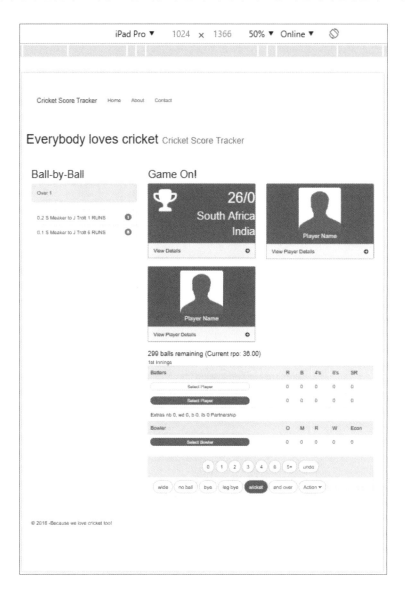

이 기능은 매우 강력하며 웹 개발자가 웹 응용 프로그램의 민감도를 확인할 수 있도록 해 준다. 특정 기기에서 응용 프로그램을 렌더링했지만 정확하게 표시되지 않는 부분이 있다 면 해당 지점으로 이동해 확인한다.

책을 집필하는 시점에서 지원되는 기기의 목록은 다음과 같다.

- BlackBerry Z30과 PlayBook
- Galaxy Note 3와 Note II, S3, S5
- Kindle Fire HDX
- LG Optimus L70
- Laptop with HiDPI screen과 Laptop with MDPI screen
- Laptop with touch
- Microsoft Lumina 550과 950
- Nexus 7과 6, 5, 4, 10, 5X,6P
- Nokia Lumina 520
- Nokia N9
- iPad Mini
- iPhone 4와 5, 6, 6 Plus[3]
- iPad와 iPad Pro

기기를 추가하고자 할 때 기기 선택 메뉴의 구분선 하단에 있는 **Edit...** 메뉴를 클릭하면 '**Emulated Devices**' 화면이 나타난다.

---

3 2018년 9월 시점에는 7, 8, 8 Plus, X가 추가됨. 또한 Pixel 2, 2 XL도 추가됨. – 옮긴이

'Emulated Devices' 화면에서는 다음과 같이 'Settings' 항목을 볼 수 있으며 이 항목은 해당 화면의 오른쪽에서 설정한다.

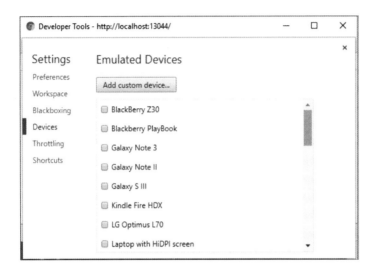

개발자용으로 눈에 띄는 메뉴는 'Throttling' 설정이다.

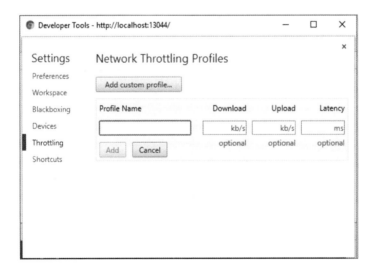

이름에서 알 수 있듯이 Throttling을 사용하면 매우 느린 인터넷 연결 환경에서 응용 프로그램이 동작하는 것을 테스트할 수 있다. 느린 인터넷 환경에서 웹 응용 프로그램의 기능을 테스트하면서 적절하게 동작하도록 최적화를 진행할 수 있다.

다시 비주얼 스튜디오 2017의 '솔루션 탐색기'로 돌아가 BaseClasses, Classes, Interfaces를 살펴보자.

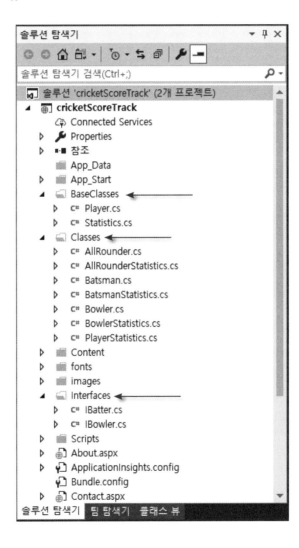

이 폴더들에 2장 전체의 핵심적인 부분이 포함돼 있다. 여기서 OOP가 무엇인지 알 수 있고 크리켓 경기와 같은 실제 시나리오를 모델링할 수 있는 더 나은 방법을 제공하는 OOP의 동작도 코드를 통해 확인할 수 있다.

█ 객체지향 프로그래밍

앞서 간략하게 언급한 것처럼 OOP에서는 독립적인 단위의 코드를 작성하기 위한 모듈화 방법을 제공한다. OOP의 개념은 '객체지향 프로그램의 4대 원칙'의 가운데에 위치한다.

네 가지 원칙은 다음과 같다.

- 추상화
- 다형성
- 상속
- 캡슐화

이들의 순서는 중요하지 않지만 기억하기 위한 연상 방법으로 첫 글자를 딴 'A PIE'를 사용하기 때문에 항상 이 순서대로 작성한다. 각 개념을 좀 더 자세히 살펴보자.

추상화

추상화란 실제로 어떻게^{how} 하는지를 기술하지 않고 무엇을^{what} 해야 하는지를 기술하는 것이다. 마이크로소프트 문서에서는 다음과 같이 정의한다.

> "추상화는 약속^{contract}을 기술하지만 그 약속에 대한 완전한 구현을 제공하지는 않는 형태다."

abstract classes와 interfaces가 추상화 예제로 포함됐다. .NET 프레임워크의 추상화 예제는 Stream, IEnumerable<T>, Object가 포함된다. 지금은 추상화에 관한 주제가 명확하지 않겠지만 걱정하지 않아도 된다. 캡슐화에 관한 절에서 좀 더 자세하게 설명한다.

다형성

OOP의 세 번째 축인 다형성에 대해 들어봤을 것이다. 이 순서가 맞는다면 암기를 위한 연상 방법(A PIE)이 더 이상 쓸모가 없다!

다형성은 그리스어 어원의 다양한 모양이나 형태를 갖는 것을 뜻한다. 나중에 크리켓 점수 트래킹 앱에서 관련 예제를 살펴볼 것이다. 다음 두 가지 뚜렷한 특징을 기억한다.

- 런타임 시 기본 클래스에서 파생된 클래스는 상속받은 클래스의 객체로 처리된다. 매개변수와 컬렉션, 배열에서 볼 수 있다.
- 기본 클래스에서는 파생된 클래스에서 오버라이딩^{overriding, 재정의할} **가상 메서드**^{virtual method}를 정의하며 파생 클래스에서는 이 메서드를 구현한다.

다형성은 매우 강력한 OOP의 특징이다.

컴파일 타임 다형성과 런타임 다형성

다음으로 넘어가기 전에 앞서 언급한 다형성의 두 가지 특징에 관해 설명한다.

컴파일 타임^{compile-time} **다형성**은 이름은 같지만 시그니처^{signature}가 다른 메서드를 선언하는 것을 말한다. 따라서 전달된 시그니처(매개변수)에 따라 동일한 메서드로 다양한 기능을 수행할 수 있다. 이는 초기 바인딩^{early binding} 또는 오버로딩^{overloading, 중복 정의}, 정적 바인딩^{static binding} 등으로 알려져 있다.

런타임^{run-time} **다형성**은 이름과 서명이 동일한 메서드를 선언하는 것을 말한다. 예를 들면 기본 클래스에 있는 메서드가 파생 클래스의 메서드에서 오버라이딩되는 경우다. 이는 상속과 가상^{virtual} 또는 오버라이딩 키워드로 완성된다. 이는 후기 바인딩^{late binding} 또는 오버라이딩, 동적 바인딩 등으로 알려져 있다.

상속

기본 클래스에서 정의한 동작을 재사용, 확장, 수정해 고유의 클래스를 만들 수 있는 기능을 **상속**이라고 한다. 기억해야 할 또 다른 중요한 특징은 파생 클래스에서는 단 하나의 기본 클래스만 상속받을 수 있다는 것이다.

그렇다면 이것은 하나의 기본 클래스에 정의된 기능만 상속할 수 있다는 것을 의미하는 것일까? 반드시 그런 것은 아니다. 실제로 상속은 전이된다.

이를 설명하기 위해 다음 세 가지 클래스가 있다고 가정해보자.

- Person(사람)
- Pedestrian(보행자)
- Driver(운전자)

Person 클래스는 기본 클래스다. Pedestrian 클래스가 Person 클래스를 상속받았으므로 Pedestrian은 Person 클래스에 정의된 멤버를 상속받는다. Driver 클래스는 Pedestrian 클래스를 상속받았으므로 Driver는 Pedestrian과 Person에 정의된 멤버를 상속받는다.

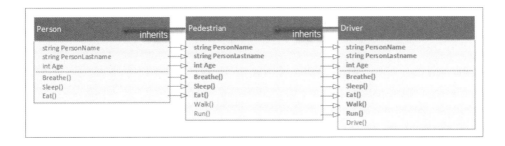

이것이 바로 상속이 전이된다는 말의 의미다. 하나의 클래스만 상속받을 수 있지만 상속받은 클래스와 이 클래스가 상속받은 모든 멤버들까지 갖게 된다. 그리고 하나의 클래스만 상속받을 수 있지만 상속받은 클래스와 이 클래스의 기본 클래스에서 상속받은 모든 멤버들까지 갖게 된다. 다시 말해 Driver 클래스는 하나의 기본 클래스(위 그림에서 Pedestrian

클래스)만 상속받을 수 있다. Pedestrian 클래스가 Person 클래스를 상속받았고 Driver 클래스가 Pedestrian 클래스를 상속받았으므로 Driver 클래스도 Person 클래스의 멤버들을 상속받는다는 뜻이다.

캡슐화

간단히 말해 클래스의 내부 동작(세부적인 구현)을 외부 코드에 공개할 필요가 없다는 뜻이다. 앞서 언급한 클래스는 누군가에 의해 사용되며 기대한 동작을 하게 된다. 따라서 이 클래스에서는 호출한 코드에서 사용해야 하는 내용은 노출하지만 클래스에 구현된 내부 동작은 노출을 엄격하게 제한한다.

변수와 속성, 메서드를 private로 지정해 범위를 제한할 수 있다. 이렇게 하면 클래스에 포함된 데이터가 특정 원인에 의해 훼손되는 것을 막을 수 있다.

캡슐화와 추상화

개발자에게 혼란을 줄 수 있는 개념을 다시 한번 살펴보자(조금은 헷갈리기 때문에 예제를 들어 설명한다). 이러한 혼란은 일정 부분 다음과 같은 정의 때문에 생긴 것이다.

- **추상화**: 필요한 부분만 보여주는 것
- **캡슐화**: 복잡함을 숨기는 것

어떤 텍스트를 암호화하는 기본 클래스를 만들어야 한다면 이 클래스에서 무엇을 할지 정확히 결정해야 한다. 이 클래스에서 필요한 것이 다음과 같다고 가정해보자.

- 텍스트를 위한 문자열 값
- 해당 텍스트를 암호화하기 위한 메서드

코드로 작성하면 다음과 같다.

```
public class EncryptionHelper
{
    public string TextToEncrypt = "";
    public void Encrypt ()
    {
    }
}
```

텍스트를 암호화하려면 대상 텍스트에 salt를 추가하기 위해 무작위로 생성된 바이트 배열이 필요하다. 다음과 같이 해당 메서드를 추가한다.

```
public class EncryptionHelper
{
    public string TextToEncrypt = "";
    public void Encrypt ()
    {
    }
    public string GenerateSalt ()
    {
        Return "";
    }
}
```

이제 이 클래스를 다시 살펴보면 암호화된 텍스트를 데이터베이스에 저장할 필요가 있다는 것을 알 수 있다. 이를 위해 다음과 같이 메서드를 추가한다.

```
public class EncryptionHelper
{
    public string TextToEncrypt = "";
    public void Encrypt ()
    {
    }
```

```
    public string GenerateSalt ()
    {
        return "";
    }
    public void SaveToDatabase ()
    {
    }
}
```

이 클래스를 구현하면 다음과 같은 모양이 될 것이다.

```
EncryptionHelper encr = new EncryptionHelper ();
encr.TextToEncrypt = "Secret Text";
string salt = encr.GenerateSalt ();
encr.Encrypt ();
encr.SaveToDatabase ();
```

좋다. 하지만 여기에는 한 가지 문제가 있다. Salt를 암호화 메서드에서 사용해야 하므로 자연스럽게 Encrypt() 메서드에 salt를 받는 매개변수를 추가하는 것을 생각할 수 있다. 매개변수를 추가하면 다음과 같다.

```
public void Encrypt(string salt)
{
}
```

자세한 코드는 생략한다. salt를 생성하기 위해 클래스의 메서드를 호출한다. 그리고 클래스에서 생성한 salt를 다시 해당 클래스로 전달해야 한다. 하나의 클래스에 매우 많은 메서드가 있다고 가정해보자. 언제 어떤 순서로 이러한 메서드를 호출해야 할지 알 수 있을까?

자, 그럼 다시 처음으로 돌아가서 하려고 했던 작업이 정확히 무엇이었는지 생각해보자. 그것은 바로 텍스트의 암호화다. 즉 다음과 같이 할 수 있다.

```
public class EncryptionHelper
{
    public string TextToEncrypt = "";
    public void Encrypt ()
    {
    }
}
```

바로 이것이 **추상화**다. 추상화의 정의로 돌아가보면 작성한 코드에서는 필요한 부분만 노출하고 있으므로 추상화의 정의에 부합한다.

그렇다면 클래스에 있는 나머지 메서드는 어떻게 해야 할까? 단순하게 private로 만들면 된다. 클래스를 구현하는 개발자는 문자열을 암호화하는 방법을 알 필요가 없다. 그저 문자열을 암호화하고 저장하기만 하면 된다. 따라서 이 코드는 다음과 같이 **캡슐화**할 수 있다.

```
public class EncryptionHelper
{
    public string TextToEncrypt = "";
    public void Encrypt ()
    {
        string salt = GenerateSalt ();
        // TextToEncrypt 변수의 텍스트를 암호화
        SaveToDatabase ();
    }
    private string GenerateSalt ()
    {
        return "";
    }
    private void SaveToDatabase () {
    }
}
```

100

이제 이 암호화 클래스를 호출하는 코드도 다음과 같이 좀 더 단순해진다.

```
EncryptionHelper encr = new EncryptionHelper();
encr.TextToEncrypt = "Secret Text";
encr.Encrypt();
```

다시 말해 이 코드는 복잡성을 숨겨야 하는 캡슐화의 정의에 부합한다.

 이 암호화 예제 코드에는 아무것도 구현돼 있지 않다. 여기서는 단지 개념만 설명했으며 원하는 대로 구현할 수 있다.

추상화와 추상 클래스를 혼동하지 말아야 한다. 이 둘은 전혀 다르다. 추상화는 사고하는 방식이다. 다음 절에서 추상 클래스에 관해 살펴본다.

자, 그럼 5분간 휴식하면서 신선한 공기를 마시거나 커피 한 잔을 들고 돌아와 다시 시작해보자. 점점 흥미진진해지고 있다.

▌크리켓 점수 트래커의 클래스

앞서 살펴본 객체지향의 4대 원칙을 바탕으로 이러한 개념이 적용된 크리켓 점수 트래거의 기본적인 요소를 제공하는 응용 프로그램을 살펴보자.

추상 클래스

BaseClasses 폴더를 연 후 Player.cs 파일을 더블 클릭하면 다음 코드를 볼 수 있다.

```
namespace cricketScoreTrack.BaseClasses
{
    public abstract class Player
    {
        public abstract string FirstName { get; set; }
        public abstract string LastName { get; set; }
        public abstract int Age { get; set; }
        public abstract string Bio { get; set; }
    }
}
```

이것이 바로 **추상 클래스**다. 클래스 선언부와 속성에 있는 abstract 한정자를 통해 존재하지 않거나 불완전한 구현부를 수정해야 한다는 것을 알 수 있다. 따라서 이 클래스는 기본 클래스 용도로만 사용해야 한다. abstract라고 표시된 모든 멤버는 Player 추상 클래스에서 파생된 클래스에서 구현해야 한다.

abstract 한정자는 다음 항목들과 함께 사용한다.

- 클래스
- 메서드
- 속성
- 인덱서
- 이벤트

만약 Player 추상 클래스에 CalculatePlayerRank( )라는 메서드를 포함하려면 Player에서 파생된 모든 클래스에 이 메서드의 구현을 제공해야 한다.

이 메서드는 Player 추상 클래스에서 다음과 같이 정의한다.

```
public abstract int CalculatePlayerRank( );
```

비주얼 스튜디오 2017에서는 모든 파생 클래스에서 추상 클래스의 모든 멤버를 구현했는지 여부를 확인하는 코드 분석기가 실행된다. 비주얼 스튜디오 2017에서 파생 클래스의 '추상 클래스 구현' 메뉴를 선택하면 다음과 같이 해당 메서드의 본문에 NotImplementedException( )을 기본값으로 생성해준다.

```
public override int CalculatePlayerRank ()
{
    throw new NotImplementedException ();
}
```

CalculatePlayerRank( ) 메서드에 아직 아무런 구현을 하지 않았기 때문에 여기까지만 진행되며 이를 구현하려면 throw new NotImplementedException( )을 현재 플레이어 순위를 계산해주는 코드로 바꿔야 한다.

 주목해야 할 점은 NotImplementedException()이 CalculatePlayerRank( ) 메서드의 본문 내에 있기는 하지만 이 메서드에서 int 값을 반환하지 않는다는 경고를 하지 않는다는 것이다.

추상 클래스는 완성할 도면으로 볼 수 있으며 구현 방식은 개발자에 따라 다르다.

인터페이스

Interfaces 폴더를 연 후 IBatter.cs와 IBowler.cs 파일을 살펴보자. IBatter 인터페이스는 다음과 같다.

```
namespace cricketScoreTrack.Interfaces
{
    interface IBatter
    {
```

```
        int BatsmanRuns { get; set; }
        int BatsmanBallsFaced { get; set; }
        int BatsmanMatch4s { get; set; }
        int BatsmanMatch6s { get; set; }
        double BatsmanBattingStrikeRate { get; }
    }
}
```

IBowler 인터페이스는 다음과 같다.

```
namespace cricketScoreTrack.Interfaces
{
    interface IBowler
    {
        double BowlerSpeed { get; set; }
        string BowlerType { get; set; }
        int BowlerBallsBowled { get; set; }
        int BowlerMaidens { get; set; }
        int BowlerWickets { get; set; }
        double BowlerStrikeRate { get; }
        double BowlerEconomy { get; }
        int BowlerRunsConceded { get; set; }
        int BowlerOversBowled { get; set; }
    }
}
```

인터페이스에는 메서드의 시그니처signature나 속성, 이벤트, 인덱서만 포함된다. 인터페이스에 공의 회전을 계산하기 위한 메서드를 추가하면 다음과 같다.

```
void CalculateBallSpin();
```

구현부에서는 다음과 같이 구현한 코드를 볼 수 있다.

```
void CalculateBallSpin ()
{

}
```

다음으로 생각할 수 있는 질문은 아마도 '**추상 클래스**와 **인터페이스** 간의 차이점은 무엇인가?'일 것이다. 다음 경로에 있는 마이크로소프트 기술 문서를 참고하기 바란다.

https://docs.microsoft.com/ko-kr/.

 마이크로소프트 독스(Microsoft Docs)를 연 후 어두운 테마를 사용해보라. 이 테마의 토글(어두움/밝음) 기능은 페이지의 오른쪽에 있는 피드백, 편집, 공유의 옆에 있다. 우리와 같은 야행성 올빼미에게는 썩 괜찮은 기능이다.

마이크로소프트에서는 인터페이스를 다음과 같은 문장으로 요약했다.

> "인터페이스는 추상 클래스와 같다. 인터페이스를 구현한 클래스나 구조체에서는 반드시 해당 인터페이스의 멤버를 모두 구현해야 한다."

인터페이스를 동사라고 생각하자. 다시 말해 인터페이스는 일종의 행동을 묘사한다. 크리켓 선수의 동작으로 볼 때 이 경우의 행동은 치고 던지는 것이다. 따라서 크리켓 점수 트래커의 인터페이스는 IBatter와 IBowler다. 인터페이스의 작성 규칙은 영문 I로 시작하는 것이다.

반면, 추상 클래스는 무엇인지 알려주는 명사와 같은 역할을 한다. 타자와 모든 역할을 소화할 수 있는 올라운드 선수All-Rounder가 있으며, 이 두 종류의 크리켓 선수를 플레이어라고 말할 수 있다. 이것이 바로 크리켓 경기의 선수들을 설명하는 공통 명사다. 따라서 Player 추상 클래스는 적절하다.

클래스

크리켓 점수 트래커 앱에서 사용되는 클래스는 Classes 폴더에 생성된다. 여기서 Batsman 클래스와 AllRounder 클래스를 볼 수 있다. 이를 간단하게 만들기 위해 다음과 같이 이 두 가지 클래스만 생성했다. 크리켓에서 모든 투수bowler는 타석에 들어가야 하지만 모든 타자가 투구를 해야 하는 것은 아니다. 따라서 투수는 투구와 타격을 모두 수행하고 모든 역할을 소화하는 올라운드 선수로 정의했다. 여기까지가 모델링한 내용이다.

먼저 Batsman 클래스를 살펴보자. 타자batsman는 선수의 추상 속성을 가져야 하고 타자batter 여야 한다. 따라서 이 클래스에서는 Player 기본 클래스를 상속하고(하나의 클래스만 상속할 수 있다는 것을 기억하라) IBatter 인터페이스의 속성을 구현한다.

이는 Batsman 퍼블릭 클래스이고 Player를 상속받았으며 IBatter 인터페이스를 구현했다고 읽는다. 따라서 Batsman 클래스는 다음과 같다.

```
using cricketScoreTrack.BaseClasses;
using cricketScoreTrack.Interfaces;

namespace cricketScoreTrack.Classes
{
    public class Batsman : Player, IBatter
    {
        #region Player
        public override string FirstName { get; set; }
        public override string LastName { get; set; }
        public override int Age { get; set; }
        public override string Bio { get; set; }
```

```
        #endregion

        #region IBatsman
        public int BatsmanRuns { get; set; }
        public int BatsmanBallsFaced { get; set; }
        public int BatsmanMatch4s { get; set; }
        public int BatsmanMatch6s { get; set; }

        public double BatsmanBattingStrikeRate => (BatsmanRuns * 100) /
BatsmanBallsFaced;

        public override int CalculatePlayerRank ()
        {
            return 0;
        }
        #endregion
    }
}
```

Batsman 클래스에서는 인터페이스와 추상 클래스의 속성을 구현했으며 CalculatePlayer Rank() 메서드는 구현하지 않았다.

AllRounder 클래스를 살펴보자. 올라운드 선수 또한 선수player의 추상 속성을 가져야 하며 타자이고 투수여야 한다. 따라서 이 클래스는 다음과 같이 Player 기본 클래스를 상속받지만 여기서는 IBatter와 IBowler 인터페이스의 속성을 구현한다.

이 클래스는 AllRounder 퍼블릭 클래스이고 Player를 상속받았으며 IBatter와 IBowler 인터페이스를 구현했다고 읽는다. AllRounder 클래스는 다음과 같다.

```
using System;
using cricketScoreTrack.BaseClasses;
using cricketScoreTrack.Interfaces;

namespace cricketScoreTrack.Classes
{
    public class AllRounder : Player, IBatter, IBowler
    {
        #region enums
        public enum StrikeRate { Bowling = 0, Batting = 1 }
        #endregion

        #region Player
        public override string FirstName { get; set; }
        public override string LastName { get; set; }
        public override int Age { get; set; }
        public override string Bio { get; set; }
        #endregion

        #region IBatsman
        public int BatsmanRuns { get; set; }
        public int BatsmanBallsFaced { get; set; }
        public int BatsmanMatch4s { get; set; }
        public int BatsmanMatch6s { get; set; }
        public double BatsmanBattingStrikeRate => CalculateStrikeRate (StrikeRate.
Batting);
        #endregion

        #region IBowler
        public double BowlerSpeed { get; set; }
        public string BowlerType { get; set; }
        public int BowlerBallsBowled { get; set; }
        public int BowlerMaidens { get; set; }
        public int BowlerWickets { get; set; }
```

```csharp
        public double BowlerStrikeRate => CalculateStrikeRate (StrikeRate.
Bowling);
        public double BowlerEconomy => BowlerRunsConceded / BowlerOversBowled;
        public int BowlerRunsConceded { get; set; }
        public int BowlerOversBowled { get; set; }
        #endregion
        private double CalculateStrikeRate (StrikeRate strikeRateType)
        {
            switch (strikeRateType)
            {
                case StrikeRate.Bowling:
                    return (BowlerBallsBowled / BowlerWickets);
                case StrikeRate.Batting:
                    return (BatsmanRuns * 100) / BatsmanBallsFaced;
                default:
                    throw new Exception ("Invalid enum");
            }
        }

        public override int CalculatePlayerRank ()
        {
            return 0;
        }
    }
}
```

여기서도 CalculatePlayerRank( ) 메서드는 구현하지 않았다. 추상 클래스에 이 메서드를 정의했으므로 이 추상 클래스를 상속받는 모든 클래스에서는 이 메서드를 구현해야 한다.

이 AllRounder 클래스에서 IBowler와 IBatter 인터페이스의 속성을 구현해야 한다는 것을 알 수 있다.

▌ 모두 합치기

이제 이 클래스들을 사용해 크리켓 점수 트래커 앱을 만드는 방법을 살펴보자. Batters와 Bowler 영역 하단의 버튼은 특정 타자와 투수를 선택하는 용도다.

각 버튼마다 해당하는 클릭 이벤트가 있으며 정확히 동일한 메서드를 호출한다. 이 버튼이 어떻게 동작하는지 잠시 살펴보자.

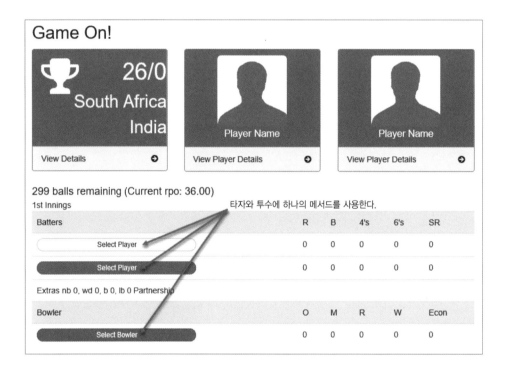

Batsmen 영역의 하단에 있는 버튼을 클릭하면 다음과 같이 해당 팀의 타자로 채워진 드롭다운 목록의 모달 대화상자^{modal dialog}가 표시된다.

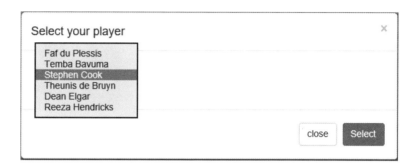

Select Bowler 버튼을 클릭하면 정확히 같은 모양의 모달 대화상자가 화면에 표시되는 것을 볼 수 있다. 하지만 이번에는 선택할 수 있는 투수 목록이 나타난다.

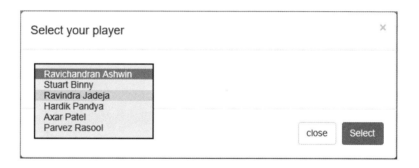

이 드롭다운 목록에서 선수를 선택하면 선택한 선수의 이름이 클릭한 버튼의 텍스트로 들어가고 현황판이 해당 선수의 기록으로 설정된다.

 여기서는 클래스에 관한 얘기를 하고 있다는 것을 염두에 두기 바란다. 선수는 타자나 올라운드 선수(투수)가 될 수 있다.

다음과 같이 모든 선수는 타자나 투수(AllRounder 클래스)가 될 수 있다.

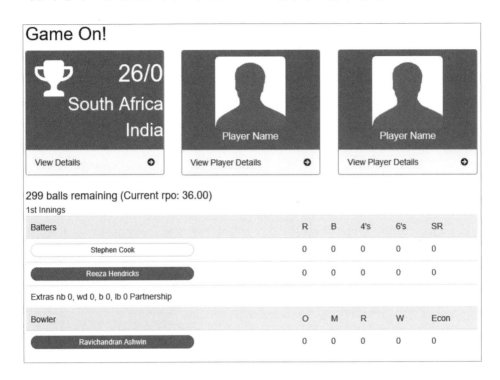

그렇다면 어떻게 하나의 메서드에서 두 종류의 선수를 반환하도록 관리할 수 있을까? 여기서는 GeneratePlayerList( )라는 메서드를 사용했다. 이 메서드는 모달 대화상자 팝업에 선수 목록을 생성해주는 역할을 한다. 이것이 이 메서드 역할의 전부다. 다시 말해 선수 목록 생성 이외의 다른 기능은 수행하지 않는다.

Default.aspx.cs 파일이 어떻게 만들어졌는지 살펴보자. 단순하게 하기 위해 각 팀에 해당하는 2개의 목록만 만들었다. 선수 영역에서 사용할 enum 변수도 생성했으며 그 코드는 다음과 같다.

```
public enum SelectedPlayer { Batsman1 = 1, Batsman2 = 2, Bowler = 3 }
List<Player> southAfrica;
List<Player> india;
```

하지만 실제로는 이 목록의 이름을 team1과 team2로 만들고 이 경기에 해당하는 설정 화면에서 사용자가 해당 팀을 선택하도록 만들 수 있지만 여기서는 OOP의 개념을 설명하고 있으므로 이러한 기능은 추가하지 않는다. 다음과 같이 Page_Load에서 이 목록을 선수 명단으로 채운다.

```
protected void Page_Load (object sender, EventArgs e)
{
    southAfrica = Get_SA_Players ();
    india = Get_India_Players ();
}
```

이와 마찬가지로 코드를 단순하게 만들기 위해 선수 이름을 하드코딩하고 목록에 직접 추가했다.

 Get_India_Players() 메서드와 Get_SA_Players() 메서드는 동일하다. 따라서 이 메서드를 복사해 선호하는 크리켓 선수나 팀의 이름으로 변경할 수 있다.

실제로는 이 정보를 팀과 선수 데이터베이스에서 읽어올 것이다. 그러면 Get_SA_Players()와 Get_India_Players() 대신 Get_Players() 메서드 하나로 목록에 채울 선수 정보를 불러올 수 있다.

지금은 단순히 다음 Get_SA_Players() 메서드를 살펴본다.

```
private List<Player> Get_SA_Players ()
{
    List<Player> players = new List<Player> ();

    #region Batsmen
    Batsman b1 = new Batsman ();
    b1.FirstName = "Faf";
    b1.LastName = "du Plessis";
```

```
    b1.Age = 33;
    players.Add (b1);
    // 간결함을 위해 나머지는 생략
    #endregion

    #region All Rounders
    AllRounder ar1 = new AllRounder ();
    ar1.FirstName = "Farhaan";
    ar1.LastName = "Behardien";
    ar1.Age = 33;
    players.Add (ar1);
    // 간결함을 위해 나머지는 생략
    #endregion

    return players;
}
```

players 목록이 List<Player> 유형이고 이 목록에 Batsman과 AllRounder 유형이 추가됐음을 알 수 있다. 이것이 바로 **다형성**이라는 용어의 의미다. 앞서 다형성에 관해 얘기했던 여러 가지 내용 중 다음 내용을 떠올려보자.

> 런타임 시 기본 클래스에서 파생된 클래스는 상속받은 클래스의 객체로 처리된다.
> 매개변수와 컬렉션, 배열에서 볼 수 있다.

따라서 Batsman과 AllRounder는 Player 추상 클래스를 상속받기 때문에 List<Player>용 Player의 객체로 처리된다.

 2장의 앞부분에 있는 '다형성' 절로 돌아가보면 이 예제가 런타임 다형성에 관한 내용이라는 것을 알 수 있다.

타자나 투수를 선택하는 로직으로 돌아가 선수 목록을 생성하는 GeneratePlayerList( )
메서드를 살펴보자.

```csharp
private void GeneratePlayerList (List<Player> team, Type type)
{
    List<string> players = new List<string> ();

    if (type == typeof (Batsman))
          players = (from r in team.OfType<Batsman> () select $"{r.FirstName}
{r.LastName}").ToList ();

    if (type == typeof (AllRounder))
          players = (from r in team.OfType<AllRounder> () select $"{r.FirstName}
{r.LastName}").ToList ();

    int liVal = 0;
    if (ddlPlayersSelect.Items.Count > 0)
        ddlPlayersSelect.Items.Clear ();

    foreach (string player in players)
    {
        ListItem li = new ListItem ();
        li.Text = player.ToString ();
        li.Value = liVal.ToString ();
        ddlPlayersSelect.Items.Add (li);

        liVal += 1;
    }
}
```

이 메서드는 List<Player>와 Type을 인자로 받고 유형이 Batsman인지 AllRounder인지
확인한 후 그에 결과에 따라 목록에 있는 선수의 이름(first name, last name)을 읽어온다.

 이 메서드는 더 간소화할 수 있지만 다형성의 개념 설명으로 그친다.

이 책의 실질적인 목표는 최소한의 코드로 최대의 효과를 얻는 것이다. 어떤 개발자는 IDE의 코드 페이지에서 표시할 수 있는 것보다 메서드의 길이가 더 긴 경우에는 리펙터링해야 한다고 주장한다.

코드와 메서드의 양이 적거나 짧다면 코드의 가독성이 좋아지고 이해하기 쉽다. 짧은 코드는 디버깅하기 쉬우며 코드의 유지보수성도 개선된다. 실제로 코드를 보다 관리하기 좋게 작은 크기로 작성하면 버그가 거의 발생하지 않는다는 것을 알 수 있다.

매우 오래전 케이프 타운Cape Town에 있는 큰 회사에 프로젝트 수행 팀의 일원으로 일을 한 적이 있다. 거기에 우스만 헨드릭스Uthmaan Hendrix라는 시스템 아키텍트가 있었는데 그 사람을 절대 잊을 수 없다. 그 사람은 지금까지 만나본 사람 중 가장 겸손했다. 그가 우리가 작업한 시스템에 관해 작성한 문서는 정말 대단했다. 그 문서에는 개발자가 그 프로젝트를 어떻게 설계할지 결정할 필요가 전혀 없을 정도로 우리가 작성해야 하는 코드에 관한 거의 모든 생각이 담겨 있었다.

그 프로젝트는 SOLID 원칙에 따라 구현됐고 코드는 정말 이해하기 쉬웠다. 아직도 그 문서의 사본을 갖고 있으며 틈틈이 참고한다. 아쉽게도 모든 개발자가 전담 시스템 아키텍트가 있는 프로젝트를 수행할 가능성은 없다. 하지만 개발자가 SOLID 설계 원칙을 이해하고 있는 것은 바람직하다.

SOLID 설계 원칙

이 절에서는 SOLID 설계 원칙이라는 OOP의 또 다른 개념을 소개한다. 이 설계 원칙은 모든 OOP 설계에 적용되며 소프트웨어를 보다 이해하기 쉽고 유연하며 유지보수하기 쉽게 만들어준다.

SOLID는 다음과 같은 원칙을 연상할 수 있는 단어다.

- 단일 책임의 원칙Single responsibility principle, SRP
- 개방/폐쇄의 원칙Open/closed principle, OCP

- 리스코프 치환의 원칙Liskov substitution principle, LSP
- 인터페이스 분리의 원칙Interface segregation principle, ISP
- 의존성 역전의 법칙Dependency inversion principle, DIP

2장에서는 '단일 책임의 원칙'과 '개방 폐쇄의 원칙'만 살펴본다. 먼저 단일 책임의 원칙을 살펴보자.

단일 책임의 원칙

간단히 말해 모듈이나 클래스는 다음과 같은 특성만 가져야 한다.

- 단 하나의 기능을 수행해야 하고 변경하는 이유도 오직 하나여야 한다.
- 이 하나의 기능을 잘 수행해야 한다.
- 제공되는 기능은 해당 클래스나 모듈로 완전히 캡슐화돼야 한다.

모듈이 하나의 책임을 가져야 한다는 말은 어떤 의미일까? 모듈에 대한 구글의 정의는 다음과 같다.

가구나 건물처럼 복잡한 구조물을 만들기 위해 사용되는 독립적인 단위나 표준화된 부품의 집합

이 정의를 통해 모듈이 간단한 빌딩 블록이라는 것을 알 수 있다. 다른 모듈과 함께 더 크고 복잡한 뭔가를 만드는 데 사용되거나 재사용할 수 있다. 결론적으로 말해 모듈은 C#에서 클래스와 매우 비슷하며 모듈을 메서드까지 확장할 수도 있다.

클래스나 모듈에서는 오직 하나의 기능만 수행할 수 있다. 이는 **제한된 책임**narrow responsibility을 갖는다는 것을 뜻한다. 동작하도록 설계된 한 가지 기능을 수행하는 것 외에는 아무런 관심이 없다.

만약 사람에게 단일 책임의 원칙을 적용한다면 소프트웨어 개발자를 그 예로 들 수 있다. 하지만 만약 소프트웨어 개발자가 의사이자 정비공이면서 학교 선생님이라면 어떤가? 모

든 역할을 효과적으로 수행할 수 있을까? 이는 단일 책임의 원칙에 위배된다. 코드에서도 마찬가지다.

AllRounder와 Batsman 클래스를 살펴보면 AllRounder에 다음 코드가 있다는 것을 알 수 있다.

```
private double CalculateStrikeRate (StrikeRate strikeRateType)
{
    switch (strikeRateType)
    {
        case StrikeRate.Bowling:
            return (BowlerBallsBowled / BowlerWickets);
        case StrikeRate.Batting:
            return (BatsmanRuns * 100) / BatsmanBallsFaced;
        default:
            throw new Exception ("Invalid enum");
    }
}

public override int CalculatePlayerRank ()
{
    return 0;
}
```

Batsman에는 다음 코드가 있다.

```
public double BatsmanBattingStrikeRate => (BatsmanRuns * 100) /
BatsmanBallsFaced;

public override int CalculatePlayerRank ()
{
    return 0;
}
```

단일 책임의 원칙에서 살펴본 내용에 따르면 여기에 한 가지 문제가 있다는 것을 발견할 수 있다. 이 문제를 설명하기 위해 다음과 같이 코드를 나란히 놓고 비교해보자.

```csharp
2 references | dirkstrauss, 6 days ago | 1 author, 1 change
public double BatsmanBattingStrikeRate => (BatsmanRuns * 100) / BatsmanBallsFaced;

2 references | dirkstrauss, 13 hours ago | 1 author, 1 change
public override int CalculatePlayerRank()
{
    return 0;
}

2 references | dirkstrauss, 6 days ago | 1 author, 1 change
private double CalculateStrikeRate(StrikeRate strikeRateType)
{
    switch (strikeRateType)
    {
        case StrikeRate.Bowling:
            // Balls Bowled / Wickets Taken
            return (BowlerBallsBowled / BowlerWickets);
        case StrikeRate.Batting:
            // (Runs Scored x 100) / Balls Faced
            return (BatsmanRuns * 100) / BatsmanBallsFaced;
        default:
            throw new Exception("Invalid enum");
    }
}

2 references | dirkstrauss, 13 hours ago | 1 author, 1 change
public override int CalculatePlayerRank()
{
    return 0;
}
```

기본적으로 코드는 Batsman과 AllRounder 클래스에서 반복되고 있다. 이는 단일 책임의 관점에서는 좋은 징후라고 할 수 없다. 하나의 클래스는 하나의 기능만 수행해야 한다는 것이 원칙이다. 현재 Batsman과 AllRounder 클래스는 모두 승률을 계산하며 선수 순위도 계산한다. 또한 타자의 승률을 계산하는 코드까지 정확하게 동일하다.

문제는 승률 계산식이 변경되는 경우다(거의 발생하지 않지만 여기서는 그렇다고 가정한다). 두 곳의 계산식을 변경해야 하며 개발자가 한곳의 계산식만 변경하고 나머지 부분을 바꾸지 않으면 버그가 발생한다.

이 클래스를 단순하게 바꿔보자. BaseClasses 폴더에 Statistics라는 새로운 추상 클래스를 만든다. 이 코드는 다음과 같다.

```
namespace cricketScoreTrack.BaseClasses
{
    public abstract class Statistics
    {
        public abstract double CalculateStrikeRate (Player player);
        public abstract int CalculatePlayerRank (Player player);
    }
}
```

Classes 폴더에 PlayerStatistics라는 새로운 파생 클래스를 만든다(Statistics 추상 클래스에서 상속받았다고 가정해보자). 코드는 다음과 같다.

```
using System;
using cricketScoreTrack.BaseClasses;

namespace cricketScoreTrack.Classes
{
    public class PlayerStatistics : Statistics
    {
        public override int CalculatePlayerRank (Player player)
        {
            return 1;
        }
        public override double CalculateStrikeRate (Player player)
        {
            switch (player) {
                case AllRounder allrounder:
                    return (allrounder.BowlerBallsBowled / allrounder.
BowlerWickets);
                case Batsman batsman:
                    return (batsman.BatsmanRuns * 100) / batsman.
BatsmanBallsFaced;
                default:
```

```
                       throw new ArgumentException ("Incorrect argumentsupplied");
                }
            }
        }
}
```

이 PlayerStatistics 클래스는 선수의 순위와 승률에 관한 통계를 계산할 책임이 있다는 것을 알 수 있다.

 선수의 순위를 계산하는 구현부를 포함하지 않았다. 선수의 순위를 결정하는 방법에 관해서는 깃허브의 코드에 짧은 주석을 추가했다. 이 계산은 매우 복잡하며 타자와 투수에 따라 다르다. 따라서 OOP를 설명하는 2장의 목적에 맞게 생략한다.

이제 **솔루션**은 다음과 같다.

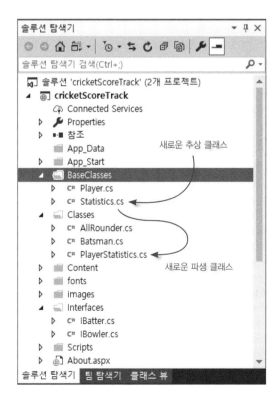

Player 추상 클래스로 다시 돌아가 abstract public int CalculatePlayerRank( )를 제거한다. IBowler 인터페이스에서 double BowlerStrikeRate { get; } 속성, IBatter 인터페이스에서 double BatsmanBattingStrikeRate { get; } 속성을 제거한다.

Batsman 클래스에서 public double BatsmanBattingStrikeRate와 public override int CalculatePlayerRank( )를 제거한다. 이제 Batsman 클래스의 코드는 다음과 같다.

```
using cricketScoreTrack.BaseClasses;
using cricketScoreTrack.Interfaces;

namespace cricketScoreTrack.Classes
{
    public class Batsman : Player, IBatter
    {
        #region Player
        public override string FirstName { get; set; }
        public override string LastName { get; set; }
        public override int Age { get; set; }
        public override string Bio { get; set; }
        #endregion

        #region IBatsman
        public int BatsmanRuns { get; set; }
        public int BatsmanBallsFaced { get; set; }
        public int BatsmanMatch4s { get; set; }
        public int BatsmanMatch6s { get; set; }
        #endregion
    }
}
```

AllRounder 클래스에서 public enum StrikeRate { Bowling = 0, Batting = 1 } 열거형과 public double BatsmanBattingStrikeRate, public double BowlerStrikeRate 속성을 제거한다.

끝으로 private double CalculateStrikeRate(StrikeRate strikeRateType)와 public override int CalculatePlayerRank( ) 메서드를 제거한다. 이제 AllRounder 클래스의 코드는 다음과 같다.

```csharp
using System;
using cricketScoreTrack.BaseClasses;
using cricketScoreTrack.Interfaces;

namespace cricketScoreTrack.Classes
{
    public class AllRounder : Player, IBatter, IBowler
    {
        #region Player
        public override string FirstName { get; set; }
        public override string LastName { get; set; }
        public override int Age { get; set; }
        public override string Bio { get; set; }
        #endregion

        #region IBatsman
        public int BatsmanRuns { get; set; }
        public int BatsmanBallsFaced { get; set; }
        public int BatsmanMatch4s { get; set; }
        public int BatsmanMatch6s { get; set; }
        #endregion

        #region IBowler
        public double BowlerSpeed { get; set; }
        public string BowlerType { get; set; }
        public int BowlerBallsBowled { get; set; }
        public int BowlerMaidens { get; set; }
        public int BowlerWickets { get; set; }
        public double BowlerEconomy => BowlerRunsConceded / BowlerOversBowled;
        public int BowlerRunsConceded { get; set; }
        public int BowlerOversBowled { get; set; }
        #endregion
    }
}
```

AllRounder와 Batsman 클래스의 코드가 매우 간결해졌다. 확실히 더 유연하고 잘 만들어진 클래스처럼 보인다. 이제 솔루션을 다시 빌드하고 잘 동작하는지 확인한다.

개방/폐쇄의 원칙

앞 절에서 단일 책임의 원칙을 살펴봤다. 이어서 개방/폐쇄의 원칙을 살펴보자.

버트랜드 마이어Bertrand Meyer는 소프트웨어의 구성 요소(클래스와 모듈, 기능 등)가 다음과 같아야 한다고 주장했다.

- 확장에는 열려 있어야 한다.
- 변경에는 닫혀 있어야 한다.

이것이 정확히 무슨 의미일까? PlayerStatistics 클래스를 예로 들어보자. 이 클래스의 내부에는 선수의 승률을 계산하는 메서드가 있다. 이 메서드는 Statistics 추상 클래스를 상속받았기 때문에 이 클래스에 포함돼 있다. 그렇게 되는 것이 맞지만 Calculate StrikeRate(Player player) 메서드가 두 가지 선수 유형(타자와 올라운드 선수)에 맞춰져 있다는 것이 이 문제의 힌트다.

새로운 선수 유형을 도입한다고 가정해보자. 빠른 볼 투수, 회전 볼 투수와 같은 다양한 투수 유형이 될 수 있다. 새로운 선수 유형을 수용하려면 CalculateStrikeRate() 메서드의 코드를 수정해야 한다.

이러한 선수 유형 간의 평균 승률을 구하기 위해 타자 컬렉션을 전달하고 싶다면 어떻게 해야 할까? 이에 맞게 CalculateStrikeRate() 메서드를 다시 수정해야 한다. 시간이 지남에 따라 복잡도는 증가하며 승률을 계산해야 하는 다양한 선수 유형에 맞추기가 어렵게 된다. 이는 CalculateStrikeRate() 메서드가 변경에는 열려 있고 확장에는 닫혀 있다는 것을 뜻하며 앞서 언급한 원칙에 위배된다.

그렇다면 이 문제를 어떻게 해결해야 할까? 사실 이미 절반 정도 지났다. 다음과 같이 새로운 Bowler 클래스를 Classes 폴더에 생성하는 것부터 시작한다.

```
using cricketScoreTrack.BaseClasses;
using cricketScoreTrack.Interfaces;

namespace cricketScoreTrack.Classes
{
    public class Bowler : Player, IBowler
    {
        #region Player
        public override string FirstName { get; set; }
        public override string LastName { get; set; }
        public override int Age { get; set; }
        public override string Bio { get; set; }
        #endregion

        #region IBowler
        public double BowlerSpeed { get; set; }
        public string BowlerType { get; set; }
        public int BowlerBallsBowled { get; set; }
        public int BowlerMaidens { get; set; }
        public int BowlerWickets { get; set; }
        public double BowlerEconomy => BowlerRunsConceded / BowlerOversBowled;
        public int BowlerRunsConceded { get; set; }
        public int BowlerOversBowled { get; set; }
        #endregion
    }
}
```

새로운 선수 유형 생성이 얼마나 쉬운지 알 수 있다. 해당 클래스에서 Player 추상 클래스를 상속받고 IBowler 인터페이스를 구현해야 한다는 것을 알려주기만 하면 된다.

다음으로 새로운 선수 통계 클래스를 만든다. BatsmanStatistics, BowlerStatistics, AllRounderStatistics다. BatsmanStatistics 클래스의 코드는 다음과 같다.

```
using System;
using cricketScoreTrack.BaseClasses;
```

```
namespace cricketScoreTrack.Classes
{
    public class BatsmanStatistics : Statistics
    {
        public override int CalculatePlayerRank (Player player)
        {
            return 1;
        }

        public override double CalculateStrikeRate (Player player)
        {
            if (player is Batsman batsman)
            {
                return (batsman.BatsmanRuns * 100) / batsman.BatsmanBallsFaced;
            }
            else
                throw new ArgumentException ("Incorrect argument supplied");
        }
    }
}
```

그리고 다음과 같이 AllRounderStatistics 클래스를 추가한다.

```
using System;
using cricketScoreTrack.BaseClasses;

namespace cricketScoreTrack.Classes
{
    public class AllRounderStatistics : Statistics
    {
        public override int CalculatePlayerRank (Player player)
        {
            return 1;
        }

        public override double CalculateStrikeRate (Player player)
        {
```

```
            if (player is AllRounder allrounder)
            {
                return (allrounder.BowlerBallsBowled / allrounder.BowlerWickets);
            } else
                throw new ArgumentException ("Incorrect argument supplied");
        }
    }
}
```

끝으로 다음과 같이 BowlerStatistics라는 새로운 선수 유형의 통계 클래스를 추가한다.

```
using System;
using cricketScoreTrack.BaseClasses;

namespace cricketScoreTrack.Classes
{
    public class BowlerStatistics : Statistics
    {
        public override int CalculatePlayerRank (Player player)
        {
            return 1;
        }

        public override double CalculateStrikeRate (Player player)
        {
            if (player is Bowler bowler)
            {
                return (bowler.BowlerBallsBowled / bowler.BowlerWickets);
            } else
                throw new ArgumentException ("Incorrect argument supplied");
        }
    }
}
```

PlayerStatistics 클래스에서 모든 선수의 승률을 계산하는 책임을 분리해 코드가 더 깔끔하고 견고robust해졌다. 이제 PlayerStatistics 클래스는 사용할 일이 없다.

새로운 선수 유형을 추가한 후 인터페이스를 정확히 구현해 새로운 선수에 관한 로직을 쉽게 정의했다. 이 예제는 보다 단순하고 유지 관리하기 쉬워졌다. 이는 새로 작성한 코드와 이전 CalculateStrikeRate( ) 코드를 비교해보면 알 수 있다.

좀 더 명확하게 이해하기 위해 다음 코드를 살펴보자.

```
public override double CalculateStrikeRate (Player player)
{
    switch (player)
    {
        case AllRounder allrounder:
            return (allrounder.BowlerBallsBowled / allrounder.BowlerWickets);

        case Batsman batsman:
            return (batsman.BatsmanRuns * 100) / batsman.BatsmanBallsFaced;

        case Bowler bowler:
            return (bowler.BowlerBallsBowled / bowler.BowlerWickets);

        default:
            throw new ArgumentException ("Incorrect argument supplied");
    }
}
```

이 코드는 다음 코드보다 복잡하고 유지 관리하기 어렵다.

```
public override double CalculateStrikeRate (Player player)
{
    if (player is Bowler bowler)
    {
        return (bowler.BowlerBallsBowled / bowler.BowlerWickets);
    }
    else
        throw new ArgumentException ("Incorrect argument supplied");
}
```

`BowlerStatistics` 클래스를 생성하는 이점은 해당 클래스 전반에 걸쳐 투수에 관해서만 처리한다는 것이다. 즉 코드는 변경하지 않으면서 확장에는 열려 있는 단일 책임인 것이다.

▌ 요약

SOLID 프로그래밍 원칙은 훌륭한 가이드라인이지만 실제로는 극소수의 시스템에서만 응용 프로그램 전반에 걸쳐 구현된다. 특히 수년 동안 시스템이 상용 환경에서 계속 운영되는 경우에는 SOLID 원칙에 따라 구현하기가 더욱 어렵다.

저자는 SOLID 개념을 기반으로 설계된 응용 프로그램을 경험한 적이 있다. 이 응용 프로그램은 매우 쉽게 작업할 수 있었으며 팀 내의 다른 개발자와 동일한 수준의 코드 품질을 유지할 수 있도록 높은 기준이 설정돼 있었다.

팀의 모든 개발자가 SOLID 원칙을 확실히 이해하고 동료 코드 리뷰를 진행해야 동일한 수준의 코드를 유지 관리할 수 있다.

2장에서는 많은 내용을 진행했다. 크리켓 점수 트래킹 앱의 기초를 다지는 것 외에도 객체지향 프로그래밍이 실제로 의미하는 바가 무엇인지 살펴봤다.

추상화를 살펴봤고 추상화와 캡슐화의 차이점을 살펴봤다. 다형성에 관해 설명했으며 런타임 다형성과 컴파일타임 다형성에 관해서도 설명했다. 기본 클래스를 이어받아 파생 클래스를 만드는 상속도 살펴봤다.

그리고 클래스와 추상 클래스(추상화와 혼동하지 말 것), 인터페이스에 관해서도 얘기했다. 추상 클래스와 인터페이스의 차이점을 명확하게 설명했다(이해했길 바란다). 인터페이스는 동사^{verb}나 동작^{action}의 기능을 하는 반면, 추상 클래스는 뭔가를 나타내는 명사^{noun}의 기능을 한다.

마지막 절에서는 SOLID 설계 원칙을 간단하게 언급했으며 그중 단일 책임의 원칙과 개방/폐쇄의 원칙을 설명했다.

3장, '다양한 플랫폼에서 동작하는 .Net Core 시스템 정보 관리자'에서는 .Net Core를 활용한 크로스 플랫폼 개발을 살펴본다. .Net Core는 숙련해야 할 매우 중요한 기술로, 오랜 시간 함께하게 될 것이다. .Net Core와 .Net Standard의 발전으로 인해 개발자에게는 만들 수 있는 능력이 주어졌고 무엇을 만들 것인지는 자신의 상상에 달렸다. 무엇이든 상상해보자!

03

다양한 플랫폼에서 동작하는 .Net Core 시스템 정보 관리자

3장에서는 간단한 정보를 보여주는 대시보드 응용 프로그램을 만든다. 이 응용 프로그램에서는 실행 중인 컴퓨터의 정보와 해당 컴퓨터가 위치한 지역의 기상 정보를 보여준다. IP 주소를 사용하므로 정확히 일치하지 않을 수 있으며 위치의 정확도에 관한 설명은 하지 않는다(자신의 위치나 멀리 떨어진 위치로 보일 수 있음).

3장에서 만드는 응용 프로그램은 다음 과정으로 진행한다.

- 윈도우에서 응용 프로그램 만들기
- Startup.cs 파일을 살펴본 후 컨트롤러와 뷰 추가
- 윈도우에서 응용 프로그램 실행
- 맥OS에서 응용 프로그램 실행
- 리눅스에서 응용 프로그램 설정과 실행

3장은 모두 ASP.NET Core를 설명하는 내용이다. 내용을 조금만 언급하면 .NET Core를 통해 윈도우, 맥OS, 리눅스에서 동작하는 응용 프로그램을 만든다.

 .NET Core에는 ASP.NET Core와 Entity Framework Core가 포함된다.

마이크로소프트에서는 ASP.NET Core를 다음과 같이 정의한다.

"ASP.NET Core는 클라우드 기반cloud-based의 인터넷이 연결된Internet-connected 최신 응용 프로그램을 만들기 위한 고성능의 크로스 플랫폼 오픈 소스 프레임워크다."

.NET Core는 오픈 소스이며 다음 경로에서 직접 확인할 수 있다.

https://github.com/dotnet/core

.NET Core의 이점은 다음 경로에 있는 문서에 나열돼 있다.

https://docs.microsoft.com/ko-kr/aspnet/core/?view=aspnetcore-2.1

이점은 다음과 같다.

- 웹 UI와 웹 API를 동일한 과정으로 빌드한다.
- 최신 클라이언트 측 프레임워크와 워크플로 개발을 통합한다.
- 클라우드 환경 기반 구성 시스템이다.
- 종속성 주입을 기본적으로 제공한다.
- 경량이면서 고성능의 모듈화할 수 있는 HTTP 요청 파이프라인을 제공한다.
- IIS, Nginx, 아파치Apache, 도커에서 호스팅하거나 고유 프로세스로 자체 호스팅하는 기능이 있다.
- .NET Core를 대상으로 하는 경우, 앱 버전을 함께 관리할 수 있다.
- 최신 웹 개발 간소화 도구를 지원한다.

- 윈도우와 맥OS, 리눅스에서 빌드하고 실행할 수 있다.
- 오픈 소스이며 커뮤니티에 중점을 둔다.

 이러한 주제에 관해서는 해당 경로의 마이크로소프트 문서를 살펴보길 권장한다.

실제로 ASP.NET Core에는 프로젝트에서 사용할 수 있는 NuGet 패키지만 포함된다. 이는 비교적 크기가 작고 성능이 좋은 응용 프로그램이라는 의미다. NuGet의 용도는 3장에서 설명한다.

그럼 본격적으로 시작해보자. 첫 번째 크로스 플랫폼 ASP.NET Core MVC 응용 프로그램을 만든다.

윈도우에서 프로젝트 만들기

첫 번째로 할 일은 .NET Core 2.1을 자신의 컴퓨터에 설치하는 것이다. 여기서는 3장의 목적에 맞게 윈도우 PC를 사용해 이 과정을 설명하겠지만 실제로는 맥OS나 리눅스에서 .NET Core를 설치할 수 있다.

리눅스에 .NET Core를 설치하는 방법은 3장의 후반부에서 설명한다. 설치 과정은 맥OS와 비슷하지만 리눅스가 좀 더 까다롭다. 그렇기 때문에 리눅스에서는 이 과정을 단계별로 설명한다.

맥OS에서는 윈도우 PC에서 만든 응용 프로그램을 동작시키는 방법을 설명한다. 이것이 .NET Core의 진정한 아름다움이다. .NET Core는 세 가지 플랫폼(윈도우, 맥OS, 리눅스)의 어느 곳에서나 완벽하게 동작하는 크로스 플랫폼 기술이다.

1. 브라우저에서 다음 경로에 있는 .NET Core SDK를 다운로드한다.

https://www.microsoft.com/net/learn/get-started/windows

설치 과정은 직관적이다. 다음 화면은 리눅스 설치 과정과 비슷하다. 다음과 같
은 설치 과정에 명령어를 실행하면 프로젝트 복원 속도를 향상시킨다는 내용의
메모를 볼 수 있다.

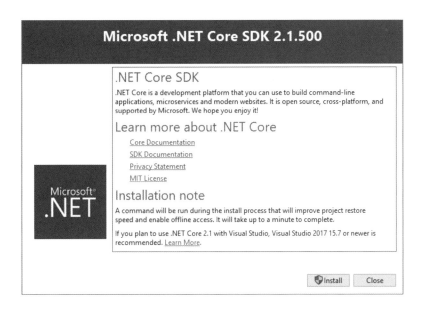

설치를 마치면 다음과 같이 리소스와 문서 튜토리얼, 릴리즈 노트 링크를 볼 수 있다.

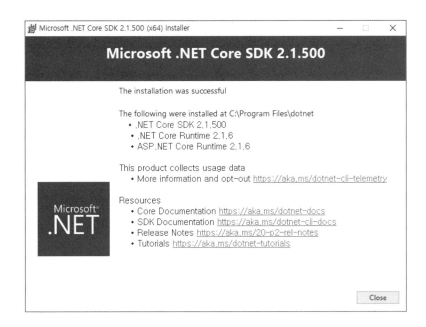

2. 다음과 같이 비주얼 스튜디오를 연 후 새 ASP.NET Core 웹 응용 프로그램을 만든다.

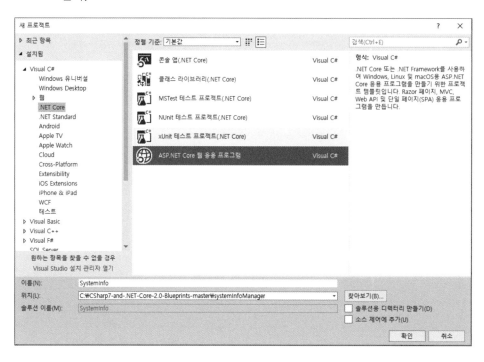

3. 다음 화면에서는 템플릿의 **웹 응용 프로그램(모델-뷰-컨트롤러)**을 선택한 후 ASP. NET Core 2.1을 선택한다. 모두 진행하고 나면 **확인** 버튼을 클릭해 ASP.NET Core 프로젝트를 만든다.

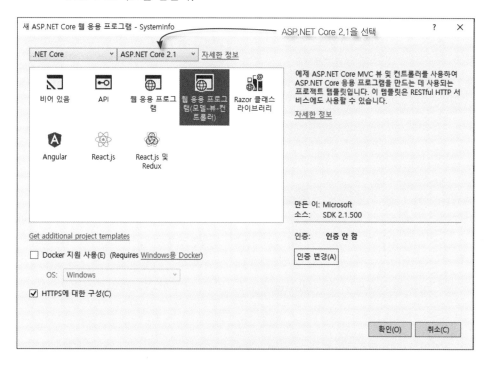

프로젝트가 만들어지면 **솔루션 탐색기**에서 익숙한 MVC 구조를 확인할 수 있다. MVC(모델-뷰-컨트롤러) 설계 패턴에 익숙해지려면 시간이 많이 걸린다. 특히 일반적인 ASP.NET 웹 폼 방식에 익숙한 웹 개발자라면 더욱 그럴 것이다.

하지만 얼마 동안 MVC로 작업하고 나면 다시는 ASP.NET 웹 폼으로 돌아가려 하지 않을 것이다. MVC 개발은 매우 재미있고 여러모로 얻을 수 있는 것이 많다. 모든 것이 아직 익숙하지 않은 상태라면 더욱 그렇다.

4. 이 응용 프로그램을 지금 상태에서 **Ctrl + F5**나 비주얼 스튜디오의 **디버그** 버튼으로 실행할 수 있다. 응용 프로그램이 시작되면 브라우저에 다음과 같은 MVC 응용 프로그램의 기본 화면이 표시된다.

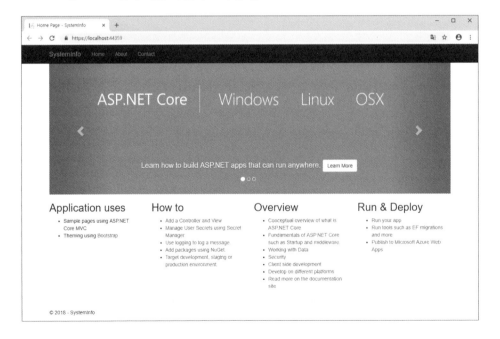

5. 디버그를 중지한 후 **솔루션 탐색기**의 해당 프로젝트에서 마우스 오른쪽 버튼을 클릭한 후 컨텍스트 메뉴에서 **NuGet 패키지 관리...**를 클릭하면 NuGet 화면이 열린다.

    추가하려는 첫 번째 NuGet 패키지는 `Newtonsoft.Json`이다. 이 패키지는 응용 프로그램에서 JSON을 사용할 수 있게 해준다.

6. 다음과 같이 응용 프로그램에 최신 버전을 추가하기 위해 **설치** 버튼을 클릭한다.

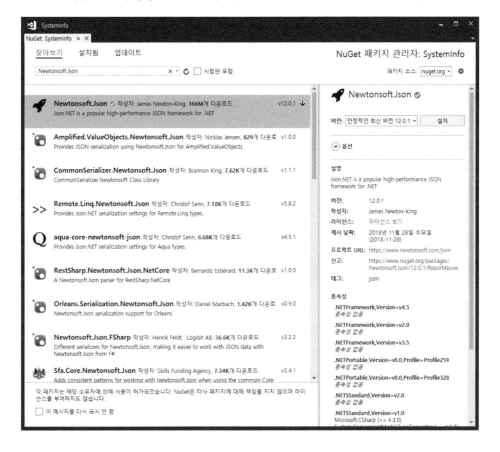

다음으로 추가할 NuGet 패키지는 **DarkSkyCore**다. 이 패키지는 Dark Sky API 를 사용하기 위한 .NET 표준 라이브러리다.

.NET 표준 라이브러리라는 문장에서 궁금증이 생겼을 것이다. 지금은 .NET Core 에 관해 설명하고 있지 않은가? 그렇다면 .NET 표준은 무엇인가?

이에 관해서는 다음 웹 사이트에(.NET Core Tutorials) 잘 설명돼 있다.

https://dotnetcoretutorials.com/2017/01/13/net-standard-vs-net-core-whats-difference/

> ".NET Core와 UWP, Windows Phone, .NET Framework에서 동작하는 라이브러리를 만들고 싶다면 이러한 플랫폼에서 모두 사용 가능한 클래스만 사용해야 한다. 그렇다면 모든 플랫폼에서 사용 가능한 클래스인지의 여부는 어떻게 알 수 있을까? 바로 .NET 표준으로 구분할 수 있다."

.NET 표준이 정확한 기준이다. 다양한 플랫폼을 대상으로 삼고 싶다면 낮은 버전의 .NET 표준, 많은 API를 사용하고 싶다면 높은 버전의 .NET 표준을 사용해야 한다. 다음 경로의 깃허브 저장소를 확인한다.

https://github.com/dotnet/standard

다음 경로에서 각 플랫폼별로 구현된 .NET 표준 버전을 모두 볼 수 있도록 정리한 차트를 확인할 수 있다.

https://github.com/dotnet/standard/blob/master/docs/versions.md

7. DarkSkyCore로 다시 돌아와 최신 버전을 다운로드하기 위해 **설치** 버튼을 클릭한다.

이제 NuGet 패키지가 준비가 됐으므로 프로젝트를 좀 더 자세히 살펴보자.

프로젝트 세부 사항

필요한 모든 리소스와 컨트롤러, 뷰, 모델을 추가한 후 프로젝트를 살펴보면 몇 가지 폴더가 더 추가된 것을 알 수 있다.

솔루션에 추가된 폴더는 다음과 같다.

- _docs(스크린샷의 1번): 개인적인 취향으로 메모와 프로젝트에 필요한 링크를 둘 수 있는 폴더다.
- climacons(스크린샷의 2번): 날씨 아이콘으로 사용할 SVG 파일을 두는 폴더다.
- InformationController(스크린샷의 3번): 프로젝트의 컨트롤러다.
- InformationModel(스크린샷의 4번): 프로젝트의 모델이다.
- GetInfo(스크린샷의 5번): 컨트롤러의 GetInfo() 메서드에 해당하는 뷰다.

Models, Views, Controllers 폴더 외에도 적당한 곳에 원하는 폴더를 둘 수 있으며 이러한 폴더는 솔루션과 연관성이 있어야 한다는 점을 기억하자.

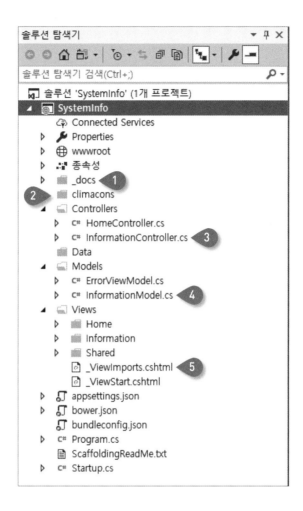

Climacons

아담 화이트크로프트Adam Whitcroft는 웹 응용 프로그램과 UI 디자이너를 위해 기후에 관한 75개의 그림 문자pictograph를 만들었다. 다음과 같이 응용 프로그램에서 사용하기 위해 다운로드한다.

1. 다음 경로에 방문한 후 프로젝트에 추가하기 위해 다운로드한다.

   http://adamwhitcroft.com/climacons/

 자신의 응용 프로그램에 사용한 리소스는 제작자에게 귀속됨을 밝힌다.

2. 프로젝트 폴더에 포함시키기 위해 다음과 같이 해당 폴더에 SVG 파일을 추가 한다.

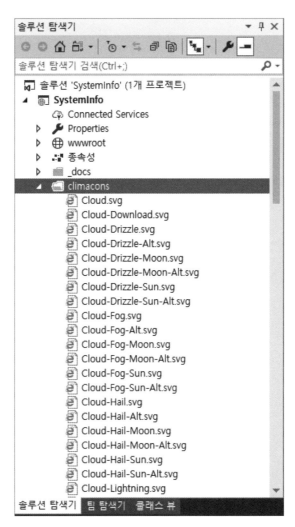

Startup.cs 파일

Startup.cs 파일의 코드부터 자세하게 살펴보자. 다음과 같이 기본적으로 생성되는 코드지만 완성도를 높이기 위해 설명한다.

 표준 명명 규칙에 따라 Startup이라는 파일 이름이 작성됐지만 실제로는 자신이 원하는 이름을 사용해도 된다. 이 이름은 Program.cs 파일에서 변경한다.

다음 using문이 Startup.cs 파일에 포함된다.

```
using Microsoft.AspNetCore.Builder;
using Microsoft.AspNetCore.Hosting;
using Microsoft.Extensions.Configuration;
using Microsoft.Extensions.DependencyInjection;
```

이 Startup 파일의 코드와 동일한 코드가 응용 프로그램을 만들 때 기본적으로 생성된다. 3장에서는 이 파일을 수정하지 않지만 보통 미들웨어를 추가하는 경우에는 다음의 Configure() 메서드를 사용한다.

```
public class Startup
{
    public Startup (IConfiguration configuration)
    {
        Configuration = configuration;
    }

    public IConfiguration Configuration { get; }

    // 이 메서드는 런타임에 호출된다. 이 메서드를 사용해 컨테이너에 서비스를 추가한다.
    public void ConfigureServices (IServiceCollection services)
    {
        services.AddMvc ();
```

```
    }

    // 이 메서드는 런타임에 호출된다. 이 메서드를 사용해 HTTP 요청 파이프라인을 구성한다.
    public void Configure (IApplicationBuilder app, IHostingEnvironment env)
    {
        if (env.IsDevelopment ())
        {
            app.UseDeveloperExceptionPage ();
            app.UseBrowserLink ();
        }
        else
        {
            app.UseExceptionHandler ("/Home/Error");
        }

        app.UseStaticFiles ();

        app.UseMvc (routes =>
        {
            routes.MapRoute (
                name: "default",
                template: "{controller=Home}/{action=Index}/{id?}");
        });
    }
}
```

InformationModel 클래스

이 응용 프로그램의 모델은 직관적이다. 이 모델의 동작은 컨트롤러에서 획득한 값을 노출하고 뷰에서 이 값에 접근할 수 있도록 하는 것이 전부다. 모델을 추가하기 위해 Models 폴더에서 마우스 오른쪽 버튼을 클릭한 후 다음과 같이 InformationModel 클래스와 속성을 추가한다.

```
public class InformationModel
{
    public string OperatingSystem { get; set; }
    public string InfoTitle { get; set; }
    public string FrameworkDescription { get; set; }
    public string OSArchitecture { get; set; }
    public string ProcessArchitecture { get; set; }
    public string Memory { get; set; }
    public string IPAddressString { get; set; }
    public string WeatherBy { get; set; }
    public string CurrentTemperature { get; set; }
    public string CurrentIcon { get; set; }
    public string DailySummary { get; set; }
    public string CurrentCity { get; set; }
    public string UnitOfMeasure { get; set; }
}
```

InformationController 클래스

다음으로 진행할 단계는 다음과 같이 응용 프로그램에 컨트롤러를 추가하는 것이다.

1. Controllers 폴더에서 마우스 오른쪽 버튼을 클릭한 후 **추가**를 선택하고 메뉴에서 **컨트롤러**를 클릭한다. '**스캐폴드 추가**' 화면에서 **MVC 컨트롤러 - 비어 있음**을 선택해 InformationController라는 새 컨트롤러를 추가한다.

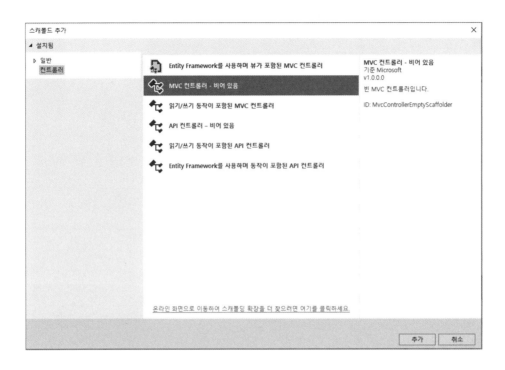

2. 이 컨트롤러에 다음 using문을 추가한다.

```
using DarkSky.Models;
using DarkSky.Services;
using Microsoft.AspNetCore.Hosting;
using Microsoft.AspNetCore.Mvc;
using Newtonsoft.Json;
using System.Globalization;
using System.IO;
using System.Net.Http;
using System.Runtime.InteropServices;
using System.Threading.Tasks;
using static System.Math;
```

마이크로소프트 문서에서는 다음과 같이 기술돼 있다.

"IHostingEnvironment 서비스는 환경(개발, 스테이징, 프로덕션)에 따라 동
작하는 핵심적인 추상화를 제공한다. 이 서비스는 ASP.NET 호스팅 계층
에서 제공되며 종속성 주입Dependency Injection을 통해 시작startup 로직에 추가
할 수 있다."

> ℹ️ 좀 더 자세한 내용을 알고 싶다면 다음 문서를 확인하라.
>
> https://docs.microsoft.com/ko-kr/aspnet/core/fundamentals/environments

3. 컨트롤러의 생성자에 다음 속성을 추가한다. 이 클래스에 IHosting
Environment 인터페이스가 추가됐음을 알 수 있다.

```
public string PublicIP { get; set; } = "IP Lookup Failed";
public double Long { get; set; }
public double Latt { get; set; }
public string City { get; set; }
public string CurrentWeatherIcon { get; set; }
public string WeatherAttribution { get; set; }
public string CurrentTemp { get; set; } = "undetermined";
public string DayWeatherSummary { get; set; }
public string TempUnitOfMeasure { get; set; }
private readonly IHostingEnvironment _hostEnv;
public InformationController (IHostingEnvironment hostingEnvironment)
{
    _hostEnv = hostingEnvironment;
}
```

4. GetInfo( )라는 비어 있는 메서드를 생성한다. 컨트롤러(컨트롤러에 포함된 메서드
포함)와 뷰, 모델의 이름은 다분히 의도적이다. MVC 디자인 패턴에서는 다음과
같은 명명 규칙을 따르고 있으며 그러면 통합 작업이 쉬워진다.

```
public IActionResult GetInfo()
{
}
```

5. Startup 클래스를 다시 살펴보면 Configure( ) 메서드에 다음과 같이 MapRoute
   호출이 정의돼 있다는 것을 알 수 있다.

```
app.UseMvc(routes =>
{
    routes.MapRoute(
        name: "default",
        template: "{controller=Home}/{action=Index}/{id?}");
});
```

이 코드의 {controller=Home}/{action=Index}/{id?} 부분을 route template이
라고 하며 이 MVC 응용 프로그램에서는 토큰을 사용해 경로를 추출한다.

각각은 다음과 같은 의미를 갖는다.

- {controller=Home}은 기본값이 Home인 컨트롤러 이름을 정의하고 있다.
- {action=Index}는 기본값이 Index인 컨트롤러의 메서드를 정의하고
  있다.
- 끝으로 {id?}는 ?에 따라 선택적으로 정의되며 매개변수를 전달하기 위
  해 사용할 수 있다.

응용 프로그램 경로(또는 URL)를 전달하지 않으면 MapRoute 호출 시 설정된 기본
값을 사용한다.

응용 프로그램에 http://localhost:50239/Information/GetInfo라는 경로를
전달하면 InformationController의 GetInfo( ) 메서드로 리다이렉션한다.

라우팅에 관한 더 많은 정보는 다음 경로의 문서를 통해 확인할 수 있다.

https://docs.microsoft.com/ko-kr/aspnet/core/mvc/controllers/routing

6. Controllers 폴더에 다음 LocationInfo 클래스를 추가한다. 이 클래스를 사용해 위치 정보 API를 호출한 후 JSON 문자열을 바인딩한다.

```
public class LocationInfo
{
    public string ip { get; set; }
    public string city { get; set; }
    public string region { get; set; }
    public string region_code { get; set; }
    public string country { get; set; }
    public string country_name { get; set; }
    public string postal { get; set; }
    public double latitude { get; set; }
    public double longitude { get; set; }
    public string timezone { get; set; }
    public string asn { get; set; }
    public string org { get; set; }
}
```

위치 정보를 얻기 위해 수많은 위치 정보 API 중 하나를 선택한다. 이 정보를 제공받기 위해 https://ipapi.co에서 제공하는 API를 사용했다. GetLocationInfo( ) 메서드에서는 단순히 이러한 API를 호출하고 전달받은 JSON 형식의 데이터를 조금 전에 만든 LocationInfo 클래스로 역직렬화^{deserialize}한다.

개인적으로 이 ipapi라는 API 이름은 정말 잘 지었다고 생각한다. 쉽게 잊기 힘든 이름 중 하나기 때문이다. 하루 1,000건의 요청을 무료로 제공하는 가격 정책 역시 마찬가지다. 개인적인 용도로는 썩 괜찮은 API다.

```
private async Task GetLocationInfo ()
{
    var httpClient = new HttpClient ();
     string json = await httpClient.GetStringAsync ("https://ipapi.co/
json");
     LocationInfo info = JsonConvert.DeserializeObject<LocationInfo>
(json);
    PublicIP = info.ip;
    Long = info.longitude;
    Latt = info.latitude;
    City = info.city;
}
```

7. 다음으로 사용할 API는 Dark Sky다. API 키를 얻기 위해 다음 경로에서 가입한
    다.

    https://darksky.net/dev

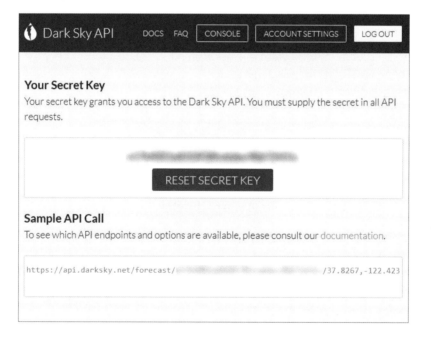

Dark Sky의 장점은 매일 API 1,000건을 무료로 호출할 수 있다는 것이다.

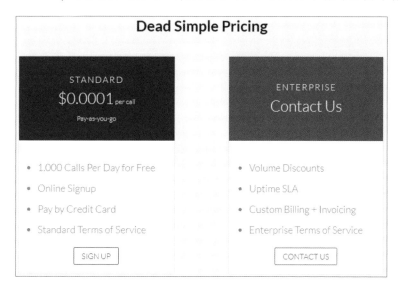

개인적인으로 사용하기에는 완벽하다. 더 많은 용량이 필요한 경우, 종량제pay-as-you-go 옵션도 비용 부담이 크지 않다.

 Dark Sky API를 상업적인 응용 프로그램에 사용하고 싶은 경우, 응용 프로그램을 사용하는 모든 사용자에게 Dark Sky API 키 등록을 요청할 수 없다는 것을 기억하기 바란다. 이 Dark Sky 응용 프로그램 사용자는 모두 개발자가 온라인 포털에서 생성한 특정 API 키를 사용한다.

이와 관련된 문의 사항에 대해서는 다음과 같이 FAQ에서 제공하고 있으며 이외에 여러 가지 중요한 FAQ를 찾아볼 수 있다.

"최종 사용자는 Dark Sky API 키를 생성하지 않아야 한다. API 키는 앱이나 서비스와 관계 있으며 최종 사용자와는 관련이 없다. 하루에 1,000 건의 무료 API 호출은 개인적인 용도와 응용 프로그램 개발을 위한 것이며 상용 앱에서 무료 날씨 정보를 제공하는 목적으로는 사용할 수 없다. Dark

Sky API를 제공하는 인프라를 개발/유지 관리하려면 비용이 들어간다. 무료 응용 프로그램이 인기를 얻게 되면 증가한 트래픽을 처리하는 데 필요한 리소스를 고객의 서비스와 사용자의 이익을 위해 비용을 받지 않더라도 구입해야 한다. 이와 같은 이유로 사용자에게 API 키 등록을 요청하는 응용 프로그램은 서비스 약관에 따라 금지된다."

API 호출에 관한 추적도 다음과 같이 온라인 포털을 통해 간단히 확인할 수 있다.

API Usage

Last 7 days	Month to date	Last month	Last 2 months	Last 3 months	All time

	Today	This Month	In Chart	
Total Calls	1	42	42	
Billable Calls	0	0	0	1,000 free calls
Cost	$0.00	$0.00	$0.00	10,000 calls/dollar

구분된 Dark Sky API를 등록하면 응용 프로그램이 미터법이나 영국식 측정 단위를 사용하는 지역에서 실행됐는지 확인할 수 있다.

8. 다음과 같이 DarkSkyService.OptionalParameters 객체를 반환하는 GetUnitOf Measure() 메서드를 만든다. 기본적으로 현재 위치가 미터법을 사용하는 지역인지 확인하기 위해 RegionInfo 클래스를 사용한다.

다음으로 optParms 변수를 설정하고 호출한 클래스에 반환한다. TempUnitOf Measure 속성의 섭씨Celsius와 화씨Fahrenheit 기호는 임의로 선택했다.

```
private DarkSkyService.OptionalParameters GetUnitOfMeasure ()
{
    bool blnMetric = RegionInfo.CurrentRegion.IsMetric;
    DarkSkyService.OptionalParameters optParms = new DarkSkyService.
OptionalParameters ();
    if (blnMetric)
```

```
    {
        optParms.MeasurementUnits = "si";
        TempUnitOfMeasure = "C";
    }
    else
    {
        optParms.MeasurementUnits = "us";
        TempUnitOfMeasure = "F";
    }
    return optParms;
}
```

9. 다음으로 추가할 메서드는 GetCurrentWeatherIcon( )이며 웹 페이지에 표시할
Dark Sky 아이콘을 결정하는 데 사용한다. 여러 가지 아이콘을 선택할 수 있지
만 여기서는 간단하게 몇 가지 아이콘만 사용했다. 이 아이콘 이름은 솔루션의
climacons 폴더에 있는 SVG 파일 목록과 일치한다.

```
private string GetCurrentWeatherIcon (Icon ic)
{
    string iconFilename = string.Empty;

    switch (ic)
    {
        case Icon.ClearDay:
            iconFilename = "Sun.svg";
            break;

        case Icon.ClearNight:
            iconFilename = "Moon.svg";
            break;

        case Icon.Cloudy:
            iconFilename = "Cloud.svg";
            break;

        case Icon.Fog:
```

```
        iconFilename = "Cloud-Fog.svg";
        break;

    case Icon.PartlyCloudyDay:
        iconFilename = "Cloud-Sun.svg";
        break;

    case Icon.PartlyCloudyNight:
        iconFilename = "Cloud-Moon.svg";
        break;

    case Icon.Rain:
        iconFilename = "Cloud-Rain.svg";
        break;

    case Icon.Snow:
        iconFilename = "Snowflake.svg";
        break;

    case Icon.Wind:
        iconFilename = "Wind.svg";
        break;

    default:
        iconFilename = "Thermometer.svg";
        break;
    }
    return iconFilename;
}
```

10. 다음으로 GetWeatherInfo( ) 메서드를 생성한다. 여기서는 DarkSkyService 클
래스를 호출하고 Dark Sky 포털에서 미리 생성한 API 키를 전달한다. 이 코드
는 전혀 어렵지 않다.

이 클래스의 진행 단계는 다음과 같다

1. Dark Sky API 키를 정의한다.

2. 이 API를 사용해 DarkSkyService 객체를 인스턴스화한다.

3. 측정 단위를 정의하는 OptionalParameters 객체를 가져온다.

4. optParms과 위도, 경도를 사용해 날씨 예보를 조회한다.

5. 이 날씨 예보에 대응되는 적절한 날씨 아이콘을 찾는다.

6. Path.Combine을 사용해 SVG 파일의 정확한 경로를 얻는다.

7. SVG 파일에 포함된 모든 텍스트를 읽는다.

8. 끝으로 Dark Sky 저작권과 날씨 요약에 관한 몇 가지 속성을 설정하고 정적 Math 클래스의 Round 함수를 사용해 반올림한 온도를 설정한다. 앞서 정적 Math 클래스를 불러왔으므로 이 코드에서는 완전한 구문을 사용하지 않아도 된다.

따라서 코드는 다음과 같은 모양을 갖게 된다.

```
private async Task GetWeatherInfo ()
{
    string apiKey = "자신의 API 키 추가";
    DarkSkyService weather = new DarkSkyService (apiKey);
    DarkSkyService.OptionalParameters optParms = GetUnitOfMeasure ();
    var foreCast = await weather.GetForecast (Latt, Long, optParms);
    string iconFilename = GetCurrentWeatherIcon (foreCast.Response.
Currently.Icon);
    string svgFile = Path.Combine (_hostEnv.ContentRootPath, "climacons",
iconFilename);
    CurrentWeatherIcon = System.IO.File.ReadAllText ($"{svgFile}");

    WeatherAttribution = foreCast.AttributionLine;
    DayWeatherSummary = foreCast.Response.Daily.Summary;
    if (foreCast.Response.Currently.Temperature.HasValue)
        CurrentTemp = Round (foreCast.Response.Currently.Temperature.
```

```
Value, 0).ToString ();
}
```

11. 마지막으로 GetInfo( ) 메서드에 적절한 코드를 추가한다. 이 메서드의 시작 부분에서는 응용 프로그램이 동작 중인 컴퓨터의 시스템 정보를 확인한다. .NET Core 앱이 동작 중인 운영체제에 맞게 정확히 변경된다.

```
public IActionResult GetInfo ()
{
    Models.InformationModel model = new Models.InformationModel ();
    model.OperatingSystem = RuntimeInformation.OSDescription;
    model.FrameworkDescription = RuntimeInformation.FrameworkDescription;
    model.OSArchitecture = RuntimeInformation.OSArchitecture.ToString ();
    model.ProcessArchitecture = RuntimeInformation.ProcessArchitecture.
ToString ();
    string title = string.Empty;
    string OSArchitecture = string.Empty;
    if (model.OSArchitecture.ToUpper ().Equals ("X64"))
    {
        OSArchitecture = "64-bit";
    }
    else
    {
        OSArchitecture = "32-bit";
    }

    if (RuntimeInformation.IsOSPlatform (OSPlatform.Windows))
    {
        title = $"Windows {OSArchitecture}";
    }
    else if (RuntimeInformation.IsOSPlatform (OSPlatform.OSX))
    {
        title = $"OSX {OSArchitecture}";
    }
    else if (RuntimeInformation.IsOSPlatform (OSPlatform.Linux))
    {
```

```
        title = $"Linux {OSArchitecture}";
    }

    GetLocationInfo ().Wait ();
    model.IPAddressString = PublicIP;

    GetWeatherInfo ().Wait ();
    model.CurrentIcon = CurrentWeatherIcon;
    model.WeatherBy = WeatherAttribution;
    model.CurrentTemperature = CurrentTemp;
    model.DailySummary = DayWeatherSummary;
    model.CurrentCity = City;
    model.UnitOfMeasure = TempUnitOfMeasure;

    model.InfoTitle = title;
    return View (model);
}
```

GetInfo( ) 메서드의 마지막 부분에서는 전 단계에서 생성한 날씨 정보를 처리한다.

다음 작업은 뷰를 만드는 것이다. 여기까지 마무리하고 나면 재미있는 부분이 시작된다.

GetInfo 뷰

뷰를 추가하는 작업은 매우 간단하다. 여기서는 다음과 같이 매우 최소한의 작업만 하겠지만(날씨 아이콘과 별도로) 창의력을 원하는 대로 발휘해도 된다.

1. Views 폴더에서 마우스 오른쪽 버튼을 클릭한 후 Information이라는 폴더를 추가한다. Information 폴더를 마우스 오른쪽 버튼으로 클릭한 후 **추가** 버튼을 클릭하고 컨텍스트 메뉴에서 **뷰...**를 클릭해 GetInfo 뷰를 다음과 같이 추가한다.

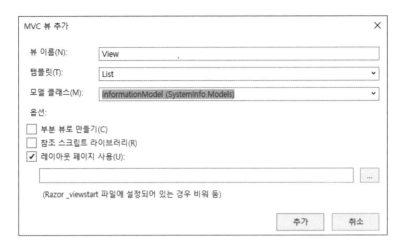

뷰 이름은 MVC에서 사용되는 명명 규칙을 따른다.

 Views 폴더 구조는 3장, '다양한 플랫폼에서 동작하는 .Net core 시스템 정보 관리자'의 '프로젝트 세부 사항' 절에 있는 비주얼 스튜디오 솔루션 그림을 참조하라.

생성된 뷰는 Razor문이 사용됐다. 개발자는 Razor문을 통해 C# 코드(서버 코드)를 웹 페이지에 직접 추가할 수 있다. GetInfo.cshtml 페이지의 코드 모양은 다음과 같다.

```
@model SystemInfo.Models.InformationModel

@{
    ViewData["Title"] = "GetInfo";
}

<h2>
    System Information for: @Html.DisplayFor(model => model.InfoTitle)
</h2>

<div>
```

```
<hr />
<dl class="dl-horizontal">
    <dt>
        Operating System
    </dt>
    <dd>
        @Html.DisplayFor(model => model.OperatingSystem)
    </dd>
    <dt>
        Framework Description
    </dt>
    <dd>
        @Html.DisplayFor(model => model.FrameworkDescription)
    </dd>
    <dt>
        Process Architecture
    </dt>
    <dd>
        @Html.DisplayFor(model => model.ProcessArchitecture)
    </dd>
    <dt>
        Public IP
    </dt>
    <dd>
        @Html.DisplayFor(model => model.IPAddressString)
    </dd>
</dl>
</div>

<h2>
    Current Location: @Html.DisplayFor(model => model.CurrentCity)
</h2>
<div>
    <div style="float:left">@Html.Raw(Model.CurrentIcon)</div><div><h3>@
Model.CurrentTemperature&deg;@Model.UnitOfMeasure</h3></div>
</div>

<div>
    <h4>@Html.DisplayFor(model => model.DailySummary)</h4>
```

```
</div>
<div>
    Weather Info: @Html.DisplayFor(model => model.WeatherBy)
</div>
```

MVC에서 Razor문에 @model 키워드를 추가하면 해당 뷰에 뷰 Model 속성 유형을 지정할 수 있다. 문법은 @model class이며 첫 번째 줄에 포함돼 있다. @model SystemInfo.Models.InformationModel은 해당 뷰를 InformationModel 유형으로 지정하는 구문이다.

이와 같이 유연한 방식으로 클라이언트 측 코드에 C# 식을 직접 추가할 수 있다.

2. 끝으로 Views/Shared 폴더에 있는 _Layout.cshtml 파일에 코드를 추가한다.

여기서 InformationController 클래스로 이동하는 메뉴 링크를 추가한다. 이 코드는 컨트롤러와 액션에 관한 명명 규칙을 따르고 있다. asp-controller는 InformationController 클래스, asp-action은 해당 컨트롤러에 있는 GetInfo 메서드를 지정한다.

3. 응용 프로그램을 실행할 준비가 끝났다. 빌드를 실행한 후 클린 빌드가 됐는지 확인한다. 응용 프로그램을 실행한 후 Information Dashboard 메뉴를 클릭한다. Information Dashboard에 동작 중인 컴퓨터 정보와 컴퓨터가 현재 위치한(또는 근처의 가까운) 곳의 날씨 정보가 다음과 같이 표시된다.

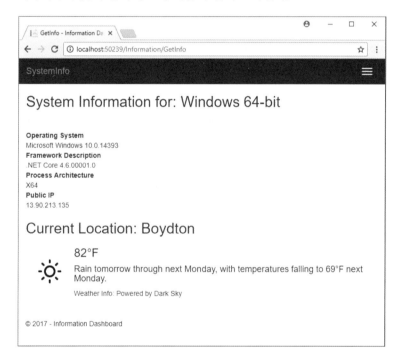

3장에서 윈도우를 다루는 부분에서는 애저Azure를 사용했으며 서버의 위치는 미국USA이다. 따라서 정보가 미국을 기준으로 표시된다.[1]

---

1 공유기를 사용하는 경우처럼 사설 IP가 설정된 상태에서는 위치 정보가 표시되지 않는다. -옮긴이

4. 끝으로 Razor 뷰를 통해 생성된 HTML 코드를 살펴보자. 브라우저에 내장된 개발자 도구(여기서는 크롬 사용)를 사용해 해당 페이지의 소스를 열어보면 다음과 같이 Razor 뷰를 통해 생성된 매우 평범한 HTML을 볼 수 있다.

```html
<h2>
    System Information for: Windows 64-bit
</h2>

<div>
    <hr />
    <dl class="dl-horizontal">
        <dt>
            Operating System
        </dt>
        <dd>
            Microsoft Windows 10.0.14393
        </dd>
        <dt>
            Framework Description
        </dt>
        <dd>
            .NET Core 4.6.00001.0
        </dd>
        <dt>
            Process Architecture
        </dt>
        <dd>
            X64
        </dd>
        <dt>
            Public IP
        </dt>
        <dd>
            13.90.213.135
        </dd>
    </dl>
</div>
```

결국 모두 HTML로 만들어진다. 여기서 주목할 점은 Razor를 사용해 모델의 속성에 접근하고 뷰의 HTML 내부에 속성을 직접 배치한다는 것이다.

▌ 맥OS에서 응용 프로그램 실행하기

3장에서 맥을 설명하는 부분은 .NET Core 1.1이 설치됐다고 가정한다. 만약 자신의 맥에 .NET Core가 설치돼 있지 않다면 다음 경로의 설치 과정을 따라 진행한다.

https://www.microsoft.com/net/core#macos

1. 간단히 말하면 윈도우의 .NET Core 솔루션에서 .NET Core 응용 프로그램을 게시하기만 하면 된다. 그리고 게시한 파일을 자신의 맥으로 계속 복사한다. 여기서는 다음과 같이 데스크톱(바탕화면)에 있는 netCoreInfoDash 폴더에 게시한 파일을 복사했다.

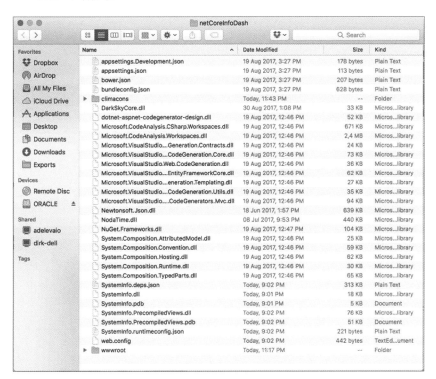

2. 맥에서 터미널을 연 후 경로를 netCoreInfoDash 폴더로 변경한다. 다음과 같이 dotnet SystemInfo.dll 명령을 입력하고 Enter를 누른다.

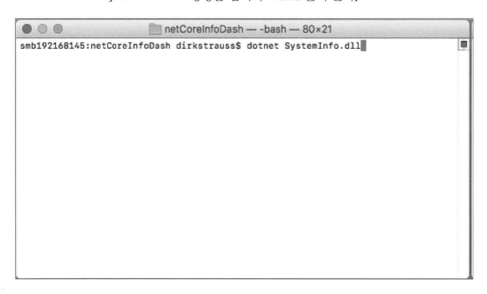

.NET Core 2.1으로 프로젝트를 만들었고 맥에는 .NET Core 1.1만 있으므로 터미널에서 다음과 비슷한 오류 메시지가 나타난다.

```
[smb192168145:netCoreInfoDash dirkstrauss$ dotnet SystemInfo.dll
The specified framework 'Microsoft.NETCore.App', version '2.0.0' was not found.
  - Check application dependencies and target a framework version installed at:
      /usr/local/share/dotnet/shared/Microsoft.NETCore.App
  - The following versions are installed:
      1.1.0
  - Alternatively, install the framework version '2.0.0'.
smb192168145:netCoreInfoDash dirkstrauss$ 
```

3. 맥의 .NET Core 버전을 2.1으로 업데이트해야 한다. 업데이트하려면 다음 경로에서 .NET Core 2.1을 설치한다.

https://www.microsoft.com/net/core#macos

.NET Core SDK 설치는 다음과 같이 매우 간단하다.

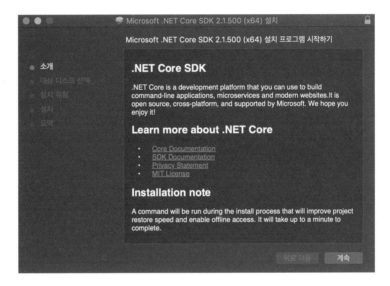

다음과 같이 .NET Core 2.1이 맥에 빠르게 설치된다.

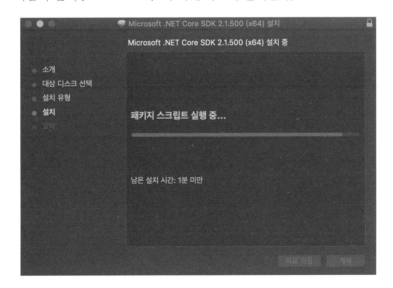

4. 터미널로 돌아가 dotnet SystemInfo.dll을 입력하고 Enter를 누른다. 이번에는 터미널 창에서 다음과 같은 정보가 출력된다. http://localhost:5000이라는 주소가 지정됐다. 표시된 포트가 바뀔 수 있지만 보통 5000포트가 제공된다.

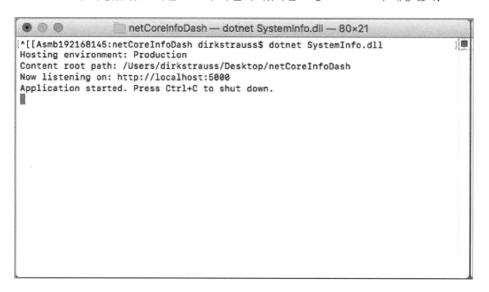

```
[^[[Asmb192168145:netCoreInfoDash dirkstrauss$ dotnet SystemInfo.dll
Hosting environment: Production
Content root path: /Users/dirkstrauss/Desktop/netCoreInfoDash
Now listening on: http://localhost:5000
Application started. Press Ctrl+C to shut down.
```

5. 맥에서 브라우저(사파리를 사용할 수도 있지만 여기서는 크롬을 사용)를 연 후 http://localhost:5000으로 이동한다. 낯익은 응용 프로그램 시작 페이지가 표시되는 것을 볼 수 있다. Information Dashboard 메뉴를 클릭하면 다음과 같이 윈도우에서 본 것과 똑같은 페이지를 볼 수 있다.[2]

---

2 상용(Production) 환경에서는 더 이상 API를 지원하지 않으므로 오류가 발생하며 콘솔에서 다음과 같이 개발(Development) 환경 변수 지정과 함께 서버를 실행한 후 브라우저를 새로 고침한다. ASPNETCORE_ENVIRONMENT=Development dotnet SystemInfo.dll 외에도 비주얼스튜디오 환경 설정에 따라 리소스 파일이 게시되지 않아 발생하는 오류는 직접 해당 리소스 파일을 참조 경로로 복사한다. - 옮긴이

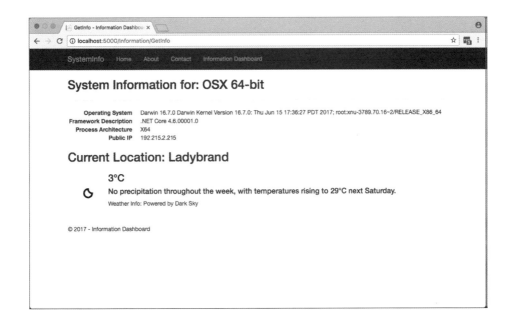

여기서 유일한 차이점이라면 응용 프로그램이 동작 중인 시스템이 애저가 아니라 남아프리카 공화국의 사무실에 있는 맥이라는 사실이다. 온도 정보는 섭씨로 변경됐고 표시된 시스템 정보는 맥의 정보다. 그리고 남아프리카 공화국은 날씨 좋은 봄날 저녁이다.

▌ 리눅스에서 앱 설정하기

많은 사람이 리눅스와 같은 다양한 플랫폼에서 동작하는 .NET Core의 기능에 관한 얘기를 멈추지 않는다. 따라서 여기서 시도해본다. 리눅스가 많은 사람에게 인기가 없다는 것을 알고 있지만 리눅스와 같은 강력한 운영체제를 사용하는 만족감은 확실히 있다.

.NET Core 응용 프로그램을 개발하고 있다면 테스트 목적으로 리눅스를 설정해보길 권장한다. 설정 방법은 여러 가지다. 만약 애저에 접속할 수 있다면 애저에 리눅스 가상 머신을 설정하면 된다.

자신의 컴퓨터에서 가상 머신의 전체 기능을 제공하는 가상화 소프트웨어를 사용할 수도 있다. 여기서 선택한 옵션은 VirtualBox와 Parallels를 사용하는 것이다. 이 두 가지 방법 모두 매우 쉽고 VirtualBox는 무료로 사용할 수 있다. https://www.virtualbox.org/wiki/Downloads에서 VirtualBox 최신 버전을 무료로 다운로드한다.

바로 사용할 수 있는 VirtualBox 이미지를 온라인으로 제공하는 웹 사이트에서 다운로드 해 설정 시간을 절약할 수도 있다. OS Boxes(http://www.osboxes.org/virtualbox-images/)와 같은 평판 있는 사이트에서 확인한다.

어떤 방법을 선택하든 3장 이후에서는 리눅스 환경이 설정돼 있고 .NET Core 응용 프로 그램을 설정할 준비가 돼 있다고 가정한다.

리눅스용 .NET Core 설치 방법을 살펴보자.

1. 다음 경로에서 자신이 원하는 리눅스에 해당하는 .NET Core 2.0 설치 파일을 찾는다.

   https://www.microsoft.com/net/download/linux-package-manager/ubuntu18-04/sdk-current

2. Ubuntu 18.04를 선택한 후 Register Microsoft key and feed와 Install .NET
   SDK의 명령을 순서대로 실행한다.

3. 우분투 리눅스(또는 민트 리눅스)에서 **Ctrl＋Alt＋T**로 터미널 창을 연다. 마이크로소
   프트 키를 등록하기 위해 다음과 같이 입력한다.

```
wget -q https://packages.microsoft.com/config/ubuntu/18.04/packages-
microsoft-prod.deb
```

4. 다음과 같이 입력한다.

```
sudo dpkg -i packages-microsoft-prod.deb
```

```
yangs@yangs-VirtualBox:~$ wget -q https://packages.microsoft.com/config/ubuntu/18.04/packages-microsoft-prod.deb
yangs@yangs-VirtualBox:~$ sudo dpkg -i packages-microsoft-prod.deb
[sudo] yangs의 암호:
Selecting previously unselected package packages-microsoft-prod.
(데이터베이스 읽는중 ...현재 126756개의 파일과 디렉터리가 설치되어 있습니다.)
Preparing to unpack packages-microsoft-prod.deb ...
Unpacking packages-microsoft-prod (1.0-ubuntu18.04.1) ...
packages-microsoft-prod (1.0-ubuntu18.04.1) 설정하는 중입니다 ...
```

5. 이제 Ubuntu 18.04에 대한 마이크로소프트 제품 피드를 등록한다. 이를 위해 다
   음과 같이 입력한다.

```
sudo apt-get install apt-transport-https
```

```
yangs@yangs-VirtualBox:~$ sudo apt-get install apt-transport-https
패키지 목록을 읽는 중입니다... 완료
의존성 트리를 만드는 중입니다
상태 정보를 읽는 중입니다... 완료
다음 새 패키지를 설치할 것입니다:
  apt-transport-https
0개 업그레이드, 1개 새로 설치, 0개 제거 및 72개 업그레이드 안 함.
1,696 바이트 아카이브를 받아야 합니다.
이 작업 후 152 k바이트의 디스크 공간을 더 사용하게 됩니다.
받기:1 http://kr.archive.ubuntu.com/ubuntu bionic-updates/universe amd64 apt-transport-https all 1.6.3ubuntu0.1 [1,696 B]
내려받기 1,696 바이트, 소요시간 0초 (49.2 k바이트/초)
Selecting previously unselected package apt-transport-https.
(데이터베이스 읽는중 ...현재 126762개의 파일과 디렉터리가 설치되어 있습니다.)
Preparing to unpack .../apt-transport-https_1.6.3ubuntu0.1_all.deb ...
Unpacking apt-transport-https (1.6.3ubuntu0.1) ...
apt-transport-https (1.6.3ubuntu0.1) 설정하는 중입니다 ...
yangs@yangs-VirtualBox:~$ sudo apt-get update
기존:1 http://kr.archive.ubuntu.com/ubuntu bionic InRelease
기존:2 http://kr.archive.ubuntu.com/ubuntu bionic-updates InRelease
기존:3 http://kr.archive.ubuntu.com/ubuntu bionic-backports InRelease
받기:4 https://packages.microsoft.com/ubuntu/18.04/prod bionic InRelease [2,846 B]
받기:5 https://packages.microsoft.com/ubuntu/18.04/prod bionic/main amd64 Packages [21.1 kB]
기존:6 http://security.ubuntu.com/ubuntu bionic-security InRelease
```

6. 그리고 바로 이어서 다음과 같이 입력한다.

```
sudo apt-get update
```

```
yangs@yangs-VirtualBox:~$ sudo apt-get install dotnet-sdk-2.1.200
패키지 목록을 읽는 중입니다... 완료
의존성 트리를 만드는 중입니다
상태 정보를 읽는 중입니다... 완료
다음의 추가 패키지가 설치될 것입니다 :
  aspnetcore-store-2.0.0 aspnetcore-store-2.0.3 aspnetcore-store-2.0.5
  aspnetcore-store-2.0.6 aspnetcore-store-2.0.7 aspnetcore-store-2.0.8
  dotnet-host dotnet-hostfxr-2.0.7 dotnet-runtime-2.0.7 libcurl4
  liblttng-ust-ctl4 liblttng-ust0 liburcu6
다음 새 패키지를 설치할 것입니다:
  aspnetcore-store-2.0.0 aspnetcore-store-2.0.3 aspnetcore-store-2.0.5
  aspnetcore-store-2.0.6 aspnetcore-store-2.0.7 aspnetcore-store-2.0.8
  dotnet-host dotnet-hostfxr-2.0.7 dotnet-runtime-2.0.7 dotnet-sdk-2.1.200
  libcurl4 liblttng-ust-ctl4 liblttng-ust0 liburcu6
0개 업그레이드, 14개 새로 설치, 0개 제거 및 72개 업그레이드 안 함.
134 M바이트 아카이브를 받아야 합니다.
이 작업 후 401 M바이트의 디스크 공간을 더 사용하게 됩니다.
계속 하시겠습니까? [Y/n] y
```

7. 이제 다음과 같이 입력해 .NET Core 2.1 SDK를 설치한다.

```
sudo apt-get install dotnet-sdk-2.1.200
```

```
yangs@yangs-VirtualBox:~$ sudo apt-get install dotnet-sdk-2.1.200
패키지 목록을 읽는 중입니다... 완료
의존성 트리를 만드는 중입니다
상태 정보를 읽는 중입니다... 완료
다음의 추가 패키지가 설치될 것입니다 :
  aspnetcore-store-2.0.0 aspnetcore-store-2.0.3 aspnetcore-store-2.0.5
  aspnetcore-store-2.0.6 aspnetcore-store-2.0.7 aspnetcore-store-2.0.8
  dotnet-host dotnet-hostfxr-2.0.7 dotnet-runtime-2.0.7 libcurl4
  liblttng-ust-ctl4 liblttng-ust0 liburcu6
다음 새 패키지를 설치할 것입니다:
  aspnetcore-store-2.0.0 aspnetcore-store-2.0.3 aspnetcore-store-2.0.5
  aspnetcore-store-2.0.6 aspnetcore-store-2.0.7 aspnetcore-store-2.0.8
  dotnet-host dotnet-hostfxr-2.0.7 dotnet-runtime-2.0.7 dotnet-sdk-2.1.200
  libcurl4 liblttng-ust-ctl4 liblttng-ust0 liburcu6
0개 업그레이드, 14개 새로 설치, 0개 제거 및 72개 업그레이드 안 함.
134 M바이트 아카이브를 받아야 합니다.
이 작업 후 401 M바이트의 디스크 공간을 더 사용하게 됩니다.
계속 하시겠습니까? [Y/n] y
```

8. 터미널에서 다음과 같이 계속 진행할 것인지 여부를 묻는다. 그러면 'Y'를 입력하고 Enter를 누른다.

   이 과정이 마무리되면 다음과 같이 입력 대기 커서인 ~$를 볼 수 있다.

   ```
   The .NET Core Tools include a telemetry feature that collects usage information. It is important that the .NET Team understands how t
   he tools are being used so that we can improve them.

   The data collected is anonymous and will be published in an aggregated form for use by both Microsoft and community engineers under t
   he Creative Commons Attribution License.

   The .NET Core Tools telemetry feature is enabled by default. You can opt-out of the telemetry feature by setting an environment varia
   ble DOTNET_CLI_TELEMETRY_OPTOUT (for example, 'export' on macOS/Linux, 'set' on Windows) to true (for example, 'true', 1). You can re
   ad more about .NET Core tools telemetry at https://aka.ms/dotnet-cli-telemetry.

   Installation Note
   .................
   A command will be run during the install process that will improve project restore speed and enable offline access. It will take up t
   o a minute to complete.
   Processing triggers for libc-bin (2.27-3ubuntu1) ...
   yangs@yangs-VirtualBox:~$
   ```

9. 설치된 .NET Core의 버전을 확인하려면 다음 명령어를 입력한다.

   ```
   dotnet --version
   ```

10. 그러면 2.1.200이 표시된다. 이제 리눅스에 .NET Core 2.1이 설치됐다. 빠르게 시작하기 위해 다음과 같이 testapp이라는 디렉터리를 만들고 작업 디렉터리를 testapp로 변경한다.

    ```
    mkdir testapp
    cd testapp
    ```

    다음 스크린샷을 참고한다.

    ```
    yangs@yangs-VirtualBox:~$ mkdir testapp
    yangs@yangs-VirtualBox:~$ cd testapp/
    yangs@yangs-VirtualBox:~/testapp$
    ```

11. 여기서는 .NET Core가 리눅스에서 동작하는지 여부만 확인한다. 따라서 testapp 디렉터리에서 다음과 같이 입력한다.

```
dotnet new razor
```

이 명령은 다음과 같이 새로운 MVC 웹 프로젝트를 리눅스용으로 생성해준다.

```
yangs@yangs-VirtualBox:~/testapp$ dotnet new razor
.NET Core를 시작합니다!
.NET Core에 대한 자세한 내용은 https://aka.ms/dotnet-docs를 참조하세요. 사용 가능한 명령을 보려면 dotnet --help를 사용하거나 https://
aka.ms/dotnet-cli-docs를 방문하세요.
원격 분석
.NET Core 도구는 사용자 환경 개선을 위해 사용량 데이터를 수집합니다. 데이터는 익명이며 명령줄 인수를 포함하지 않습니다. Microsoft에서
데이터를 수집하여 커뮤니티와 공유합니다.
자주 사용하는 셸에서 DOTNET_CLI_TELEMETRY_OPTOUT 환경 변수를 1로 설정하여 원격 분석을 옵트아웃할 수 있습니다.
.NET Core 도구 원격 분석에 대한 자세한 내용은 https://aka.ms/dotnet-cli-telemetry에서 확인할 수 있습니다.
준비 중...
"ASP.NET Core Web App" 템플릿을 만들었습니다.
이 템플릿은 Microsoft가 아닌 타사의 기술을 포함합니다. 자세한 내용은 https://aka.ms/template-3pn을(를) 참조하세요.
사후 생성 작업을 처리하는 중...
/home/yangs/testapp/testapp.csproj에 대해 'dotnet restore' 실행 중...
  Restoring packages for /home/yangs/testapp/testapp.csproj...
  Generating MSBuild file /home/yangs/testapp/obj/testapp.csproj.nuget.g.props.
  Generating MSBuild file /home/yangs/testapp/obj/testapp.csproj.nuget.g.targets.
  Restore completed in 2.47 sec for /home/yangs/testapp/testapp.csproj.
  Restoring packages for /home/yangs/testapp/testapp.csproj...
  Restore completed in 603.96 ms for /home/yangs/testapp/testapp.csproj.
복원했습니다.
```

12. 맥에서 진행했던 것과 같이 다음 명령어를 입력한다.

```
dotnet run
```

다음 스크린샷을 살펴보자.

```
yangs@yangs-VirtualBox:~/testapp$ dotnet run
warn: Microsoft.AspNetCore.DataProtection.KeyManagement.XmlKeyManager[35]
      No XML encryptor configured. Key {4b06909d-abac-42e7-acff-756ad2189b2d} may be persisted to storage in unencrypted form.
Hosting environment: Production
Content root path: /home/yangs/testapp
Now listening on: http://localhost:5000
Application started. Press Ctrl+C to shut down.
```

13. 터미널에서 동일한 로컬 호스트 포트 번호가 표시된 것을 볼 수 있다. 우분투에서는 맥OS와 달리 터미널 창의 `http://localhost:5000` 주소를 클릭할 수 있다. 그러면 다음과 같이 조금 전에 생성한 응용 프로그램이 실행된다.

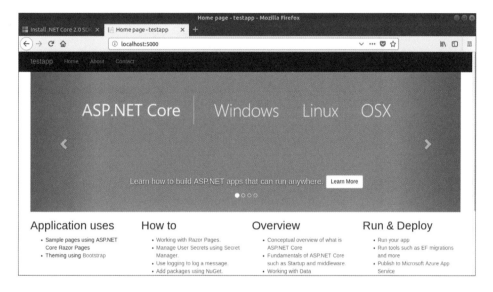

이제 리눅스에서 .NET Core 2.1의 동작을 확인했으므로 이 리눅스에 프로젝트 파일을 복사해보자.

1. 바탕화면에 원하는 이름의 폴더를 만든다. 다음과 같이 생성된 폴더에 .NET Core 응용 프로그램의 프로젝트 파일을 복사한다(게시한 파일은 이 폴더에 복사하지 않는다).

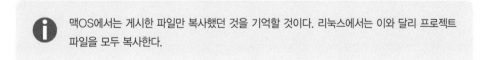

맥OS에서는 게시한 파일만 복사했던 것을 기억할 것이다. 리눅스에서는 이와 달리 프로젝트 파일을 모두 복사한다.

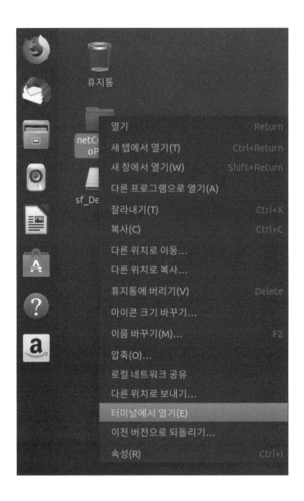

2. 해당 폴더에서 마우스 오른쪽 클릭한 후 **터미널에서 열기**를 선택한다.

솔루션 파일이 들어 있는 폴더에서 다음 명령어를 입력한다.

```
dotnet restore
```

이 명령어는 다음과 같이 프로젝트의 의존성과 도구를 복원한다.

```
yangs@yangs-VirtualBox:~/바탕화면/netCoreInfoProj$ dotnet restore
  Restoring packages for /home/yangs/바탕화면/netCoreInfoProj/SystemInfo.csproj...
  Installing Microsoft.VisualStudio.Web.CodeGeneration.Contracts 2.0.0.
  Installing Microsoft.VisualStudio.Web.CodeGeneration.Utils 2.0.0.
  Installing Microsoft.VisualStudio.Web.CodeGeneration.Templating 2.0.0.
  Installing Microsoft.VisualStudio.Web.CodeGeneration.Core 2.0.0.
  Installing Microsoft.VisualStudio.Web.CodeGeneration.EntityFrameworkCore 2.0.0.
  Installing Microsoft.DotNet.PlatformAbstractions 2.0.0.
  Installing Microsoft.VisualStudio.Web.CodeGeneration 2.0.0.
  Installing Microsoft.Extensions.DependencyModel 2.0.0.
  Installing System.Data.SqlClient 4.4.0.
  Installing System.Security.Cryptography.Xml 4.4.0.
  Installing Microsoft.VisualStudio.Web.CodeGenerators.Mvc 2.0.0.
  Installing Microsoft.AspNetCore.Mvc.Core 2.0.0.
  Installing Microsoft.EntityFrameworkCore.SqlServer 2.0.0.
  Installing Microsoft.Extensions.Caching.SqlServer 2.0.0.
  Installing Microsoft.AspNetCore.DataProtection 2.0.0.
  Installing Microsoft.Extensions.Configuration.Xml 2.0.0.
  Installing Microsoft.Extensions.Configuration.Ini 2.0.0.
  Installing Microsoft.AspNetCore.Razor.Language 2.0.0.
  Installing Microsoft.EntityFrameworkCore.Relational 2.0.0.
  Installing Microsoft.EntityFrameworkCore.Design 2.0.0.
  Installing Microsoft.EntityFrameworkCore.Tools 2.0.0.
  Installing Microsoft.Extensions.Identity.Core 2.0.0.
  Installing Microsoft.AspNetCore.Mvc.Razor.ViewCompilation 2.0.0.
  Installing Microsoft.AspNetCore.Server.Kestrel.Core 2.0.0.
  Installing Microsoft.AspNetCore.Mvc.ViewFeatures 2.0.0.
  Installing Microsoft.CodeAnalysis.Razor 2.0.0.
  Installing Microsoft.AspNetCore.Identity.EntityFrameworkCore 2.0.0.
  Installing Microsoft.Extensions.Logging.AzureAppServices 2.0.0.
  Installing Microsoft.AspNetCore.Http.Abstractions 2.0.0.
  Installing Microsoft.Extensions.Logging.Abstractions 2.0.0.
  Installing Microsoft.AspNetCore.Server.HttpSys 2.0.0.
  Installing Microsoft.AspNetCore.Rewrite 2.0.0.
  Installing NodaTime 2.2.0.
  Installing System.Net.Http 4.3.2.
  Installing Microsoft.VisualStudio.Web.CodeGeneration.Design 2.0.0.
  Installing Microsoft.AspNetCore.All 2.0.0.
  Installing Newtonsoft.Json 10.0.3.
  Installing DarkSkyCore 3.1.0.
  Generating MSBuild file /home/yangs/바탕화면/netCoreInfoProj/obj/SystemInfo.cspro
  Generating MSBuild file /home/yangs/바탕화면/netCoreInfoProj/obj/SystemInfo.cspro
  Restore completed in 19.88 sec for /home/yangs/바탕화면/netCoreInfoProj/SystemInf
  Restoring packages for /home/yangs/바탕화면/netCoreInfoProj/SystemInfo.csproj...
  Installing Microsoft.VisualStudio.Web.CodeGeneration.Tools 2.0.0.
  Restore completed in 2.79 sec for /home/yangs/바탕화면/netCoreInfoProj/SystemInfo
yangs@yangs-VirtualBox:~/바탕화면/netCoreInfoProj$
```

3. 솔루션 파일로 작업했으므로 여기서는 폴더를 한 단계 더 들어가 다음 명령어를 입력한다.

```
dotnet run
```

다음 스크린샷을 살펴보자.

```
yangs@yangs-VirtualBox:~/바탕화면/netCoreInfoProj/SystemInfo$ dotnet run
/home/yangs/바탕화면/netCoreInfoProj/SystemInfo/Properties/launchSettings.json의 시작
설정을 사용하는 중...
info: Microsoft.AspNetCore.DataProtection.KeyManagement.XmlKeyManager[0]
      User profile is available. Using '/home/yangs/.aspnet/DataProtection-Keys' as key
 repository; keys will not be encrypted at rest.
info: Microsoft.AspNetCore.DataProtection.KeyManagement.XmlKeyManager[58]
      Creating key {ccf98240-661e-4f90-8ab9-ef6e9c9d7106} with creation date 2018-12-06
 16:03:13Z, activation date 2018-12-06 16:03:13Z, and expiration date 2019-03-06 16:03:
13Z.
warn: Microsoft.AspNetCore.DataProtection.KeyManagement.XmlKeyManager[35]
      No XML encryptor configured. Key {ccf98240-661e-4f90-8ab9-ef6e9c9d7106} may be pe
rsisted to storage in unencrypted form.
info: Microsoft.AspNetCore.DataProtection.Repositories.FileSystemXmlRepository[39]
      Writing data to file '/home/yangs/.aspnet/DataProtection-Keys/key-ccf98240-661e-4
f90-8ab9-ef6e9c9d7106.xml'.
Hosting environment: Development
Content root path: /home/yangs/바탕화면/netCoreInfoProj/SystemInfo
Now listening on: http://localhost:50240
Application started. Press Ctrl+C to shut down.
```

4. 터미널에 표시된 http://localhost:50240의 주소 링크를 열면 응용 프로그램 시작 페이지가 나타난다.

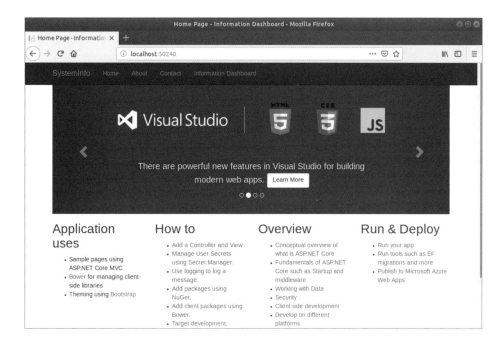

5. Information Dashboard 메뉴를 클릭하면 다음과 같이 만들었던 페이지가 나타난다.

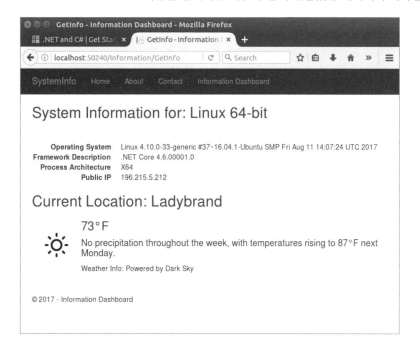

여기까지 진행한다. 윈도우 PC에서 비주얼 스튜디오 2017을 사용해 ASP.NET Core MVC 응용 프로그램을 만들었고 리눅스에서도 실행된다. 가장 좋은 점은 다른 플랫폼에서 동작시키기 위해 응용 프로그램 코드를 한 줄도 수정하지 않았다는 것이다.

▎ 요약

3장에서는 윈도우의 ASP.NET Core 응용 프로그램 설정, 뷰와 컨트롤러를 추가하는 부분을 살펴봤다. 만약 ASP.NET MVC에 익숙하다면 집에 있는 듯한 편안함을 느꼈을 것이다. 만약 그렇지 않더라도 ASP.NET MVC는 정말 쉽다.

끝으로 동일 응용 프로그램을 윈도우와 맥OS, 리눅스에서 동작시켜주는 .NET Core의 강력한 기능을 살펴봤다.

이제 .NET Core의 능력을 명확하게 알게 됐다. .NET을 사용하면 진정한 크로스 플랫폼 응용 프로그램을 작성할 수 있다. 이 기술이 이 분야의 판도를 바꾸고 있으며 모든 개발자가 반드시 알아야 한다.

이제 .NET Core 응용 프로그램과 데이터베이스를 연결하려면 무슨 작업을 해야 하는지 궁금해 할지도 모르겠다. 4장, '태스크와 버그 로깅 ASP.NET Core MVC 앱'에서는 ASP.NET Core MVC 응용 프로그램에 몽고DB를 적용하는 방법을 살펴본다.

몽고DB를 사용하려는 이유는 무료이면서 오픈 소스이고 유연하기 때문이다. 그렇다면 몽고DB를 사용하지 말아야 하는 이유는 무엇일까? 이는 4장, '태스크와 버그 로깅 ASP.NET Core MVC 앱'에서 확인할 수 있다.

04

태스크와 버그 로깅
ASP .NET Core MVC 앱

4장에서는 몽고DB와 ASP.NET Core MVC 사용해 태스크/버그 로깅 응용 프로그램을 만든다. 개인용 작업 관리자는 유용하며 특히 버그 로깅은 버그에 집중할 수 없을 때 유용하다.

4장에서는 다음과 같은 주제를 다룬다.

- 로컬 컴퓨터에 몽고DB 설정
- MongoDB Compass를 사용하는 방법
- ASP.NET Core MVC 응용 프로그램 생성 및 몽고DB 통합

몽고DB를 선택한 이유는 간단한 응용 프로그램을 만들기 위해 많은 노력을 기울이지 않아도 되기 때문이다.

▌몽고DB를 사용하는 이점은 무엇인가?

이 질문에 답하기 위해 몽고DB의 이점을 살펴보자.

몽고DB를 통한 빠른 개발

개발 과정에서 더 명확해지겠지만 달갑지 않은 개발 과정의 일부분으로 다양한 양식form 과 필드field에 대한 데이터 테이블을 만드는 작업에 관해 얘기해보자. 주소 정보를 저장하기 위한 테이블을 만들어본 적이 있는가? 바로 다음과 같은 항목들을 추가하게 될 것이다.

- Address1
- Address2
- Address3
- Address4
- City
- State
- Zip
- Country

이 테이블은 분명히 매우 방대해질 것이고 이는 어떤 정보를 저장하는지에 따라 달라진다. 몽고DB를 사용하면 주소 배열을 전달하는 것이 전부이고 이외의 나머지는 몽고DB에서 모두 처리해준다. 더 이상 테이블을 생성하는 구문 작성에 신경 쓰지 않아도 된다.

커리어 향상 스킬 셋

여러 구인 구직 사이트에서 요구하는 기술 항목에는 몽고DB가 있다. 기업의 수요가 많으며 새로운 개발자는 몽고DB에 관한 경험이 있어야 한다. 링크드인LinkedIn의 채용 공고를 보면 미국에서만 'MongoDB'라는 키워드로 7,800개의 직업이 검색된다. 몽고DB 사용 경험은 경력에 많은 도움이 된다. 특히 SQL 서버에 익숙한 경우라면 더욱 그렇다.

몽고DB의 높은 위상

이를 뒷받침하는 내용으로 몽고DB가 **DB-Engines** 웹 사이트(https://db-engines.com/en/ranking)에서 전체 5위를 기록하고 있으며 'Document Stores' 카테고리에는 첫 번째다(https://db-engines.com/en/ranking/document+store).

 이 순위는 책을 집필하고 있는 시점을 기준으로 한 것이며 실제로 몽고DB는 매년 지속적으로 순위가 높아지고 있다.

몽고DB의 위상은 확고하고 더욱 중요한 사실은 수많은 사용자가 몽고DB를 선호한다는 점이다. 이는 몽고DB에 관한 지식과 글을 공유하는 건강한 개발자 커뮤니티 구성의 매우 중요한 요소이며 몽고DB가 더 많은 분야에서 사용될수록 기술의 발전은 더욱 촉진된다.

▌ 로컬 컴퓨터에 몽고DB 설정

다음 경로에서 윈도우용 몽고DB Community Server 최신 버전을 다운로드한다.

https://www.mongodb.com/download-center#community

이 인스톨러에는 다음과 같은 **MongoDB Compass** 설치 옵션이 있다.

 앞에 설명한 경로에서 별도의 Compass 인스톨러를 다운로드하거나 다음 경로에서 직접 다운로드할 수도 있다.

https://www.mongodb.com/download-center?jmp=nav#compass

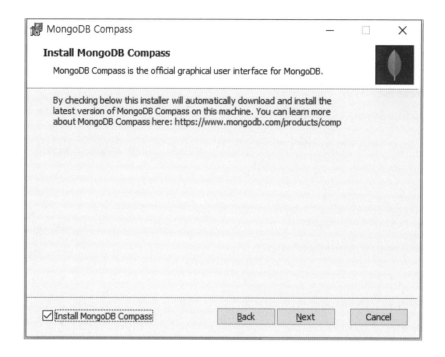

다음 경로의 **MongoDB Compass** 웹 페이지에서 MongoDB Compass를 매우 명확하게 설명하고 있다.

https://docs.mongodb.com/compass/master/

> "MongoDB Compass에서는 몽고DB 쿼리를 모르는 사용자라도 몽고DB 데이터 컬렉션의 내용을 쉽게 분석 및 이해하고 쿼리를 수행할 수 있다.
>
> MongoDB Compass에서는 사용자에게 컬렉션의 도큐먼트 서브 셋을 무작위로 추출(Sampling)한 몽고DB 스키마 그래픽 화면을 제공한다. 도큐먼트 추출은 데이터베이스 성능에 미치는 영향은 최소화하면서 빠른 결과를 만들어낸다."

몽고DB를 처음 써본다면 **MongoDB Compass**를 설치하고 사용하는 것을 권장한다.

몽고DB는 다음 경로에 설치된다.

C:\ProgramFiles\MongoDB

다음으로 환경 변수에 전체 설치 경로를 포함시킨다. 그러면 파워 셸^PowerShell이나 명령 프롬프트로 쉽게 접근할 수 있다. 설치된 bin 폴더의 전체 경로는 다음과 같다.

C:\Program\FilesMongoDBServer3.6bin

설정 과정은 다음과 같다.

1. '**시스템 속성**' 화면을 열고 **환경 변수** 버튼을 클릭한다.
2. **시스템 변수** 그룹의 'Path' 변수를 선택하고 **편집** 버튼을 클릭한다. 이 'Path' 시스템 변수에 전체 설치 경로를 추가한다.
3. 다음으로 몽고DB 데이터베이스를 저장하기 위해 하드 드라이브에 폴더를 만든다. 이 폴더는 아무 곳에나 만들 수 있지만 어디에 만들더라도 다음 단계에서 그 경로를 사용한다. 여기서는 몽고DB 데이터베이스 폴더를 다음 경로에 생성했다. D:\MongoTask
4. 몽고DB로 작업하려면 먼저 몽고DB 서버를 시작해야 한다. 몽고DB가 원격 시스템에 있거나 로컬 시스템에 있는지 여부는 문제가 되지 않는다. 파워 셸을 열고 다음 명령어를 실행한다.

```
mongod -dbpath D:MongoTask
```

5. Enter를 눌러 이 명령어를 실행한다. 이제 몽고DB 서버가 시작됐다. 다음은 MongoDB Compass를 시작한다.

6. 아직 데이터베이스가 없다면 다음과 같은 화면을 볼 수 있다. 다음 스크린샷처럼 CREATE DATABASE 버튼을 클릭한다.

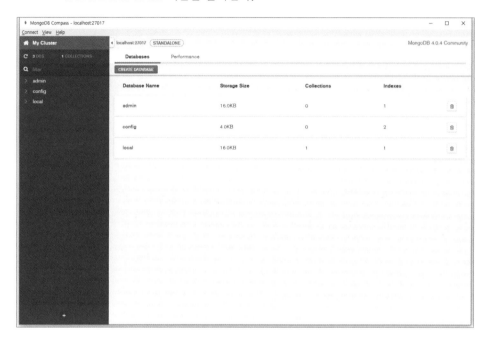

7. Create Database 창이 열리면 Database Name에 데이터베이스 이름을 지정한 후 Collection Name에 컬렉션 이름을 지정한다.

8. 하단의 CEATE DATABASE 버튼을 클릭한다.

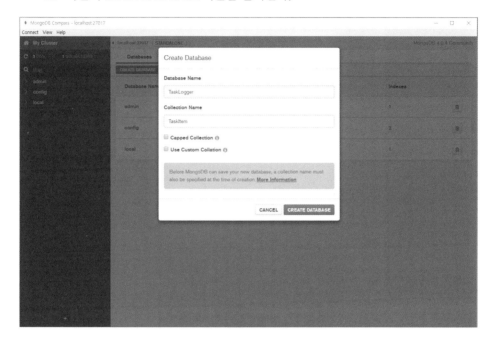

9. TaskLogger라는 새 데이터베이스가 생성됐으며 TaskLogger 데이터베이스 노드를 펼쳐보면 목록에서 TaskItem 도큐먼트를 볼 수 있다.

4장에서는 MongoDB Compass를 더 이상 깊게 다루지 않는다. 지금은 MongoDB Compass를 사용해 몽고DB를 시각적으로 관리할 수 있다는 것까지만 보여준다. 계속해서 조금 전에 생성한 TaskItem 도큐먼트를 삭제한다. 응용 프로그램에서 몽고DB에 데이터를 입력하면 도큐먼트가 어떻게 자동으로 생성되는지는 나중에 살펴본다.

▌ ASP.NET Core MVC 응용 프로그램과 몽고DB 연결하기

응용 프로그램에서 몽고DB의 사용을 고려하다보면 '새 ASP.NET Core MVC 응용 프로그램에 몽고DB를 추가하는 작업이 쉬울까?' 하는 의문이 생길 수 있지만 방법은 매우 간단하다. 먼저 다음과 같이 '새 ASP.NET Core 웹 응용 프로그램'을 생성한 후 이름을 BugTracker라고 지정한다.

1. '새 ASP.NET Core 웹 응용 프로그램 – BugTracker' 화면에서 드롭다운 목록의 ASP. NET Core 2.1을 선택한다.

2. **웹 응용 프로그램(모델–뷰–컨트롤러)**을 선택한다.

3. 'Docker 지원 사용' 옵션의 체크 표시를 제거한다. 마지막으로 **확인** 버튼을 클릭한다.

4. 다음 스크린샷과 같이 기본적인 ASP.NET Core MVC 응용 프로그램이 새로 만들어진다.

5. 응용 프로그램의 'Docker 지원'은 생성 시점에 쉽게 활성화할 수 있다. 기존 응용 프로그램의 'Docker 지원' 활성화도 가능하다.

이후의 장에서 도커와 응용 프로그램을 도커에서 실행하는 방법을 살펴본다. 하지만 지금은 이 응용 프로그램에서 도커의 지원이 필요치 않으므로 이 부분에 체크 표시를 하지 않은 채 일반적인 응용 프로그램을 만든다.

NuGet 패키지 추가하기

4장에서는 몽고DB에 관해 설명하고 있으며 프로젝트에 몽고DB를 추가한다. 다음과 같이 NuGet 패키지를 추가하는 방법이 가장 좋다.

1. 다음 스크린샷처럼 프로젝트에서 마우스 오른쪽 버튼을 클릭한 후 컨텍스트 메뉴에서 **NuGet 패키지 관리...**를 선택한다.

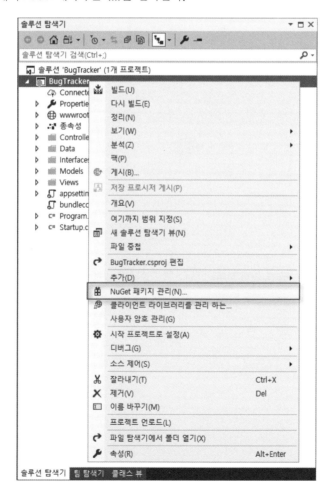

2. NuGet 화면의 **찾아보기** 탭을 선택한 후 'Mongodb.Driver'를 입력한다.

3. MongoDB.Driver를 선택한다.

4. **설치** 버튼을 클릭한 후 프로젝트에 '안정적인 최신 버전' 패키지를 추가한다. 다음 스크린샷을 참고하라.

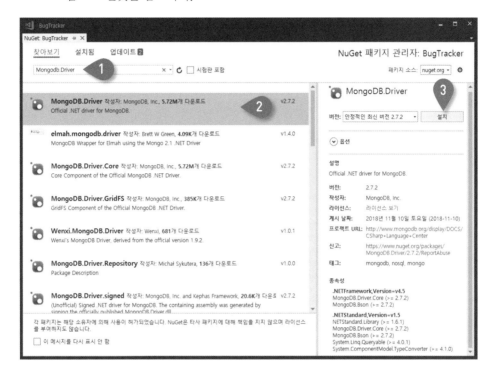

5. 진행 과정은 비주얼 스튜디오의 **출력** 창에서 볼 수 있다.

6. 몽고DB가 프로젝트에 추가되면 다음 스크린샷처럼 프로젝트의 NuGet 종속성에
서 MongoDB.Driver(2.7.2)를 확인할 수 있다.

7. Controllers 폴더를 펼친다. 비주얼 스튜디오에서 기본적으로 만들어주는 Home
Controller.cs 파일을 볼 수 있다. 이 파일의 코드는 다음과 비슷하다.

```
public class HomeController : Controller
{
    public IActionResult Index ()
    {
        return View ();
    }

    public IActionResult About ()
    {
        ViewData["Message"] = "Your application description page.";
```

```
        return View ();
    }

    public IActionResult Contact ()
    {
        ViewData["Message"] = "Your contact page.";
        return View ();
    }

    public IActionResult Error ()
    {
        return View (new ErrorViewModel
        {
                RequestId = Activity.Current?.Id ?? HttpContext.
TraceIdentifier
        });
    }
}
```

여기에서 몽고DB와 Mongo 클라이언트에 연결하는 코드를 만들어보자.

 다음 using문을 클래스에 추가해야 한다.
using MongoDB.Driver;

몽고DB에 연결하는 과정은 다음과 같다.

1. **'생성자용 코드 조각'**을 입력한 후 탭 키를 두 번 누르거나 생성자 코드를 명시적으로 작성한다. 생성자에서 MongoClient의 새 인스턴스를 생성한다. 모두 완료된 코드는 다음과 같다.

```
public HomeController ()
{
    var mclient = new MongoClient ();
}
```

2. MongoClient가 동작하려면 생성한 몽고DB 인스턴스에 연결 문자열을 전달해야 한다. 다음 스크린샷에서 볼 수 있는 것처럼 **'Bug Tracker' 솔루션**에 있는 appsettings.json 파일을 연다.

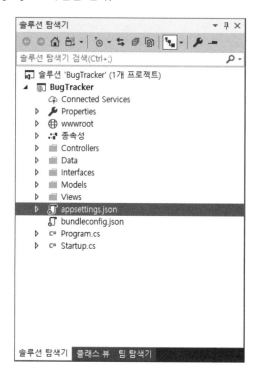

3. appsettings.json 파일을 열어보면 다음과 같다.

```json
{
    "Logging":
    {
        "IncludeScopes": false,
        "LogLevel":
        {
            "Default": "Warning"
        }
    }
}
```

4. 이 파일을 다음과 같이 수정해 몽고DB 연결 상세 정보를 추가한다.

```
{
    "MongoConnection":
    {
        "ConnectionString": "mongodb://localhost:27017",
        "Database": "TaskLogger"
    },
    "Logging":
    {
        "IncludeScopes": false,
        "LogLevel":
        {
            "Default": "Warning"
        }
    }
}
```

5. 이제 다음 스크린샷처럼 Models 폴더에 Settings.cs 파일을 생성한다.

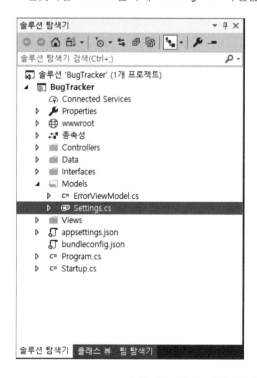

6. Settings.cs 파일을 연 후 다음 코드를 추가한다.

```
public class Settings
{
    public string ConnectionString { get; set; }
    public string Database { get; set; }
}
```

7. Startup.cs 파일을 연 후 서비스를 등록하기 위해 ConfigureServices 메서드를 다음과 같이 수정한다.

```
public void ConfigureServices (IServiceCollection services)
{
    services.AddMvc ();
    services.Configure<Settings> (Options =>
    {
        Options.ConnectionString = Configuration.GetSection ("MongoConne
ction:ConnectionString").Value;
        Options.Database = Configuration.GetSection
("MongoConnection:Database").Value;
    });
}
```

8. 다시 HomeController.cs 파일로 돌아가 MongoClient에 연결 문자열을 전달하기 위해 생성자를 다음과 같이 수정한다.

```
public HomeController (IOptions<Settings> settings)
{
    var mclient = new
    MongoClient (settings.Value.ConnectionString);
}
```

9. 이쯤에서 실제로 몽고DB 인스턴스에 접속할 수 있는지 코드를 테스트한다. 이렇게 하려면 cluster description을 반환하도록 다음과 같이 코드를 수정해야 한다.

```
IMongoDatabase _database;

public HomeController (IOptions<Settings> settings)
{
    var mclient = new
    MongoClient (settings.Value.ConnectionString);
    _database = mclient.GetDatabase (settings.Value.Database);
}

public IActionResult Index ()
{
    return Json (_database.Client.Cluster.Description);
}
```

10. 다음과 같이 'ASP.NET Core MVC 응용 프로그램'을 실행한 후 브라우저에 출력된 정보를 확인한다.

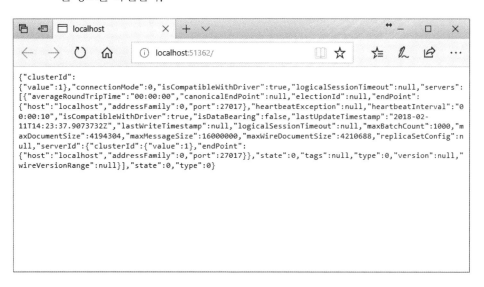

{"clusterId":
{"value":1},"connectionMode":0,"isCompatibleWithDriver":true,"logicalSessionTimeout":null,"servers":
[{"averageRoundTripTime":"00:00:00","canonicalEndPoint":null,"electionId":null,"endPoint":
{"host":"localhost","addressFamily":0,"port":27017},"heartbeatException":null,"heartbeatInterval":"0
0:00:10","isCompatibleWithDriver":true,"isDataBearing":false,"lastUpdateTimestamp":"2018-02-
11T14:23:37.9073732Z","lastWriteTimestamp":null,"logicalSessionTimeout":null,"maxBatchCount":1000,"m
axDocumentSize":4194304,"maxMessageSize":16000000,"maxWireDocumentSize":4210688,"replicaSetConfig":n
ull,"serverId":{"clusterId":{"value":1},"endPoint":
{"host":"localhost","addressFamily":0,"port":27017}},"state":0,"tags":null,"type":0,"version":null,"
wireVersionRange":null}],"state":0,"type":0}

이제 데이터베이스 연결 로직을 별도의 클래스로 분리하는 방법을 살펴보자.

MongoDBRepository 클래스 만들기

다음과 같은 순서로 MongoDBRepository 클래스를 만든다.

1. 다음과 같이 솔루션에 Data 폴더를 만든 후 해당 폴더에 MongoDBRepository 클
   래스를 만든다.

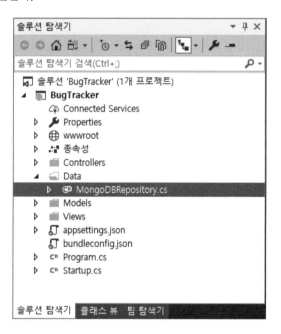

2. 이 클래스에 다음 코드를 추가한다.

```
public class MongoDBRepository
{

    public readonly IMongoDatabase Database;

    public MongoDBRepository (IOptions<Settings> settings)
    {
        try
        {
            var mclient = new
```

```
            MongoClient (settings.Value.ConnectionString);
            Database = mclient.GetDatabase (settings.Value.Database);
        } catch (Exception ex)
        {
            throw new Exception ("There was a problem connecting to the
MongoDB database", ex);
        }
    }
}
```

이 코드가 낯설지 않은 이유는 `HomeController.cs` 클래스에서 작성했던 코드와 같기 때문이다. 다만, 여기서는 오류 처리가 좀 더 추가됐고 별도의 클래스라는 점이 다르다. 따라서 `HomeController` 클래스도 수정한다.

3. `HomeController`의 생성자와 Index 액션의 코드를 다음과 같이 수정한다.

```
public MongoDBRepository mongoDb;

public HomeController (IOptions<Settings> settings)
{
    mongoDb = new MongoDBRepository (settings);
}
public IActionResult Index ()
{
    return Json (mongoDb.Database.Client.Cluster.Description);
}
```

4. 응용 프로그램을 다시 실행해보면 이전과 동일한 정보가 브라우저 창에 출력되는 것을 확인할 수 있다.

유일한 차이점은 코드가 별도로 분리돼 재사용이 쉬워졌다는 것이다. 따라서 추후 변경 사항이 발생하면 여기에 업데이트하면 된다.

몽고DB 데이터 읽고 쓰기

이 절에서는 몽고DB에서 작업 항목 목록을 읽는 방법과 새로운 작업 항목을 추가하는 방법을 살펴본다. 이 모두를 작업 항목이라고 부르며 하나의 작업 항목은 작업이나 버그가 될 수 있다. 다음 순서를 따라 진행한다.

1. 다음 스크린샷처럼 Models 폴더에 WorkItem 클래스를 생성한다.

2. 이 WorkItem 클래스에 다음 코드를 추가한다. Id는 ObjectId 유형이며 생성된 몽고DB 도큐먼트의 유일한 식별자를 나타낸다.

> ℹ️ 다음 using문을 WorkItem 클래스에 추가해야 한다.
> using MongoDB.Bson;

다음 코드를 살펴본다.

```
public class WorkItem
{
    public ObjectId Id { get; set; }
    public string Title { get; set; }
    public string Description { get; set; }
    public int Severity { get; set; }
    public string WorkItemType { get; set; }
    public string AssignedTo { get; set; }
}
```

3. 다음으로 MongoDBRepository 클래스에 다음 속성을 추가한다.

```
public IMongoCollection<WorkItem> WorkItems
{
    get
    {
        return Database.GetCollection<WorkItem> ("workitem");
    }
}
```

4. C# 6 이상을 사용하고 있다면 **식 본문 속성**Expression Bodied Property을 사용해 이 WorkItem 속성을 보다 단순하게 수정할 수 있다. 이렇게 하려면 코드를 다음과 같이 변경해야 한다.

```
public IMongoCollection<WorkItem> WorkItems => Database.
GetCollection<WorkItem> ("workitem");
```

5. 잘 이해되지 않는다면 다음 스크린샷을 살펴보라.

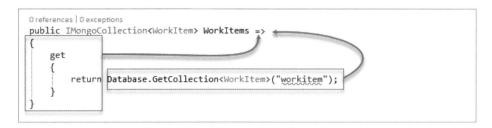

```
0 references | 0 exceptions
public IMongoCollection<WorkItem> WorkItems =>
{
    get
    {
        return Database.GetCollection<WorkItem>("workitem");
    }
}
```

중괄호 {}와 get, return은 람다 연산자 =>로 대체되고 반환할 객체(여기서는 WorkItem 객체의 컬렉션)는 람다 연산자 다음에 온다. 이렇게 **식 본문 속성**Expression Bodied Property이 만들어진다.

Interfaces와 WorkItemService 만들기

인터페이스를 만들기 위해 다음과 같은 단계를 진행한다.

1. 솔루션에 Interfaces 폴더를 만든 후 여기에 IWorkItemService 인터페이스를 추가한다.

2. IWorkItemService 인터페이스에 다음 코드를 추가한다.

```
public interface IWorkItemService
{
    IEnumerable<WorkItem> GetAllWorkItems ();
}
```

3. Data 폴더에 WorkItemService 클래스를 추가한 후 IWorkItemService 인터페이스를 구현한다.

> ℹ️ 인터페이스를 참조하려면 using문에 추가해야 한다. 예제의 using BugTracker.Interfaces 문이 이에 해당한다.

4. 비주얼 스튜디오에서는 해당 인터페이스가 구현돼야 한다는 것을 알려준다. 구현하려면 다음 스크린샷처럼 전구^{lightbulb} 팁의 컨텍스트 메뉴에서 '**인터페이스 구현**'을 클릭한다.

```
namespace BugTracker.Data
{
    public class WorkItemService : IWorkItemService
    {
    }
}
```

인터페이스 구현 ▶ ⊗ CS0535 'WorkItemService'은(는) 'IWorkItemService.GetAllWorkItems
명시적으로 인터페이스 구현   0' 인터페이스 멤버를 구현하지 않습니다.

```
    {
        public IEnumerable<WorkItem> GetAllWorkItems()
        {
            throw new System.NotImplementedException();
        }
    }
    ...
```

변경 내용 미리 보기
다음 위치에서 모든 발생 수정: 문서 | 프로젝트 | 솔루션

5. 그러면 WorkItemService 클래스는 다음과 같은 모양이 된다.

```
public class WorkItemService : IWorkItemService
{
    public IEnumerable<WorkItem> GetAllWorkItems ()
```

```
    {
        throw new System.NotImplementedException ();
    }
}
```

6. 생성자를 추가한 후 GetAllWorkItems 메서드를 완성하면 이 클래스는 다음과 같은 모양이 된다.

```
public class WorkItemService : IWorkItemService
{
    private readonly MongoDBRepository repository;

    public WorkItemService (IOptions<Settings> settings)
    {
        repository = new MongoDBRepository (settings);
    }

    public IEnumerable<WorkItem> GetAllWorkItems ()
    {
        return repository.WorkItems.Find (x => true).ToList ();
    }
}
```

7. Startup.cs 파일을 연 후 ConfigureServices 메서드에 다음 코드를 추가한다.

```
services.AddScoped<IWorkItemService, WorkItemService>();
```

8. 이제 ConfigureServices 메서드는 다음과 같은 모양이 된다.

```
public void ConfigureServices (IServiceCollection services)
{
    services.AddMvc ();

    services.Configure<Settings> (Options =>
    {
```

```
        Options.ConnectionString = Configuration.GetSection ("MongoConne
ction:ConnectionString").Value;
        Options.Database = Configuration.GetSection
("MongoConnection:Database").Value;
    });

    services.AddScoped<IWorkItemService, WorkItemService> ();
}
```

IWorkItemService 인터페이스를 '종속성 주입Dependency Injection' 프레임워크에 등록했다.
'종속성 주입'에 관한 좀 더 자세한 정보는 다음 경로를 참고하라.

https://docs.microsoft.com/ko-kr/aspnet/core/fundamentals/dependency-injection

View 만들기

응용 프로그램을 실행하면 작업 항목 목록이 표시돼야 한다. 작업 항목 목록을 표시하기
위해 다음 순서에 따라 HomeController용 뷰를 만든다.

1. Views 폴더 하위의 Home 폴더를 연 후 Index.cshtml 파일이 있다면 삭제한다.
2. Home 폴더에서 마우스 오른쪽 버튼을 클릭한 후 컨텍스트 메뉴에서 **추가**와 **뷰...**를
   선택하면 MVC **뷰 추가** 창이 나타난다.
3. '뷰 이름'은 Index로 하고 **'템플릿'**은 List를 선택한다. **'모델 클래스'** 드롭다운 목록
   에서 WorkItem(BugTracker.Models)을 선택한다.

4. 나머지 설정은 그대로 둔 채 추가 버튼을 클릭한다.

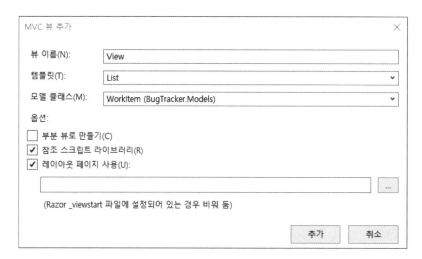

이 뷰가 추가된 **솔루션 탐색기**의 모양은 다음과 같다.

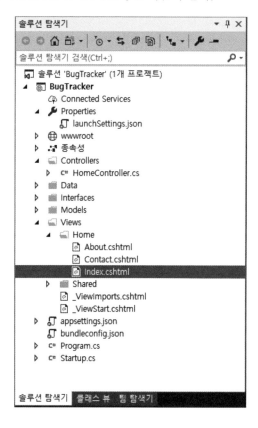

5. 이 뷰를 살펴보면 다음과 같이 모델에 IEnumerable<BugTracker.Models.Work
   Item>을 사용하고 있다는 것을 볼 수 있다.

```
@model IEnumerable<BugTracker.Models.WorkItem>

@ {
    ViewData["Title"] = "Work Item Listings";
}
```

이렇게 하면 반환된 WorkItem 객체 컬렉션을 반복해서 목록에 출력할 수 있다. 그리고
ViewData["Title"]은 Index에서 Work Item Listings로 수정됐다.

HomeController 변경하기

응용 프로그램을 실행하기에 앞서 마지막으로 할 작업은 IWorkItemService가 동작하도록
HomeController 클래스를 수정하는 것이다.

1. 생성자와 Index 액션을 다음과 같이 수정한다.

```
private readonly IWorkItemService _workItemService;

public HomeController (IWorkItemService workItemService)
{
    _workItemService = workItemService;
}

public IActionResult Index ()
{
    var workItems = _workItemService.GetAllWorkItems ();
    return View (workItems);
}
```

2. 몽고DB의 작업 항목을 모두 가져와 모델에 맞는 뷰로 전달한다.

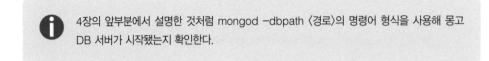

4장의 앞부분에서 설명한 것처럼 mongod −dbpath 〈경로〉의 명령어 형식을 사용해 몽고 DB 서버가 시작됐는지 확인한다.

3. 모두 완료됐다면 다음 스크린샷처럼 응용 프로그램을 실행한다.

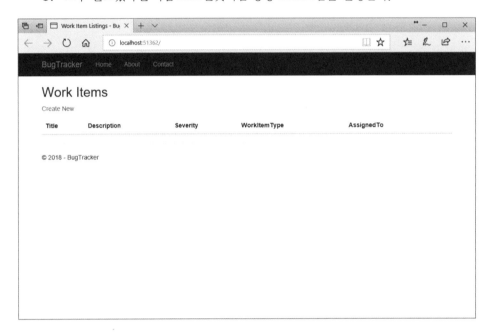

4. 이때는 데이터베이스에 작업 항목이 없으므로 브라우저에서 빈 목록이 나타난 다. 다음으로 이 몽고DB에 작업 항목을 입력하는 코드를 추가한다.

작업 항목 입력하기

다음 과정을 통해 작업 항목을 입력해보자.

1. 작업 항목을 입력하려면 먼저 다음 스크린샷처럼 Models 폴더에 AddWorkItem 클래스를 추가한다.

2. WorkItem 클래스와 본질적으로 같은 모양이 되도록 이 클래스를 다음과 같이 수정한다.

```
public class AddWorkItem
{
    public string Title { get; set; }
    public string Description { get; set; }
    public int Severity { get; set; }
    public string WorkItemType { get; set; }
    public string AssignedTo { get; set; }
}
```

3. Views 폴더 하위에 AddWorkItem 폴더를 만든다. AddWorkItem 폴더에서 마우스 오른쪽 버튼을 클릭한 후 컨텍스트 메뉴에서 **추가**와 **뷰...**를 선택한다.

4. MVC **뷰 추가** 창이 나타나면 '**뷰 이름**'을 AddItem으로 하고 '**템플릿**'은 Create를 선택한다.

5. '**모델 클래스**' 드롭다운은 AddWorkItem(BugTracker.Models)을 선택한다.

6. 다음 스크린샷처럼 나머지 설정은 그대로 둔 채 **추가** 버튼을 클릭한다.

7. AddItem.cshtml 파일을 연 후 form action을 살펴보자. CreateWorkItem으로 설정됐는지 확인한다. 다음 코드 조각에서 코드의 생김새를 볼 수 있다.

```
<div class="row">
    <div class="col-md-4">
        <form asp-action="CreateWorkItem">
            <div asp-validation-summary="ModelOnly" class="text-
danger"></div>
            @*나머지 코드는 생략한다*@
```

이제 Views 폴더는 다음과 같다.

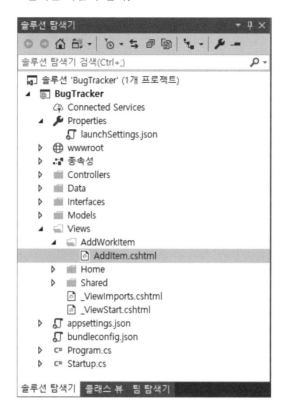

8. IWorkItemService 인터페이스를 변경한 후 인터페이스 코드를 다음과 같이 수
   정한다.

```
public interface IWorkItemService
{
    IEnumerable<WorkItem> GetAllWorkItems ();
    void InsertWorkItem (WorkItem workItem);
}
```

IWorkItemService 인터페이스를 구현한 클래스는 WorkItem 유형의 매개
변수를 갖는 InsertWorkItem 메서드를 반드시 구현하도록 정의했다. 따라서

WorkItemService에서 InsertWorkItem 메서드를 추가해야 한다. WorkItemService 인터페이스 코드는 다음과 같다.

```
private readonly MongoDBRepository repository;

public WorkItemService (IOptions<Settings> settings)
{
    repository = new MongoDBRepository (settings);
}

public IEnumerable<WorkItem> GetAllWorkItems ()
{
    return repository.WorkItems.Find (x => true).ToList ();
}

public void InsertWorkItem (WorkItem workItem)
{
    throw new System.NotImplementedException ();
}
```

9. WorkItem 유형의 객체를 몽고DB에 입력하기 위해 InsertWorkItem 메서드를 다음과 같이 수정한다.

```
public void InsertWorkItem(WorkItem workItem)
{
}
```

10. WorkItem 클래스를 조금 수정한다. 이 클래스에 다음과 같이 2개의 생성자를 추가한다. 하나는 AddWorkItem 객체를 매개변수로 받고 나머지 하나는 매개변수가 없다.

```
public class WorkItem
{
    public ObjectId Id { get; set; }
```

```
public string Title { get; set; }
public string Description { get; set; }
public int Severity { get; set; }
public string WorkItemType { get; set; }
public string AssignedTo { get; set; }

public WorkItem () { }

public WorkItem (AddWorkItem addWorkItem)
{
    Title = addWorkItem.Title;
    Description = addWorkItem.Description;
    Severity = addWorkItem.Severity;
    WorkItemType = addWorkItem.WorkItemType;
    AssignedTo = addWorkItem.AssignedTo;
}
}
```

매개변수가 없는 두 번째 생성자를 추가한 이유는 몽고DB에서 WorkItem을 역직렬화할 수 있기 때문이다.

역직렬화를 위해 매개변수가 없는 생성자를 추가하는 이유에 대해 좀 더 자세히 알고 싶다면 다음 경로에서 내용을 확인하라.

https://stackoverflow.com/questions/267724/why-xml-serializable-class-need-a-parameterless-constructor#

11. 이제 프로젝트에 또 다른 컨트롤러를 추가한다. 다음과 같이 Controllers 폴더를 마우스 오른쪽 버튼으로 누른 후 AddWorkItemController 컨트롤러를 추가한다. 빈 컨트롤러를 추가하고 코드는 나중에 추가한다.

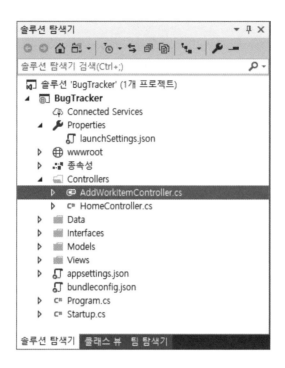

12. AddWorkItemController 컨트롤러에 다음 코드를 추가한다.

```
private readonly IWorkItemService _workItemService;

public AddWorkItemController (IWorkItemService workItemService)
{
    _workItemService = workItemService;
}

public ActionResult AddItem ()
{
    return View ();
}

[HttpPost]
public ActionResult CreateWorkItem (AddWorkItem addWorkItem)
{
    var workItem = new WorkItem (addWorkItem);
```

```
    _workItemService.InsertWorkItem (workItem);
    return RedirectToAction ("Index", "Home");
}
```

HttpPost 액션에서 CreateWorkItem이 호출되는 것을 알 수 있다. 이것이 바로 AddItem.
cshtml 파일에 CreateWorkItem이라는 form action이 포함된 이유다. 이는 Create 버튼을
클릭할 때 컨트롤러에서 호출할 액션을 뷰로 알려준다.

작업 항목 목록으로 리다이렉션하기

또 다른 재미있는 부분은 WorkItemService의 InsertWorkItem 메서드를 호출한 후 뷰를
HomeController의 Index 액션으로 리다이렉션한다는 것이다. 이미 알고 있는 것처럼 이
방법을 사용하면 작업 항목 목록으로 진입할 수 있다.

1. HomeController에 다음과 같이 AddWorkItemController 클래스의 AddItem 액션
    을 호출하는 AddWorkItem 액션을 추가한다.

    ```
    public ActionResult AddWorkItem ()
    {
        return RedirectToAction ("AddItem", "AddWorkItem");
    }
    ```

    이제 HomeController 코드는 다음과 같다.

    ```
    private readonly IWorkItemService _workItemService;

    public HomeController (IWorkItemService workItemService)
    {
        _workItemService = workItemService;
    }

    public IActionResult Index ()
    ```

```
{
    var workItems = _workItemService.GetAllWorkItems ();
    return View (workItems);
}

public ActionResult AddWorkItem ()
{
    return RedirectToAction ("AddItem", "AddWorkItem");
}
```

2. 다음으로 Index.cshtml 뷰를 조금 수정해보자. Index 뷰의 목록을 좀 더 직관적으로 만들기 위해 Index.cshtml 파일을 다음과 같이 수정한다. if문을 추가해 목록이 비어 있는 경우 해당 목록에 새로운 작업 항목을 추가할 수 있도록 한다. 그리고 ActionLink를 추가해 클릭 시 HomeController의 AddWorkItem 액션이 호출되도록 한다.

```
@if (Model.Count() == 0)
{
    <tr>
        <td colspan="6">There are no Work Items in BugTracker. @Html.
ActionLink("Add your first Work Item", "AddWorkItem/AddItem") now.</td>
    </tr>
}
else
{

    @foreach (var item in Model)
    {
        <tr>
            <td>
                @Html.DisplayFor(modelItem => item.Title)
            </td>
            <td>
                @Html.DisplayFor(modelItem => item.Description)
            </td>
            <td>
```

```
                @Html.DisplayFor(modelItem => item.Severity)
            </td>
            <td>
                @Html.DisplayFor(modelItem => item.WorkItemType)
            </td>
            <td>
                @Html.DisplayFor(modelItem => item.AssignedTo)
            </td>
            <td>
                    @Html.ActionLink("Edit", "Edit", new { /* id=item.
PrimaryKey */ }) |
                    @Html.ActionLink("Details", "Details", new { /* id=item.
PrimaryKey */ }) |
                     @Html.ActionLink("Delete", "Delete", new { /* id=item.
PrimaryKey */ })
            </td>
        </tr>
    }

}
```

3. 이제 다음과 같이 Create New asp-action을 if문으로 감싼다.

```
@if (Model.Count() > 0)
{
<p>
    <a asp-action="Create">Create New</a>
</p>
}
```

이 부분은 나중에 다시 살펴본다.

이 응용 프로그램 로직의 HomeControllerIndex 액션에서 작업 항목을 나열하는 부분을 살펴보자. **Add your first Work item** 링크를 클릭하면 HomeController의 AddWorkItem 액션이 호출된다.

HomeController의 AddWorkItem 액션은 AddWorkItemController의 AddItem 액션을 순서대로 호출한다. 그러면 작업 항목 상세 정보를 입력할 수 있고 Create 버튼이 있는 AddItem 뷰가 반환된다.

Create 버튼에서는 순서대로 HttpPost 액션을 처리하며 AddItem 뷰의 form action에 AddWorkItemController 클래스의 CreateWorkItem 액션이 지정돼 있으므로 몽고DB 데이터베이스에 해당 작업 항목을 등록하고 HomeController의 Index 액션을 호출하는 RedirectToAction이 실행돼 작업 항목 목록으로 리다이렉션된다.

 여기서 AddWorkItemController의 AddItem 액션으로 리다이렉션하기 위해 HomeController로 리다이렉션하는 방법이 장황하다고 생각했다면 정확히 맞다. 사용자가 새 작업 항목을 만들기 위해 해당 링크를 클릭할 때 AddWorkItemController의 AddItem 액션으로 직접 리다이렉션하는 방법을 단순히 보여주기 위한 내용이며 그대로 따라오길 바란다. 여기서의 목적은 컨트롤러와 액션 간의 인터랙션 방법을 보여주는 것이다.

이제, 다시 응용 프로그램을 실행한다.

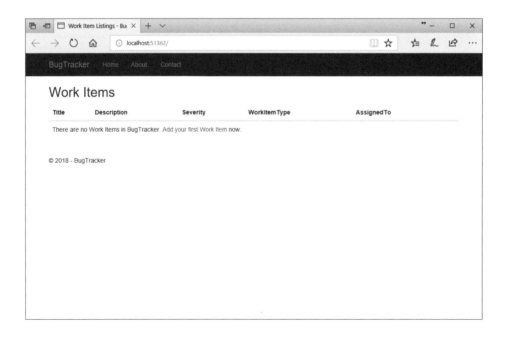

목록에 있는 링크를 통해 첫 번째 작업 항목을 등록할 수 있다는 것을 알 수 있다.

이 링크는 HomeController의 AddWorkItem 액션으로 리다이렉션되는 링크다. 다음 순서를 따라 진행한다.

1. 해당 링크를 클릭하면 다음 스크린샷과 같은 결과를 볼 수 있다.

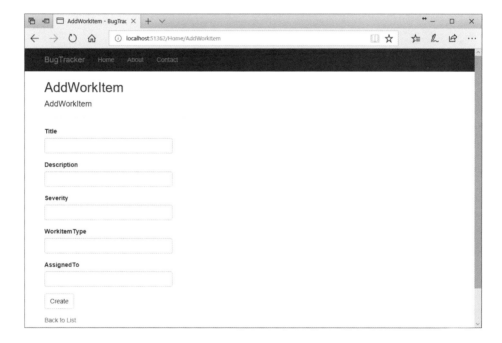

2. 이 뷰를 통해 새 작업 항목을 등록할 수 있다. 각 항목에 정보를 채워넣고 Create 버튼을 클릭한다.

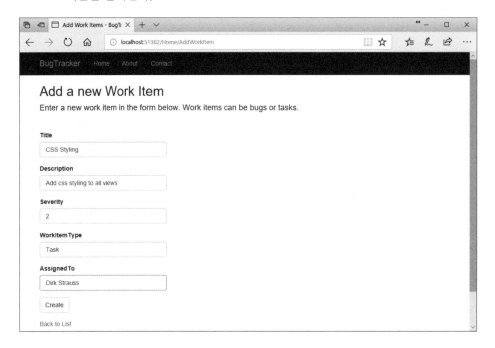

3. Create 버튼에서는 AddWorkItemController의 CreateWorkItem 액션이 호출되고 HomeController의 Index 액션을 통해 다시 작업 항목 목록으로 리다이렉션된다.

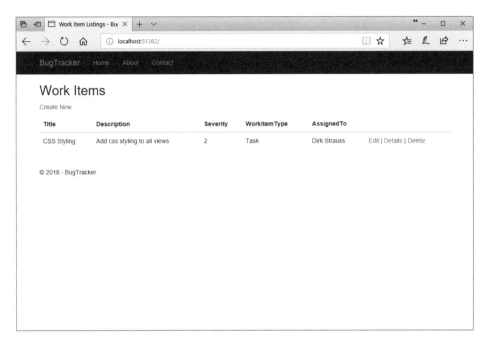

4. 이제 Create New 링크가 목록의 상단에 표시된다. Index.cshtml 뷰를 수정해 해당 링크에서 AddWorkItemController 클래스의 AddItem 액션으로 직접 리다이렉션 되도록 Razor를 다음과 같이 변경한다.

```
@if (Model.Count() > 0)
{
<p>
    @Html.ActionLink("Create New", "AddWorkItem/AddItem")
</p>
}
```

응용 프로그램에서 정확한 액션을 실행하기 위해 경로[route]를 지정할 수 있다는 것을 알 수 있다. 여기서는 Create New 링크를 클릭하면 AddWorkItemController 클래스의 AddItem 액션이 호출돼야 함을 뜻한다.

응용 프로그램을 다시 실행한 후 Create New 링크를 클릭하면 이전에 작업 항목을 추가했던 입력 화면으로 리다이렉션되는 것을 볼 수 있다.

 기본 뷰 스타일은 디자인이 매우 나쁜 편은 아니지만 그렇다고 썩 좋지도 않다. 하지만 적어도 개발자의 필요에 의해 'prettify'가 가능하도록 CSS를 통해 화면에 스타일을 줄 수 있는 기능이 제공된다. 하지만 지금은 단조로운 화면의 기능에만 집중한다.

MongoDB Compass를 열어보면 workitem 도큐먼트가 있다. 해당 도큐먼트의 ASP.NET Core MVC 응용 프로그램에서 추가한 정보를 볼 수 있다.

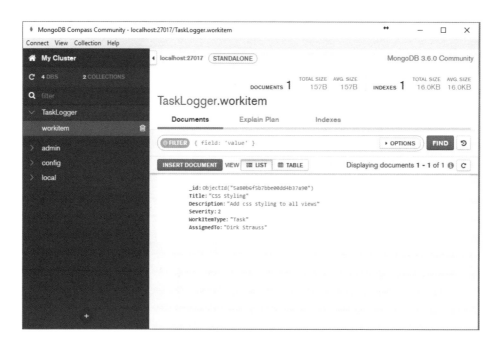

▌ 요약

4장에서는 다음과 같은 내용을 살펴봤다.

- 로컬 컴퓨터에 몽고DB 설정
- MongoDB Compass 사용하기
- 몽고DB와 연결된 ASP.NET Core MVC 응용 프로그램 만들기

MongoDB Compass에서는 개발자에게 몽고DB 데이터에 대한 그래픽 뷰를 제공하며 따라서 개발자는 몽고DB 쿼리를 전혀 알 필요가 없다. 그렇지만 쿼리를 살펴보고 싶다면 다음 경로에서 확인할 수 있다.

https://docs.mongodb.com/manual/tutorial/query-documents/

아직 몽고DB와 ASP.NET Core MVC에 관해 배워야 할 부분이 많이 남아 있다. 아쉽게도 1개의 장에서 이 모든 부분을 다루기는 어렵다. 하지만 몽고DB가 매우 강력하며 응용 프로그램에서 사용하기에 매우 쉽다는 점은 확실하다. 또한 몽고DB는 문서화가 잘돼 있으며 지원이나 도움을 받을 수 있는 커뮤니티가 활성화돼 있다.

5장, 'ASP.NET SignalR 대화 응용 프로그램'에서는 SignalR과 실시간 대화 응용 프로그램을 만드는 방법을 살펴본다.

05

ASP.NET SignalR
대화 응용 프로그램

사용자가 페이지를 새로 고침하지 않더라도 서버 측 코드에서 사용자의 웹 페이지에 실시간으로 데이터를 보낼 수 있다고 가정해보자. 이렇게 할 수 있는 데에는 여러 가지 방법이 있지만 ASP.NET SignalR 라이브러리에서는 개발자에게 실시간 웹 기능을 응용 프로그램에 추가할 수 있는 쉬운 방법을 제공한다.

SignalR의 기능을 보여주는 단순한 ASP.NET Core SignalR 대화 응용 프로그램을 만들어본다. 프로젝트에 필요한 패키지 파일을 추가하기 위해 NuGet과 **Node Package Manager**[npm] 사용법도 살펴본다.

5장에서 다루는 내용은 다음과 같다.

- 전반적인 프로젝트 레이아웃
- 프로젝트 설정하기
- SignalR 라이브러리 추가하기
- 서버 만들기
- 클라이언트 만들기
- 솔루션 개요
- 응용 프로그램 실행하기

그럼 시작해보자.

▌ 프로젝트 레이아웃

이 프로젝트는 다음과 같은 요소가 필요하다.

- **대화 서버**: 서버 측 C# 코드로, 클라이언트에서 전달받은 메시지를 처리하고 보내는 역할을 한다.
- **대화 클라이언트**: 클라이언트는 서버로 메시지를 주고받는 자바스크립트 함수와 표현하기 위한 HTML 요소로 이뤄져 있다.

서버 코드를 시작으로 클라이언트까지 살펴보면서 간단한 부트스트랩 레이아웃을 만들고 몇 가지 자바스크립트 함수를 호출해보자.

대화 기록을 텍스트 파일로 저장하는 방법도 살펴본다.

▮ 프로젝트 설정하기

다음과 같이 프로젝트를 설정한다.

1. 비주얼 스튜디오 2017을 사용해 **ASP.NET Core 웹 응용 프로그램**을 생성한다.
   응용 프로그램의 이름을 원하는 대로 지정할 수 있지만 여기서는 다음과 같이
   Chapter5라고 한다.

2. 다음과 같이 빈 프로젝트 템플릿으로 진행한다. 드롭다운에서 ASP.NET Core 2.1
   을 선택한다.

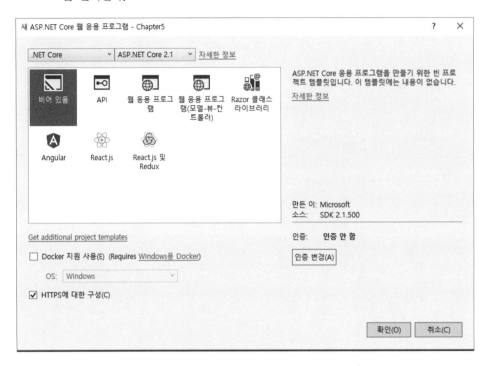

생성된 프로젝트의 모양은 다음과 같다.

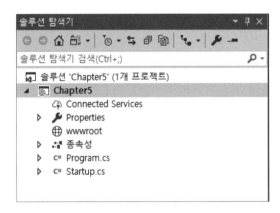

SignalR 라이브러리 추가하기

다음으로 SignalR 패키지 파일을 프로젝트에 추가해야 한다.

ASP.NET Core SignalR용 패키지를 NuGet 패키지 관리자에서 검색해 설치할 수도 있지만 이번에는 **패키지 관리자 콘솔**을 통해 추가한다.

1. 다음과 같이 **도구 > NuGet 패키지 관리자 > 패키지 관리자 콘솔** 메뉴로 이동한다.

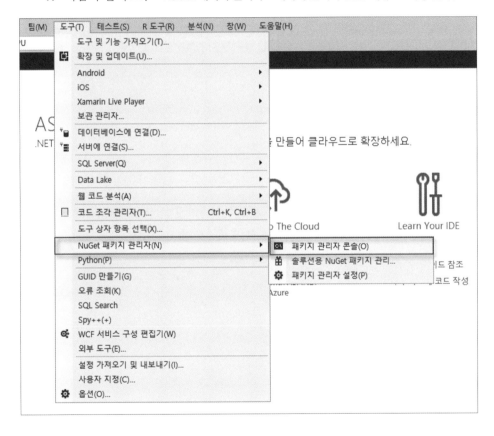

2. 콘솔 창에서 다음 명령어를 입력한 후 Enter를 누른다.

```
Install-Package Microsoft.AspnetCore.SignalR
```

출력 창에서 성공적으로 설치됐음을 알려주는 몇 줄의 결과 화면을 볼 수 있다. 프로젝트에서는 SignalR 클라이언트 자바스크립트 라이브러리도 필요하며 이는 npm 명령을 사용해 설치한다.

 npm은 NuGet과 비슷하며 자바스크립트용 패키지 관리자다. https://www.npmjs.com/에서 확인할 수 있다.

3. 콘솔 창에서 다음 명령어를 입력하고 Enter를 누른다.

```
npm install @aspnet/signalr
```

이렇게 하면 다수의 js 파일을 프로젝트의 루트 디렉터리에 있는 node_modules 폴더로 다운로드한다. 결과 창에 몇 가지 경고가 나타나지만 걱정하지 않아도 된다. node_modules 디렉터리가 존재하면 다운로드됐다고 볼 수 있다.

이제 설치한 패키지와 라이브러리를 통해 코드를 작성할 수 있게 됐다.

▌ 서버 만들기

대화 프로그램용 서버를 만든다. 이에는 접속된 클라이언트에서 호출하는 메서드가 포함된다. SignalR Hubs API를 사용해 서버에 접속된 클라이언트가 서버와 통신하는 데 필요한 메서드를 제공한다.

SignalR Hub 하위 클래스

SignalR Hub를 만들기 위해 다음과 같은 단계를 수행한다.

1. 서버 측에서 대화를 처리하기 위한 클래스를 프로젝트에 추가한다. 이 클래스는 다음과 같이 Chat이라고 지정한다.

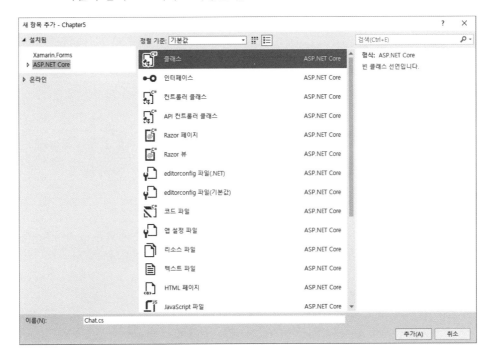

이 클래스는 SignalR Hub 클래스의 하위 클래스이며 Microsoft.AspNetCore. SignalR using 지시문을 추가한다. 다음과 같이 비주얼 스튜디오의 '빠른 작업' 을 통해 추가할 수 있다.

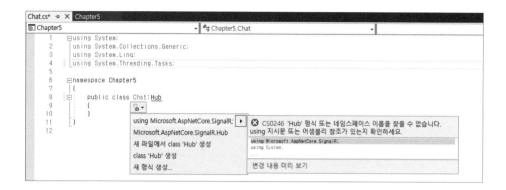

2. 이제 다음 Task 메서드를 이 클래스에 추가해 메시지 전송을 처리한다.

```
public Task Send (string sender, string message)
{
    return Clients.All.SendAsync("UpdateChat", sender, message);
}
```

이 메서드는 접속된 모든 클라이언트에서 호출하며 접속된 모든 클라이언트의
Send 함수를 호출하고 sender와 message 매개변수를 전달한다.

3. 저장하는 기능을 가진 Task 메서드를 추가한다.

```
public Task ArchiveChat (string archivedBy, string path, string messages)
{
    string fileName = "ChatArchive_" + DateTime.Now.ToString ("yyyy_MM_
dd_HH_mm") + ".txt";
    System.IO.File.WriteAllText (path + "\\" + fileName, messages);
     return Clients.All.SendAsync("Archived", "Chat archived by " +
archivedBy);
}
```

이 메서드는 단순히 messages 문자열 매개변수를 값으로 하는 ChatArchive_[날짜].txt
형식의 텍스트 파일을 만들고 주어진 경로에 저장한 후 클라이언트의 Archived 함수를
호출한다.

이 두 가지 작업이 실제로 동작하려면 몇 가지 더 처리해야 할 부분이 남아 있다.

설정 변경

Startup.cs 파일에서 SignalR 서비스를 컨테이너에 추가한 후 HTTP 요청 파이프라인을 설정한다.

1. ConfigureServices 메서드에 다음 코드를 추가한다.

```
services.AddSignalR( );
```

2. Configure 메서드에 다음 코드를 추가한다.

```
app.UseSignalR (routes =>
{
    routes.MapHub<Chat> ("/chat");
});
```

이제 코드 창은 다음과 같은 모양이 된다.

이것으로 서버가 완성됐다.

 Configure 메서드에 app.UseStaticFiles() 코드가 추가된 것을 알 수 있다. 정적 파일은 ASP.NET Core 앱에서 직접 클라이언트로 제공하는 자산(assets)이다. 정적 파일에 해당하는 것은 HTML, CSS, 자바스크립트, 이미지다.

이 서버의 기능은 나중에 확장할 수 있으며 지금은 클라이언트로 넘어간다.

▌클라이언트 만들기

이 클라이언트는 프로젝트 레이아웃 절에서 언급한 것처럼 서버와 메시지를 주고받는 자바스크립트 함수와 화면에 보여주기 위한 HTML 요소로 구성된다.

1. 다음과 같이 프로젝트의 wwwroot의 하위에 scripts라는 새 폴더를 추가한다.

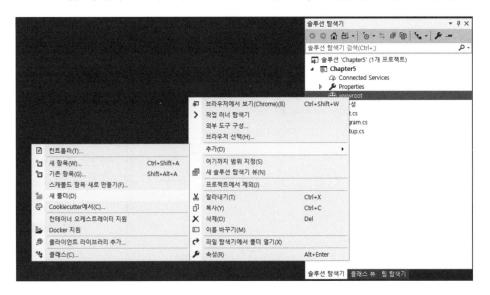

이전에 npm 명령어로 만들었던 node_modules 디렉터리를 기억하는가?

2. node_modules 디렉터리 내에서 다음 경로를 찾아간다.

\@aspnet\signalr\dist\browser

다음 스크린샷을 살펴보자.

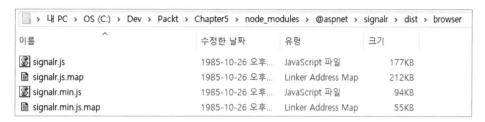

3. signalr.min.js 파일을 프로젝트의 scripts 폴더로 복사한다. 그 다음에 생성할 HTML 파일에서 이 라이브러리를 참조하라.

4. 다음과 같이 HTML 페이지를 wwwroot 폴더에 추가한다. 이 페이지를 index.html 라고 명명했다. 이때에는 똑같은 이름을 사용하는 것을 권장한다. 자세한 내용은 나중에 설명한다.

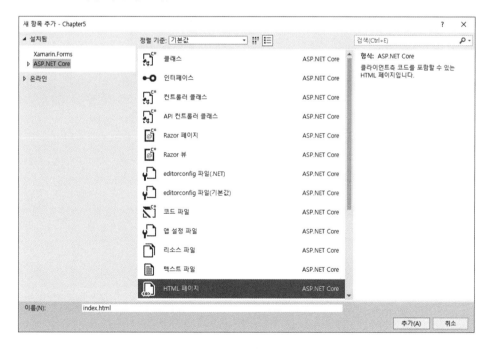

이 클라이언트 페이지는 매우 단순하다. 이 페이지에서 여러 부분을 보여주고 숨기기 위해 div 태그를 사용한다. 여기서는 멋진 외관을 만들어주는 부트스트랩을 사용했지만 원하는 방식으로 디자인해도 무방하다. 또한 페이지 제목 지정과 같은 기초적인 내용으로 지루하게 만들고 싶지 않기 때문에 관련 있는 요소에만 집중한다.

전체 HTML 레이아웃과 자바스크립트 코드는 다음과 같으며 여기서부터 자세히 살펴본다.

```
<!DOCTYPE html>
<html>
<head>
    <title>Chapter 5- Signal R</title>
    <link rel="stylesheet" href="https://maxcdn.bootstrapcdn.com/bootstrap/3.3.7/css/bootstrap.min.css">
    <script src="https://ajax.googleapis.com/ajax/libs/jquery/3.2.1/jquery.min.js"></script>
    <script src="https://maxcdn.bootstrapcdn.com/bootstrap/3.3.7/js/bootstrap.min.js"></script>
    <script src="/Scripts/signalr.min.js"></script>

    <script type="text/javascript">
        let connection = new signalR.HubConnectionBuilder().withUrl("/chat").build();
        connection.start();

        connection.on('UpdateChat', (user, message) => {
            updateChat(user, message);
        });
        connection.on('Archived', (message) => {
            updateChat('system', message);
        });

        function enterChat() {
            $('#user').text($('#username').val());
            sendWelcomeMessage($('#username').val());
            $('#namePanel').hide();
            $('#chatPanel').show();
```

```
        };

        function sendMessage() {
            let message = $('#message').val();
            $('#message').val('');
            let user = $('#user').text();
            connection.invoke('Send', user, message);
        };

        function sendWelcomeMessage(user) {
            connection.invoke('Send','system',user+' joined the chat');
        };

        function updateChat(user, message) {
            let chat = '<b>' + user + ':</b> ' + message + '<br/>'
            $('#chat').append(chat);
            if ($('#chat')["0"].innerText.length > 0) {
                $('#historyPanel').show();
                $('#archivePanel').show();
            }
        };

        function archiveChat() {
            let message = $('#chat')["0"].innerText;
            let archivePath = $('#archivePath').val();
            let archivedBy = $('#username').val();
            connection.invoke('ArchiveChat', archivedBy, archivePath, message);
        };
    </script>

</head>
<body>
    <div class="container col-md-10">
        <h1>Welcome to Signal R <label id="user"></label></h1>
    </div>
    <hr />
    <div id="namePanel" class="container">
        <div class="row">
            <div class="col-md-2">
```

```
                    <label for="username" class="form-label">Username:</label>
                </div>
                <div class="col-md-4">
                    <input id="username" type="text" class="form-control" />
                </div>
                <div class="col-md-6">
                        <button class="btn btn-default" onclick="enterChat()">Enter</
button>
                </div>
            </div>
        </div>
        <div id="chatPanel" class="container" style="display: none">
            <div class="row">
                <div class="col-md-2">
                    <label for="message" class="form-label">Message:</label>
                </div>
                <div class="col-md-4">
                    <input id="message" type="text" class="form-control" />
                </div>
                <div class="col-md-6">
                        <button class="btn btn-info" onclick="sendMessage()">Send</
button>
                </div>
            </div>
            <div id="historyPanel" style="display:none;">
                <h3>Chat History</h3>
                <div class="row">
                    <div class="col-md-12">
                        <div id="chat" class="well well-lg"></div>
                    </div>
                </div>
            </div>
        </div>
        <div id="archivePanel" class="container" style="display:none;">
            <div class="row">
                <div class="col-md-2">
                    <label for="archivePath" class="form-label">Archive Path:</label>
                </div>
                <div class="col-md-4">
```

```
                <input id="archivePath" type="text" class="form-control" />
            </div>
            <div class="col-md-6">
                <button class="btn btn-success" onclick="archiveChat( )">Archive
Chat</button>
            </div>
        </div>
    </div>
</body>
</html>
```

포함된 라이브러리

필요한 라이브러리를 포함시키기 위해 다음과 같이 link와 script 태그를 추가한다.

```
<link rel="stylesheet" href="https://maxcdn.bootstrapcdn.com/bootstrap/3.3.7/css/
bootstrap.min.css">
    <script src="https://ajax.googleapis.com/ajax/libs/jquery/3.2.1/jquery.min.
js"></script>
    <script src="https://maxcdn.bootstrapcdn.com/bootstrap/3.3.7/js/bootstrap.
min.js"></script>
    <script src="/Scripts/signalr.min.js"></script>
```

룩엔필을 위해 부트스트랩을 사용하고 싶지 않다면 부트스트랩 자바스크립트 라이브러리
나 CSS는 필요 없지만 제이쿼리는 스크립트에서 사용하므로 이 부분은 남겨둔다.

대화명 정하기

대화에 참여한 사람이 누구인지 알아야 한다. 따라서 사용자의 이름을 입력받는 input 요
소와 enterChat 함수를 호출하는 버튼을 다음과 같이 추가한다.

- `<input id="username" type="text" class="form-control" />`
- `<button class="btn btn-default" onclick="enterChat( )">Enter</button>`

대화 입력

사용자가 메시지를 입력[input]하고 서버에 게시하는 데(sendMessage용 이벤트 버튼) 필요한 요소를 다음과 같이 추가한다.

- `<input id="message" type="text" class="form-control" />`
- `<button class="btn btn-info" onclick="sendMessage( )">Send</button>`

대화 창

다음과 같이 ID가 'chat'인 div 태그를 추가한다. 대화 내용(대화 이력)을 담는 컨테이너로 사용한다.

- `<div id="chat" class="well well-lg"></div>`

저장 기능

다음과 같이 사용자가 저장하려는 파일의 위치를 지정하고 메시지를 서버에 보내는 데 (archiveChat용 이벤트 버튼) 필요한 요소를 추가한다.

- `<input id="archivePath" type="text" class="form-control" />`
- `<button class="btn btn-success" onclick="archiveChat( )">Archive Chat</button>`

자바스크립트 함수

이 클라이언트에는 메시지를 서버로 전송하고 받은 메시지를 처리하는 코드가 있어야 한다. 여기서는 자바스크립트를 최대한 단순하고 가독성을 좋게 만들기 위해 제이쿼리를 사용했다.

1. 다음과 같이 SignalR Hub 서버용 connection 변수를 만들고 start 함수를 호출한다.

```
let connection = new signalR.HubConnectionBuilder().withUrl("/chat").
build();
connection.start();
```

signalR.HubConnectionBuilder().withUrl의 '/chat' 매개변수는 SignalR의 Hub 인터페이스를 상속받은 Chat.cs 클래스를 참조하라.

2. 서버에서 호출하는 UpdateChat과 Archived 메서드를 다음과 같이 추가한다.

```
connection.on ('UpdateChat', (user, message) =>
{
    updateChat (user, message);
});
connection.on ('Archived', (message) =>
{
    updateChat ('system', message);
});
```

단순히 서버에서 받은 매개변수를 updateChat 메서드로 전달한다. 이 메서드는 잠시 후에 정의한다.

3. enterChat 함수는 다음과 같이 정의한다.

```
function enterChat ()
{
    $('#user').text ($('#username').val ());
    sendWelcomeMessage ($('#username').val ());
    $('#namePanel').hide ();
    $('#chatPanel').show ();
};
```

username input 요소의 값으로 user 라벨의 텍스트를 설정하고 잠시 후에 정
의할 sendWelcomeMessage 메서드로 전달한 후 관련 창을 보여주거나 숨긴다.

4. sendMessage 메서드는 다음과 같이 정의한다.

```
function sendMessage ()
{
    let message = $('#message').val ();
    $('#message').val ('');
    let user = $('#user').text ();
    connection.invoke ('Send', user, message);
};
```

다음 메시지를 위해 삭제하기 전까지 message input 요소로 message 변수를 설
정하고 user 라벨로 user 변수를 설정한다. 그런 다음 connection.invoke 메서
드를 사용해 서버의 Send 메서드를 호출하고 user와 message 변수를 매개변수
로 전달한다.

5. sendWelcomeMessage 함수를 다음과 같이 정의한다.

```
function sendWelcomeMessage (user)
{
    connection.invoke ('Send', 'system', user + ' joined the chat');
};
```

네 번째 단계의 sendMessage 함수처럼 connection.invoke 함수를 사용해 서버의 Send 메서드를 호출한다. 하지만 이번에는 user 매개변수 대신 'system' 문자열을 전달하고 접속한 사용자에 관한 약간의 정보를 메시지로 전달한다.

6. updateChat 메서드를 다음과 같이 정의한다.

```javascript
function updateChat(user, message) {
    let chat = '<b>' + user + ':</b> ' + message + '<br/>'
    $('#chat').append(chat);
    if ($('#chat')["0"].innerText.length > 0) {
        $('#historyPanel').show();
        $('#archivePanel').show();
    }
};
```

updateChat는 대화 이력을 업데이트하는 사용자 정의 함수다. 2개의 connection.on 함수를 통해 그때그때 반복적으로 처리된다. 하지만 일반적인 코딩 규칙에서는 코드를 반복하지 않는다.

이 함수에서는 chat 변수를 설정해 모든 대화 이력을 한눈에 볼 수 있도록 했다. 여기서는 사용자와 콜론(:)에 '볼드' 서식을 지정하고, 이후에 오는 메시지에는 아무것도 지정하지 않았으며 끝에는 줄 바꿈을 지정했다. 대화 내용은 대략 다음과 같을 것이다.

- **존**: 안녕하세요
- **세라**: 안녕 존
- **server**: 피터 joined the chat
- **존**: 안녕 세라 안녕 피터
- **피터**: 모두 안녕하세요

그리고 대화 이력 창과 대화 저장 창의 표시 여부를 체크하는 chat div의 innerText 속성을 확인한다.

archiveChat 함수는 다음과 같이 정의한다.

```
function archiveChat() {
    let message = $('#chat')["0"].innerText;
    let archivePath = $('#archivePath').val();
    let archivedBy = $('#username').val();
    connection.invoke('ArchiveChat', archivedBy, archivePath, message);
};
```

이 부분도 다른 부분과 마찬가지로 가능한 한 간단하게 처리했다. 대화 창(div)의 innerText 와 archivePath input에 지정된 경로를 서버의 ArchiveChat 메서드로 전달한다.

여기에는 오류를 처리하기 위한 조그만 창이 존재하며 사용자가 입력한 파일 저장 경로가 형식에 맞지 않으면 해당 코드에서 예외를 반환한다. 여기서는 SignalR 기능 설명이 주 목적이므로 이 예외 처리는 독자의 창의력에 맡긴다.

▌ 솔루션 개요

이제 완성된 솔루션을 빌드할 수 있게 됐다. **솔루션 탐색기**에서 솔루션을 빠르게 훑어보자.

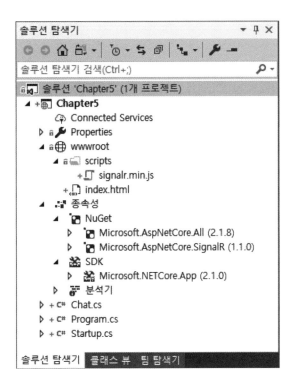

맨 위에서부터 5장에서 수정한 내용은 다음과 같다.

1. NuGet을 통해 다음과 같은 SignalR Asp.NET Core 라이브러리를 추가했다.

```
종속성/NuGet/Microsoft.AspNetCore.SignalR (1.1.0)
```

2. 자바스크립트 라이브러리를 npm을 통해 node_modules 폴더로 다운로드한 후 다음 경로에 직접 복사했다.

```
wwwroot/scripts/signalr.min.js
```

3. 다음은 HTML 마크업과 스타일, 자바스크립트가 모두 포함돼 있는 클라이언트 페이지다.

`wwwroot/index.html`

 만약 이 응용 프로그램을 확장하려면 자바스크립트 코드를 별도의 js 파일로 분리하는 것이
좋다. 이는 유지 관리를 좋게 만들어주는 코딩 표준의 하나다.

1. Chat.cs: 대화 서버 코드이며 좀 더 정확히는 5장에서 선언한 사용자 정의 Task 메서
   드다.

2. Startup.cs: 이 파일은 Asp.NET Code 웹 응용 프로그램 표준으로, 5장에서는 설정을
   변경해 SignalR을 서비스로 추가했다.

4. 프로젝트를 빌드해보자. 비주얼 스튜디오의 상단 메뉴에서 **빌드** 탭을 선택한다.

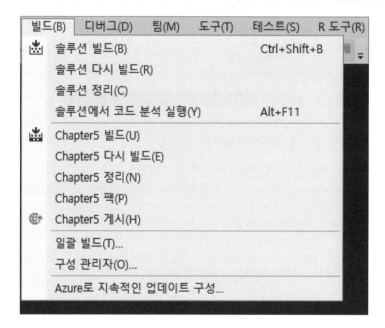

전체 솔루션을 빌드하거나 개별 프로젝트를 빌드할 수 있다. 솔루션에 프로젝트가 하나만
있으므로 아무렇게나 선택한다. 단축키(Ctrl + Shift + B)를 사용할 수도 있다.

성공적이라면 출력 창에서 다음과 비슷한 빌드 메시지를 볼 수 있다.

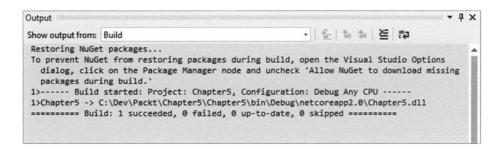

이 책을 따라하는 도중에 어떤 오류가 발생하면 해당 위치로 돌아가 놓친 부분이 없는지 확인한다. 작은 가시 하나가 몹시 불편한 법이다.

▌ 출시하기

프로젝트를 만들고 라이브러리를 추가하고 코드를 작성했다. 이제 이 코드를 실행해 확인해보자.

응용 프로그램 실행하기

앱을 실행하기 위해 F5(또는 디버깅하지 않고 시작하려면 Ctrl + F5)를 누른다. 앱이 기본 브라우저에서 실행되면서 다음과 같은 화면을 볼 수 있다.

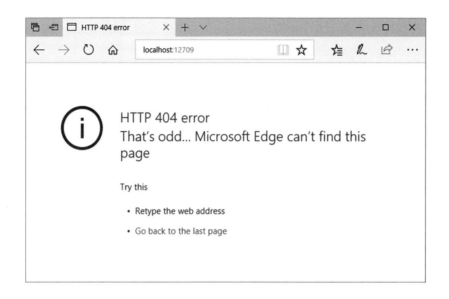

음. 뭐지? 뭔가를 빠트린 것 같다.

index.html 페이지로 가서 URL을 localhost:12709/index.html로 변경하면(포트 번호 확인) 잘 동작할 것이다.

이렇게 하지 않으려면 index.html를 기본 시작 페이지로 지정한다.

Startup.cs 클래스의 Configure 메서드 맨 위에 다음 코드 라인을 추가한다.

```
app.UseDefaultFiles();
```

이 보석같은 기능을 통해 wwwroot 폴더로 들어오는 웹 사이트로 이동하는 모든 요청에서 다음 파일 중의 하나를 찾도록 만들 수 있다.

- default.htm
- default.html
- index.htm
- index.html

이제 첫 번째로 기본 페이지로 제공할 파일을 찾게 된다. 매우 훌륭하다!

이제 앱을 다시 실행해보자.

URL에서 /index.html이라는 부분을 보여주지는 않지만 이 웹 앱에서 어떤 페이지를 제공하는지 알 수 있다. 이제 대화를 시작할 수 있다. 사용자 이름을 입력하고 Enter를 누른다.

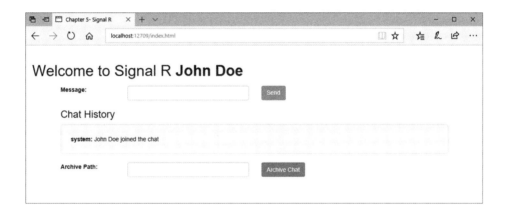

위에서 알 수 있는 것처럼 이름을 입력하는 부분이 사라지고 대화 창과 파일을 저장하는 부분이 표시된다.

서버에서는 sendWelcomeMessage(user) 함수를 통해 사용자에게 대화에 참여했다는 정보를 친절하게 알려준다.

다음과 같이 전송한 메시지는 항상 Chat History에 업데이트된다.

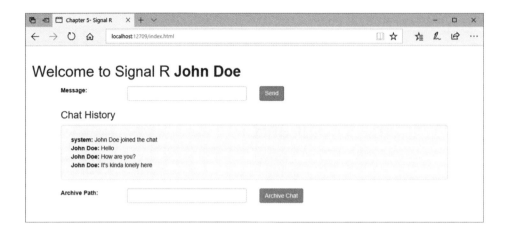

파티 시작하기

대화에는 여러 사람이 참여해야 한다. 그럼 이제 파티를 시작해보자.

네트워크를 통해 이 앱을 게시한다면 실제로 대화할 수 있는 네트워크 클라이언트가 되겠지만 여기서는 네트워크에 올리지 않으므로 다른 방법을 사용한다. 다양한 파티 손님(네트워크의 클라이언트)을 나타내기 위해 여러 가지 브라우저를 사용한다.

응용 프로그램 URL(다시 포트 번호 확인)을 복사한 후 몇 가지 다른 브라우저에 붙여넣는다.

새로 대화를 시작하는 모든 손님(브라우저)은 대화에 사용하기 위한 이름을 지정해야 한다. 따라하기 쉽게 새로 추가되는 손님 이름을 브라우저의 이름으로 지정한다.

모두 대화에 참여해 메시지를 보내기 시작하면 다음과 같이 Chat History가 늘어난다.

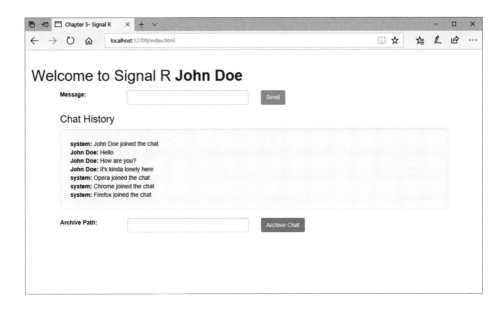

한 사용자가 얼마나 많은 메시지를 보냈는지 확인하려면 브라우저를 타일 모양으로 나열하거나 여분의 모니터가 있다면 다른 모니터로 나눠볼 수 있으며 SignalR의 핵심 기능은 동시에 모두에게 메시지를 전달하는 것이다.

마이크로소프트 엣지^{Microsoft Edge}에서 John Doe로 시작했으므로 여기서부터 살펴본다.

마이크로소프트 엣지Microsoft Edge에서 John Doe로 시작했으므로 여기서부터 살펴본다.

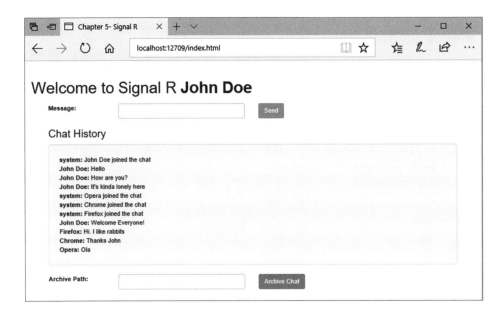

다음과 같이 오페라Opera가 파티에 첫 번째로 참가했다.

다음으로 크롬이 참가했다.

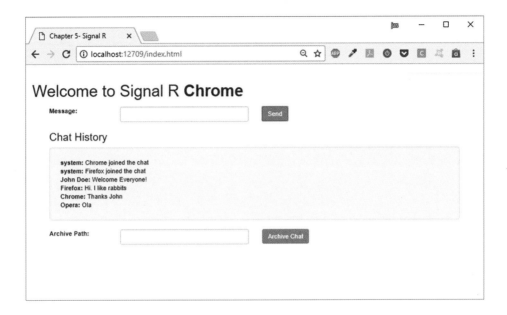

마지막으로 파이어폭스Firefox도 참가했다.

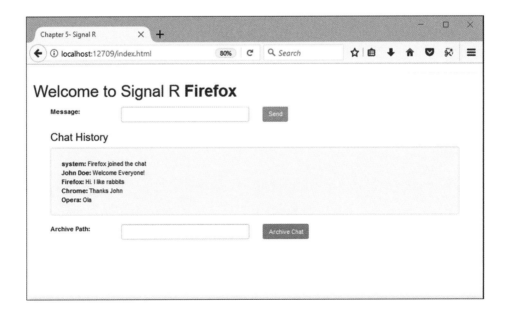

모든 손님의 대화 이력은 대화에 참여한 시점부터 시작된다는 것을 알 수 있다. 이렇게 설계돼 클라이언트가 대화에 참여하면 그 이전 대화는 클라이언트로 전송되지 않는다.

대화 저장하기

대화 이력을 텍스트 파일로 저장하려면 다음과 같이 유효한 로컬 폴더 경로를 archivePath input 요소에 입력한 후 Archive Chat 버튼을 누른다.

앞서 언급한 것처럼 이 경로가 적절한지 여부를 체크하는 기능은 포함되지 않았으므로 유효한 경로를 사용해 테스트해야 한다. 테스트가 성공하면 대화 창에서 다음과 같은 메시지를 볼 수 있다.

system: Chat archived by John Doe

그리고 지정한 경로에서 ChatArchive_[날짜].txt 명명 규칙에 맞게 새로 생성된 파일을 확인할 수 있다.

▌ 요약

5장에서 살펴봤듯이 SignalR를 사용해 구현하기는 정말 쉽다. 대화 응용 프로그램 외에도 실시간 경험을 활용할 수 있는 앱은 많이 존재한다. 주식 거래와 소셜 미디어, 멀티플레이어 게임, 경매, 전자상거래, 재무보고, 일기예보 등이 이에 속한다.

이 목록은 더 추가될 수 있으며 실시간 데이터가 필요하지 않은 앱에서도 각 노드 사이의 통신을 매끄럽게 만들어줄 수 있는 SignalR의 활용 가치는 여전히 존재한다.

Asp.NET SignalR 깃허브 페이지(https://github.com/aspnet/SignalR)에서 볼 수 있듯이 이 라이브러리는 계속 개발 및 개선되고 있으며 이는 좋은 소식이다.

신속하고 정확하고 연관성 있는 정보가 중요해지면 SignalR은 반드시 필요하게 될 것이다.[1]

---

1 마이크로소프트에서 제공하는 다음 경로에서 최신 SignalR 자습서를 확인할 수 있다.

　https://docs.microsoft.com/ko-kr/aspnet/core/tutorials/signalr?tabs=visual-studio&view=aspnetcore-3.0 - 옮긴이

06

엔터티 프레임워크 코어로 만드는 웹 리서치 도구

"스스로 한 가장 큰 거짓말은 '메모는 불필요하며 모두 기억할 수 있다'라는 것이다."

– 작자 미상

몇 분에 걸쳐 스크롤하면서 누군가 올려놓은 기타 코드를 기억하는 새로운 방법에 관한 기사의 링크를 봤다. 이 기사를 정말 읽고 싶지만 지금은 그럴 시간이 없다. '이 글은 나중에 읽어야겠다'라고 중얼거려보지만 그 나중은 결코 오지 않는다. 그 이유는 메모를 하지 않았기 때문이다.

나중에 볼 수 있도록 링크를 저장해주는 응용 프로그램이 많이 존재한다. 하지만 우리는 개발자가 아닌가? 이 재미있는 응용 프로그램을 직접 만들어보자.

6장에서는 다음과 같은 내용을 살펴본다.

- 엔터티 프레임워크 코어
- 코드 우선 방식, 모델 우선 방식, 데이터베이스 우선 방식 비교
- 데이터베이스 설계하기
- 프로젝트 설정하기
- 엔터티 프레임워크 코어 설치하기
- 모델 만들기
- 서비스 구성하기
- 데이터베이스 만들기
- 데이터베이스에 테스트 데이터 추가하기
- 컨트롤러 만들기
- 응용 프로그램 실행하기
- 응용 프로그램 배포하기

살펴볼 부분이 매우 많지만 한 번에 한 단계씩 진행해보자. 자, 그럼 걸음을 떼보자.

엔터티 프레임워크 코어

데이터를 읽어와서 어떤 데이터베이스에 기록하는 응용 프로그램을 개발할 때 가장 힘든 부분은 데이터베이스와 코드 사이의 통신 계층 설정이다.

적어도 과거에는 그랬다.

엔터티 프레임워크

엔터티 프레임워크는 **객체 관계형 매퍼**object-relational mapper, ORM다. 이는 .NET 코드 객체와 관계형 데이터베이스의 엔터티를 매핑해준다. 이것이 전부다. 이제 일반적인 CRUD 작업

을 처리하는 데 필요한 데이터에 접근하는 코드를 작성하기 위해 고민하지 않아도 된다.

2008년 9월에 엔터티 프레임워크의 첫 번째 버전이 .NET 3.5 SP1에 릴리즈됐을 때의 반응은 그리 좋지 않았으며 개발자 그룹에서는 이 프레임워크를 신뢰하지 않는다는 표결을 하기도 했다. 다행스럽게도 우려했던 문제는 대부분 해결됐고 .NET 4.0과 함께 Entity Framework 4.0이 출시되면서 이 프레임워크의 안정성에 관한 수많은 비판을 잠재웠다.

그리고 마이크로소프트에서는 .NET Core를 .NET 크로스 플랫폼으로 채택했으며 이는 엔터티 프레임워크 코어가 완전히 다시 만들어졌음을 의미한다. 엔터티 프레임워크 코어와 엔터티 프레임워크 6을 비교해보면 장단점이 확실히 존재한다. 엔터티 프레임워크 코어는 새로운 코드 기반의 새로운 기능과 개선 사항이 도입됐지만 엔터티 프레임워크 6의 모든 기능을 포함하지 않는다.

▎ 코드 우선 방식, 모델 우선 방식, 데이터베이스 우선 방식의 비교

엔터티 프레임워크에서는 세 가지 구현 방식을 제공하며 그중 하나를 선택하는 것이 좋다. 이 세 가지 방식의 차이점을 살펴보자.

코드 우선 방식

이 방식은 하드코어 프로그래머가 선택할 수 있으며 코드에서 데이터베이스를 모두 제어할 수 있다. 이 데이터베이스는 단순히 저장하는 위치로 아무런 로직이나 비즈니스 규칙을 포함하지 않을 가능성이 크며 코드에서 모든 것을 처리하므로 모든 변경 사항도 코드에서 수행돼야 한다.

모델 우선 방식

우아한 것을 좋아한다면 모델 우선 방식을 선호할 것이다. 모델을 이 방식으로 만들거나 그리면 워크플로에서 데이터베이스 스크립트를 생성한다. 또한 특정 로직이나 비즈니스 규칙을 추가해야 한다면 부분(partial) 클래스를 통해 모델을 확장할 수 있다. 하지만 복잡하고 세부적인 사항이 너무 많다면 코드 우선 방식을 고려하는 편이 낫다.

데이터베이스 우선 방식

데이터베이스 우선 방식은 데이터베이스를 설계하고 유지 관리하는 전담 DBA가 있는 대규모 프로젝트에 적합하다. 엔터티 프레임워크에서는 데이터베이스 설계에 해당하는 엔터티를 생성해주고 데이터베이스에 변경 사항이 적용될 때마다 모델을 갱신한다.

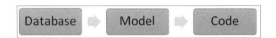

▌ 데이터베이스 설계하기

실제로 해보기 전까지는 그것이 무엇인지 이해할 수 없다. 데이터베이스와 모델, 컨트롤러를 사용해 솔루션을 만들기 전에 먼저 데이터베이스 설계 방법을 살펴보자.

마이크로소프트 TechNet에서는 데이터베이스 기획을 위해 수행하는 다섯 가지 기본 단계를 다음과 같이 구분한다.

1. 정보 수집
2. 객체 식별

3. 객체 모델링

4. 각 객체의 정보 유형 식별

5. 객체 간 관계 식별

예제의 요건은 매우 간단하다. 나중에 찾아보기 위한 웹 링크 저장이 전부이므로 객체 간의 관계를 갖고 있는 여러 객체를 만들지 않아도 된다.

그렇지만 객체(웹 링크)용으로 저장하려는 정보 유형은 명확히 해야 한다. URL은 반드시 필요하지만 이외에 무엇이 더 필요할까? 솔루션에서 필요한 정보와 이 정보를 어떻게 사용할 것인지 확실하게 정해야 한다.

일상적인 용어를 생각해보자. 만약 친구의 집 주소를 작성한다면 '~길'이라는 단순 정보보다 친구의 이름이나 메모와 같은 정보가 더 많이 필요할 것이다.

예제 솔루션에서는 어떤 URL인지 알아야 하지만 이 정보를 저장한 시점도 알아야 하고 메모를 저장할 곳도 필요하며 이곳에 개인적인 의견을 추가할 수도 있다. 모델은 다음과 같은 내용을 포함한다.

- URL
- DateSaved
- Notes

세부 내용은 모델을 만드는 시점에 설명하므로 지금은 넘어간다. 이번에는 프로젝트를 만든다.

프로젝트 설정하기

다음과 같이 비주얼 스튜디오 2017을 사용해 **ASP.NET Core 웹 응용 프로그램**을 만든다. 이 프로젝트는 코드 우선 방식을 채택한다.

1. 이 응용 프로그램의 이름은 WebResearch이며 다음 스크린샷과 같다.

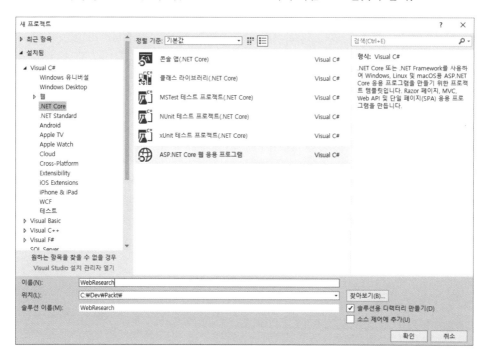

2. 다음 화면에서 **웹 응용 프로그램(모델-뷰-컨트롤러)**을 프로젝트 템플릿으로 선택한 후 **인증 안 함**을 선택한다. 다음 스크린샷을 참조하라.

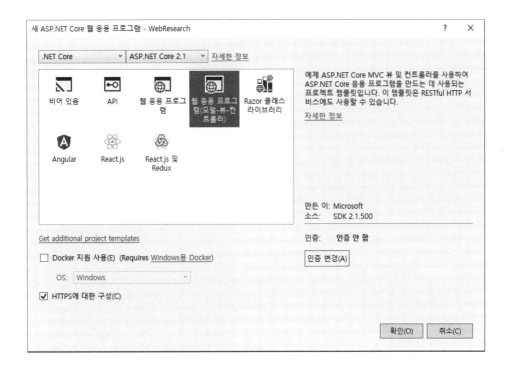

3. 생성된 프로젝트는 다음과 같은 모양이다.

▍ 필요한 패키지 설치하기

솔루션에 예제를 진행하면서 사용할 NuGet 패키지 세 가지를 설치한다. 설치는 **패키지 관리자 콘솔**을 사용해 진행한다.[1]

다음과 같이 **도구 > NuGet 패키지 관리자 > 패키지 관리자 콘솔** 메뉴로 이동한다.

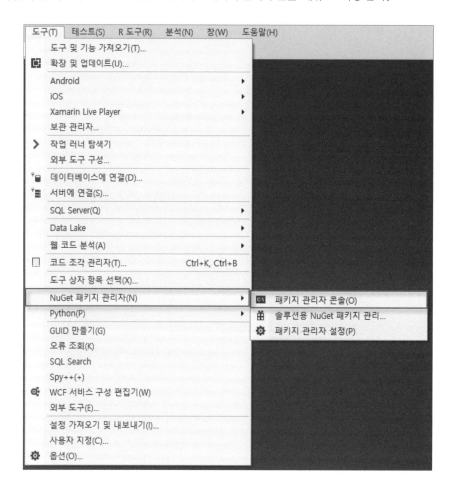

---

1 NuGet 패키지 관리자를 사용할 때는 버전을 정확히 선택해야 함 – 옮긴이

Entity Framework Core SQL Server

엔터티 프레임워크 코어에서 제공하는 데이터베이스 공급자는 Microsoft SQL Server, PostgreSQL, SQLite, MySQL 등이 있다. 여기서는 SQL Server를 데이터베이스 공급자로 사용한다.

 전체 데이터베이스 공급자 목록은 다음의 마이크로소프트 공식 문서를 참조하라.
https://docs.microsoft.com/ko-kr/ef/core/providers/index

패키지 관리자 콘솔 창에서 다음 명령어를 입력한 후 Enter를 누른다.

```
Install-Package Microsoft.EntityFrameworkCore.SqlServer -version 2.1.1
```

콘솔 화면에서 성공적으로 설치됐음을 알려주는 몇 줄의 결과를 볼 수 있다.

엔터티 프레임워크 코어 도구

다음으로 모델에서 데이터베이스 생성을 지원해주는 엔터티 프레임워크 코어 도구를 설치한다.

콘솔 창에서 다음 명령어를 입력한 후 Enter를 누른다.

```
Install-Package Microsoft.EntityFrameworkCore.Tools -version 2.1.1
```

다시 화면에 성공적으로 설치됐음을 알려주는 몇 줄의 결과가 나타난다.

Code generation design

코드를 직접 작성하는 대신, ASP.Net Core 코드 생성 도구의 지원을 받을 수 있다.

콘솔 창에서 다음 명령어를 입력한 후 Enter를 누른다.

```
Install-Package Microsoft.VisualStudio.Web.CodeGeneration.Design -version 2.1.1
```

성공적으로 설치됐음을 알려주는 내용을 확인할 수 있다.

 TIP NuGet 패키지 설치에 문제가 있다면 접근 권한 때문이며, 비주얼 스튜디오를 관리자 권한으로 실행되도록 설정하면 대부분 해결된다.

설치 과정을 모두 마치면 다음과 같이 솔루션 **종속성**에 NuGet 패키지가 추가된다.

모델 만들기

다음과 같이 프로젝트의 **Models** 폴더에서 마우스 오른쪽 버튼을 클릭해 ResearchModel. cs 클래스를 추가한다.

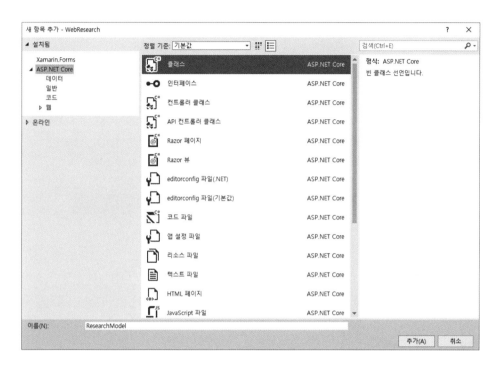

실제로 엔터티 객체를 나타내는 Research 클래스와 DbContext의 하위 클래스인 Research Context 클래스가 각각 필요하다. 단순하게 만들기 위해 ResearchModel 파일에 이 두 클래스를 포함시킨다.

코드는 다음과 같다.

```
using System;
using Microsoft.EntityFrameworkCore;

namespace WebResearch.Models
{
```

```
public class Research
{
    public int Id { get; set; }
    public string Url { get; set; }
    public DateTime DateSaved { get; set; }
    public string Note { get; set; }
}

public class ResearchContext : DbContext
{
    public ResearchContext (DbContextOptions<ResearchContext> options) : base
(options) { }

    public DbSet<Research> ResearchLinks { get; set; }
}
}
```

이 코드를 다음과 같이 나눠 살펴보자.

Research 클래스는 엔터티 객체를 나타낸다. '데이터베이스 설계하기' 절에서 설명한 것처럼 링크의 URL과 날짜, 메모를 저장한다. ID는 정보를 저장하는 데이터베이스 테이블에서 사용하는 일반적인 방식이다.

ResearchContext 클래스는 DbContext의 하위 클래스다. 이 클래스에는 DbContextOptions 매개변수를 갖는 빈 생성자와 데이터 컬렉션용 DbSet<TEntity> 속성이 있다.

여기서는 DbSet<Entity>를 간단히 설명하며 비주얼 스튜디오의 도움말을 통해 더 많은 정보를 얻을 수 있다. 다음과 같이 DbSet 위에 마우스 포인터를 올려놓으면 모든 정보를 보여주는 팝업이 나타난다.

class Microsoft.EntityFrameworkCore.DbSet<TEntity> where TEntity : class
A DbSet<TEntity> can be used to query and save instances of TEntity. LINQ queries against a DbSet<TEntity> will be translated into queries against the database.

The results of a LINQ query against a DbSet<TEntity> will contain the results returned from the database and may not reflect changes made in the context that have not been persisted to the database. For example, the results will not contain newly added entities and may still contain entities that are marked for deletion.

Depending on the database being used, some parts of a LINQ query against a DbSet<TEntity> may be evaluated in memory rather than being translated into a database query.

DbSet<TEntity> objects are usually obtained from a DbSet<TEntity> property on a derived DbContext or from the DbContext.Set<TEntity>() method.

TEntity is Research

서비스 구성하기

Startup.cs 클래스의 ConfigureServices 메서드에 다음 DbContext 서비스를 추가한다.

```
string connection = Configuration.GetConnectionString ("LocalDBConnection");
services.AddDbContext<ResearchContext> (options => options.UseSqlServer
(connection));
```

configuration에서 연결 문자열 변수를 설정한 후 DbContext의 SqlServer 옵션 매개변수로 이 변수를 전달한다.

LocalDBConnection은 어디서 왔을까? 아직 이 예제에서는 아무런 설정을 하지 않았으며 지금부터 처리해보자.

다음과 같이 솔루션 탐색기의 프로젝트 루트에서 appsettings.json 파일을 연다.

기본적으로 logging 항목을 볼 수 있다. 이 `Logging` 항목 다음에 `LocalDBConnection` 속성을 갖는 `ConnectionStrings` 항목을 추가한다.

전체 파일의 내용은 다음과 같다.

```
{
    "Logging": {
        "IncludeScopes": false,
        "LogLevel": {
            "Default": "Warning"
        }
    },
    "ConnectionStrings": {
        "LocalDBConnection": "Server=(localdb)\\mssqllocaldb;Database=WebResearch
;Trusted_Connection=True"
    }
}
```

데이터베이스에 접속하는 방법은 나중에 살펴보며 지금은 단순히 로컬 db 파일에 연결한다.

데이터베이스 만들기

응용 프로그램 개발 기간 동안 매우 높은 확률로 데이터베이스 모델이 변경된다. 변경이 발생하면 엔터티 프레임워크 코어 모델이 해당 데이터베이스 스키마와 달라지므로 유효하지 않은 데이터베이스를 삭제하고 변경된 모델에 기반을 둔 새로운 데이터베이스를 생성해야 한다.

처음으로 상용 대상의 응용 프로그램이 만들어지고 이 응용 프로그램이 상용 환경에서 동작하기까지는 모든 것이 즐거운 놀이와 같다. 하지만 상용 환경에 적용되고 나면 일부 컬럼을 변경할 목적으로 데이터베이스를 이동하거나 삭제하기가 어려워지며 상용 데이터는 어떠한 데이터베이스 변경에도 반드시 유지돼야 한다.

엔터티 프레임워크 코어 마이그레이션Entity Framework Core Migrations은 상용 데이터의 손실없이 데이터베이스 스키마를 변경하거나 다시 만들 수 있게 해주는 멋진 기능을 제공한다. Migrations에서 제공되는 다양한 기능과 유연함은 시간을 들여 살펴볼 만한 주제지만 지금은 기본적인 부분만 다룬다.

'패키지 관리자 콘솔'에서 엔터티 프레임워크 코어 마이그레이션 명령어를 사용해 설정 및 생성하고 필요한 경우 데이터베이스를 업데이트할 수 있다.

'패키지 관리자 콘솔'에서 다음 두 가지 명령어를 실행한다.

1. `Add-Migration InitialCreate`
2. `Update-Database`[2]

첫 번째 명령어는 프로젝트의 Migrations 폴더에 데이터베이스를 생성하는 코드를 만든다. 파일의 명명 규칙은 다음과 같다.

```
<timestamp>_InitialCreate.cs
```

---

2 'ResearchLinks'가 존재한다는 오류가 발생하면 Drop–Database 명령으로 삭제한 후 다시 진행한다. – 옮긴이

두 번째 명령어는 데이터베이스를 생성하고 Migrations를 실행한다.

InitialCreate 클래스에는 Up 메서드와 Down 메서드가 있다. 간단히 설명하면 Up 메서드의 코드는 응용 프로그램을 업그레이드할 때, Down 메서드의 코드는 응용 프로그램을 다운그레이드할 때 실행된다.

Boolean 유형의 Read 속성을 Research 모델에 추가한다고 가정해보자. 이 값을 저장하려면 테이블에 해당 컬럼을 추가해야 하지만 단지 이 필드 하나를 추가하기 위해 테이블을 삭제(Drop)할 필요는 없다. Migrations를 사용하면 테이블을 다시 만들지 않고 수정할 수 있다.

먼저 모델을 변경한다. Research 클래스에 다음과 같이 Read 속성을 추가한다.

```
public class Research
{
```

```
    public int Id { get; set; }
    public string Url { get; set; }
    public DateTime DateSaved { get; set; }
    public string Note { get; set; }
    public bool Read { get; set; }
}
```

다음으로 Migration을 추가한다. Migration의 이름은 어떤 동작을 하는지 알 수 있도록 지정하는 것이 좋다. '패키지 관리자 콘솔'에서 다음 명령어를 실행한다.

Add-Migration AddReseachRead

Migrations 폴더에 새 클래스가 다음과 같이 추가됐음을 알 수 있다.

내부를 살펴보면 Up 메서드와 Down 메서드가 다음과 같이 생성된 것을 볼 수 있다.

```
20181231032554_AddReseachRead.cs  ⊕ ✕  ResearchModel.cs
WebResearch                                              ▼ 🔧 WebResearch.Migrations.AddReseachRead
  1        using Microsoft.EntityFrameworkCore.Migrations;
  2
  3     ⊟namespace WebResearch.Migrations
  4      {
  5     ⊟    public partial class AddReseachRead : Migration
  6          {
  7     ⊟        protected override void Up(MigrationBuilder migrationBuilder)
  8              {
  9                  migrationBuilder.AddColumn<bool>(
 10                      name: "Read",
 11                      table: "ResearchLinks",
 12                      nullable: false,
 13                      defaultValue: false);
 14              }
 15
 16     ⊟        protected override void Down(MigrationBuilder migrationBuilder)
 17              {
 18                  migrationBuilder.DropColumn(
 19                      name: "Read",
 20                      table: "ResearchLinks");
 21              }
 22          }
 23      }
```

앞서 설명한 것처럼 Up 메서드는 업그레이드 시, Down 메서드는 다운그레이드 시 실행된다. 코드를 살펴보면 Up 메서드에서는 Read 컬럼을 추가하고 Down 메서드에서는 해당 컬럼을 삭제(Drop)한다는 것을 명확히 알 수 있다.

필요하다면 이 코드를 수정할 수 있다. 예를 들면 Read 컬럼의 `nullable` 속성을 변경할 수 있으며 코드는 다음과 같다.

```
protected override void Up (MigrationBuilder migrationBuilder)
{
    migrationBuilder.AddColumn<bool>
    (
        name: "Read",
        table: "ResearchLinks",
        nullable : true,
        defaultValue : false
    );
}
```

또는 다음과 같이 모든 Read 항목을 업데이트하는 사용자 정의 SQL 질의어를 추가할 수도 있다.

```
migrationBuilder.Sql (
    @"
    UPDATE Research
    SET Read = 'true';
");
```

이 질의어는 데이터베이스를 업데이트할 때마다 모든 Research 항목이 Read로 표시되도록 만들기 때문에 썩 좋은 예는 아니지만 개념을 이해하는 데 도움을 주기 위해 사용했다.

현재는 모델과 데이터베이스 스키마가 동기화되지 않은 상태이므로 이 코드는 아직 실행할 수 없다.

다음 명령어를 실행해 모두 최신 상태로 만든다.

Update-Database

데이터베이스에 테스트 데이터 추가하기

빈 데이터베이스가 만들어졌으므로 테스트용 데이터를 채워보자. 이를 위해 다음과 같이 데이터베이스를 생성한 후 호출할 메시드를 만든다.

1. 프로젝트에 Data 폴더를 만든 후 DbInitializer.cs 클래스를 다음과 같이 추가한다.

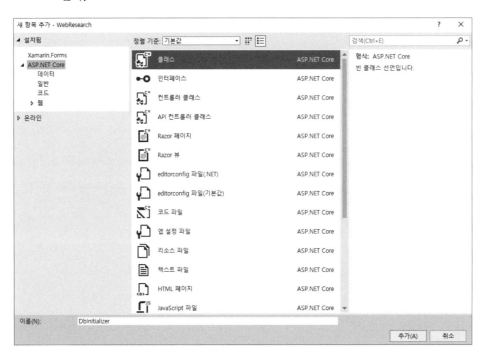

이 클래스에는 다음과 같이 ResearchContext를 매개변수로 하는 Initialize 메서드가 포함된다.

```
public static void Initialize(ResearchContext context)
```

2. Initialize 메서드에서는 다음과 같이 Database.EnsureCreated 메서드를 호출해 데이터베이스 존재 여부를 확인한 후, 존재하지 않으면 생성한다.

```
context.Database.EnsureCreated();
```

3. 다음으로 Linq 질의어를 통해 ResearchLinks 테이블에 레코드가 존재하는지 여부를 확인한다. 테이블이 비어 있다면 테스트 데이터를 추가한다.

```
if (!context.ResearchLinks.Any())
```

4. Research 모델의 배열을 만든 후 테스트 데이터 항목을 추가한다. URL은 원하는 대로 지정할 수 있으며 예제에서는 일반적인 웹 사이트를 사용했다.

```
var researchLinks = new Research[]
{
    new Research {
    Url = "www.google.com", DateSaved = DateTime.Now,
    Note = "Generated Data", Read = false
    },
    new Research {
    Url = "www.twitter.com", DateSaved = DateTime.Now,
    Note = "Generated Data", Read = false
    },
    new Research {
    Url = "www.facebook.com", DateSaved = DateTime.Now,
    Note = "Generated Data", Read = false
    },
    new Research {
    Url = "www.packtpub.com", DateSaved = DateTime.Now,
    Note = "Generated Data", Read = false
    },
    new Research {
    Url = "www.linkedin.com", DateSaved = DateTime.Now,
    Note = "Generated Data", Read = false
    },
};
```

5. 앞서 만든 배열을 사용해 반복적으로 context에 항목을 추가한 후 마지막으로 SaveChanges 메서드를 호출해 데이터베이스에 저장한다.

```
foreach (Research research in researchLinks)
{
    context.ResearchLinks.Add (research);
}
context.SaveChanges ();
```

6. 모두 하나로 합치면 다음과 같다.

```
using System;
using System.Linq;
using WebResearch.Models;

namespace WebResearch.Data
{
    public static class DbInitializer
    {
        public static void Initialize (ResearchContext context)
        {
            context.Database.EnsureCreated ();

            if (!context.ResearchLinks.Any ())
            {
                var researchLinks = new Research[]
                {
                    new Research {
                    Url = "www.google.com",
                    DateSaved = DateTime.Now, Note = "Generated Data",
                    Read = false
                    },
                    new Research {
                    Url = "www.twitter.com",
                    DateSaved = DateTime.Now, Note = "Generated Data",
                    Read = false
                    },
```

```
                        new Research {
                        Url = "www.facebook.com",
                        DateSaved = DateTime.Now, Note = "Generated Data",
                        Read = false
                        },
                        new Research {
                        Url = "www.packtpub.com",
                        DateSaved = DateTime.Now, Note = "Generated Data",
                        Read = false
                        },
                        new Research {
                        Url = "www.linkedin.com",
                        DateSaved = DateTime.Now, Note = "Generated Data",
                        Read = false
                        },
                };
                foreach (Research research in researchLinks)
                {
                    context.ResearchLinks.Add (research);
                }
                context.SaveChanges ();
            }
        }
    }
}
```

컨트롤러 만들기

컨트롤러는 ASP.NET Core MVC 응용 프로그램의 중요 구성 요소다. 컨트롤러 내부의 메서드를 액션action이라 한다. 따라서 컨트롤러는 액션의 집합이라고 정의할 수 있다. 액션은 요청request을 처리하며 요청은 라우팅을 통해 특정 액션으로 연결된다.

컨트롤러와 액션에 관한 주제를 좀 더 살펴보려면 다음 마이크로소프트 문서를 확인한다.

https://docs.microsoft.com/ko-kr/aspnet/core/mvc/controllers/actions?view=aspnetcore-2.1

라우팅은 다음 마이크로소프트 문서를 확인한다.

https://docs.microsoft.com/ko-kr/aspnet/core/mvc/controllers/
routing?view=aspnetcore-2.1

다음과 같은 순서대로 진행한다.

1. Controllers 폴더에서 마우스 오른쪽 버튼을 클릭해 **추가 > 컨트롤러**를 선택한다.
2. '스캐폴드 추가' 화면에서 다음과 같이 'Entity Framework**를 사용하며 뷰가 포함된
   MVC 컨트롤러**'를 선택한 후 **추가** 버튼을 클릭한다.

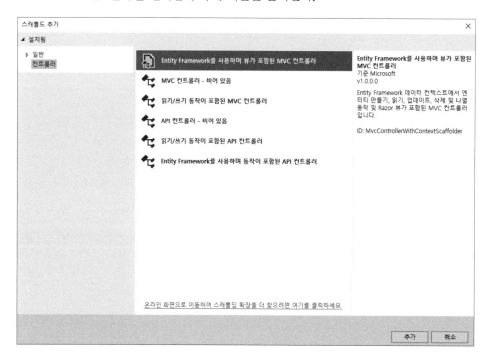

3. 다음 화면의 '**모델 클래스**'에서 'Research' 모델을 선택한 후 '**데이터 컨텍스트 클래스**'
에서 'ResearchContext'를 선택한다. '**컨트롤러 이름**'을 변경하지 않으려면 나머지
는 그대로 둔다.

생성된 컨트롤러를 간단히 살펴보면 기본적인 CRUD(생성[create], 조회[read], 수정[update], 삭제
[delete]) 기능이 구현돼 있다는 것을 알 수 있다. 드디어 메인 이벤트를 살펴볼 차례다.

응용 프로그램 실행하기

본격적으로 응용 프로그램을 실행하기 전에 새 페이지에 접근할 수 있는지 확인해보자. 가
장 단순한 방법은 default 홈 페이지로 설정하는 것이다.

1. Startup.cs의 Configure 메서드를 살펴보자. 기본 경로가 'Home' 컨트롤러로 지
정됐음을 알 수 있다.
2. 이 컨트롤러를 다음과 같이 Researches 컨트롤러로 변경한다.

```
app.UseMvc (routes => {
    routes.MapRoute (
        name: "default",
```

```
                template: "{controller=Researches}/{action=Index}/{id?}");
});
```

3. 마지막으로 Program.cs의 메서드를 다음과 같이 변경한다.

```
public static void Main (string[] args) {
    var host = BuildWebHost (args);

    using (var scope = host.Services.CreateScope ()) {
        var services = scope.ServiceProvider;
        try {
            var context = services.GetRequiredService<ResearchContext>
();
            DbInitializer.Initialize (context);
        } catch (Exception ex) {
            var logger = services.GetRequiredService<ILogger<Program>>
();
            logger.LogError (ex, "An error occurred while seeding the
database.");
        }
    }

    host.Run ();
}

public static IWebHost BuildWebHost (string[] args) =>
    WebHost.CreateDefaultBuilder (args)
    .UseStartup<Startup> ()
    .Build ();
```

4. 다음으로 응용 프로그램을 실행하기 위해 **Ctrl + F5**를 누르면 다음과 같은 결과물
   을 확인할 수 있다.

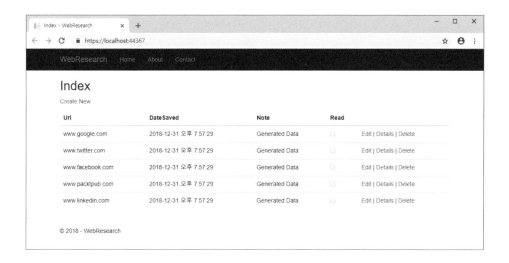

5. 테스트 데이터 항목이 표시된다. 이제 기능이 동작하는지 빠르게 살펴보자.

- Create New를 클릭하면 다음과 같이 링크의 항목들을 입력할 수 있는 폼
  이 나타난다.

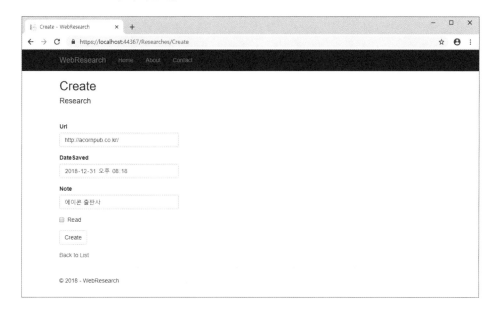

6. 입력하고 싶은 데이터를 입력하고 난 후 **Create** 버튼을 누른다. 그러면 목록으로 되돌아가면서 다음과 같이 목록의 하단에 새로 추가된 항목을 볼 수 있다.

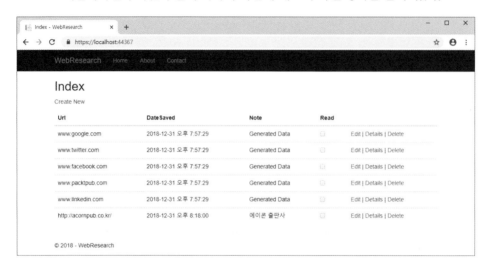

각 링크 항목마다 Edit, Details, Delete 옵션이 있다. 이 기능도 계속 사용해보기 바란다. 날짜 필드를 자동으로 입력해주는 기능처럼 좋은 사용자 경험을 만들기 위해 개선할 수 있는 부분이 남아 있다. 사용자 경험을 어떻게 개선할 것인지는 독자의 창의력에 맡긴다.

▌응용 프로그램 배포하기

응용 프로그램을 배포할 준비가 되면 다음과 같은 몇 가지 선택지가 존재한다.

1. 마이크로소프트 애저 앱 서비스^{Microsoft Azure App Service}
2. 사용자 지정 대상(IIS, FTP)
3. 파일 시스템
4. 프로필 가져오기

다음과 같이 비주얼 스튜디오의 **빌드** 메뉴 하위의 **WebResearch 게시**(또는 지정한 프로젝트의 이름)를 클릭한다.

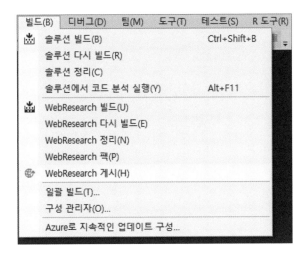

사용할 수 있는 게시 방법을 선택할 수 있는 화면이 나타난다. 다음 절에서 좀 더 자세히 살펴보자.

애저 앱 서비스

마이크로소프트 애저에서는 웹 응용 프로그램 생성, 유지 관리에 필요한 모든 인프라 요구 사항을 처리해준다. 즉 개발자가 서버 관리나 부하 분산 처리, 보안 등을 신경 쓰지 않아도 된다는 의미다. 또한 거의 매일 개선 및 확장되는 플랫폼을 통해 최신 기능을 활용할 수 있다.

애저 앱 서비스는 그 자체만으로 책 한 권이 될 수 있는 분량이므로 여기서는 자세하게 다루지 않으며 클라우드 플랫폼에 웹 앱을 게시하는 데 필요한 부분만 살펴본다.

1. 다음과 같이 게시 대상으로 **App Service**를 선택한다. 게시하려는 웹 사이트가 이 미 존재한다면 **기존 항목 선택**을 선택한다. 지금은 **새로 만들기**를 선택한다.

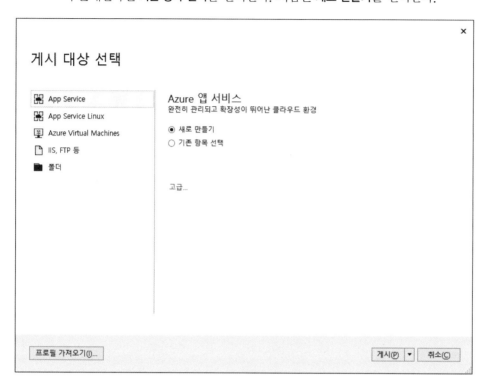

2. **게시** 버튼을 누르면 비주얼 스튜디오에 로그인한 마이크로소프트 계정을 통해 애 저에 접속하며 애저 계정 존재 여부를 확인한 후에 사용할 수 있는 서비스 세부 사항을 보여준다.

286

3. 이 책에서는 종량제 계정을 사용했으며 평가판 계정을 만들어 사용할 수도 있다. 다음 스크린샷에서 볼 수 있는 것처럼 애저에서는 사용자에게 사용할 수 있는 '앱 이름'과 '리소스 그룹', '호스팅 계획'을 추천해준다.

App Service 만들기
Azure에서 웹 및 모바일 응용 프로그램, REST API 등을 호스트합니다.

앱 이름
```
WebResearch20181231093823
```

구독(S)
```
종량제
```

리소스 그룹(R)
```
WebResearch20181231085739ResourceGroup ▾ | 새로 만들기(N)...
```

호스팅 계획(H)
```
WebResearch20181231085739Plan (Central US ▾ | 새로 만들기(N)...
```

Application Insights(P)
```
없음
```

추가 Azure 서비스 탐색
　　SQL 데이터베이스 만들기
　　저장소 계정 만들기

[만들기] 단추를 클릭하면 다음 Azure 리소스가 만들어집니다.

App Service - WebResearch20181231093823

내보내기(E)...　　　　　　　　　　　　만들기(R)　　취소(C)

4. 우측에 있는 '추가 Azure 서비스 탐색'에 함께 게시되도록 설정된 서비스를 확
   인한다.

   여기서는 응용 프로그램에서 사용할 수 있는 추천 리소스 유형을 모두 보여준다.
   예제에서는 'SQL 데이터베이스 만들기'를 추천하고 있다. 이 리소스가 필요하므
   로 링크를 클릭해 추가한다.

   애저에서는 SQL 설치를 지원하고 있으며 자신의 프로필에 서버가 존재하는 경
   우라면 어떤 서버를 사용할 것인지에 대한 정보를 전달하고 그렇지 않다면 새로
   운 서버를 만들기 위한 정보를 전달해야 한다.

   SQL 데이터베이스 구성   ×

   응용 프로그램에서 사용되는 데이터를 저장하기 위해 구독에 SQL 데이터
   베이스를 만듭니다.

   데이터베이스 이름(D)

   | WebResearch20181231093823_db |

   ❌ 이름을 사용할 수 없습니다. 다른 이름을 선택하세요.

   SQL Server(S)

   | ▾ | 새로 만들기(N)...

   ❌ 서버가 필요함

   관리자 이름(U)

   | |

   관리자 암호(P)

   연결 문자열 이름

   | DefaultConnection |

   [OK]   [**취소(C)**]

5. 여기서는 새 SQL Server를 구성한다. SQL Server의 드롭다운 옆에 있는 **새로 만들기** 버튼을 클릭해 'SQL Server 구성' 화면을 연다. 애저에서는 서버의 이름을 추천해준다. 원하는 이름을 사용할 수 있지만 '서버 이름'은 거의 사용할 가능성이 없으므로 자동으로 생성된 추천 이름을 사용한다.

6. 서버의 '관리자 이름'과 '관리자 암호'를 입력한 후 **OK** 버튼을 클릭한다.

**× **

SQL Server 구성
응용 프로그램에서 사용되는 데이터를 저장하기 위해 구독에 SQL Server를 만듭니다.

서버 이름(S)

webresearch20181231093823dbserver

위치(L)

Central US ▾

관리자 이름(U)

Yanggy

관리자 암호(P)

●●●●●●●●

관리자 암호(확인)(C)

●●●●●●●●

OK   취소(C)

---

7. 다시 'SQL 데이터베이스 구성' 화면이 나타난다. '데이터베이스 이름'과 '연결 문자열 이름'을 지정한다.

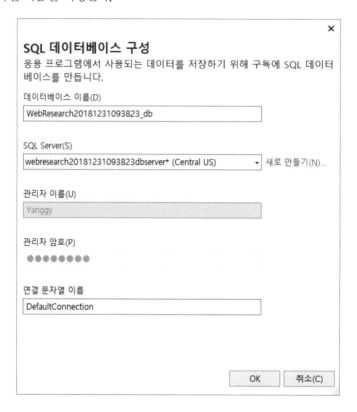

8. 'App Service 만들기' 화면을 다시 살펴보자. 화면의 우측 하단을 보면 **만들기** 버튼을 클릭할 때 어떤 일이 일어나는지 알 수 있다. 다음 스크린샷에서 볼 수 있는 것처럼 다음 세 가지의 애저 리소스가 생성된다.

       1. SQL 데이터베이스

       2. SQL Server

       3. App Service

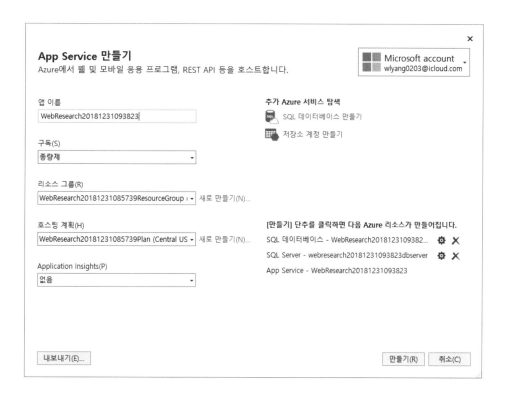

9. **만들기** 버튼으로 생성을 마친 후 **게시** 버튼을 클릭해 새 애저 프로필에 게시한다.

10. 다음과 비슷한 Build 메시지가 출력 창에 나타난다.

```
Publish Succeeded.
웹앱이 게시됐습니다. https://webresearch20181231xxxxxx.azurewebsites.net/
========== 빌드: 성공 1, 실패 0, 최신 0, 생략 0 ==========
========== 게시: 성공 1, 실패 0, 생략 0 ==========
웹앱 확장 Microsoft.AspNetCore.AzureAppServices.SiteExtension을(를) 설치하는 중
웹앱 확장 Microsoft.AspNetCore.AzureAppServices.SiteExtension을(를) 설치함
웹앱을 다시 시작함
```

---

11. 애저 포털(portal.azure.com)에서 대시보드^{Dashboard}를 살펴보면 다음과 같이 서비스를 만들 때 추가한 리소스를 볼 수 있다.

12. 브라우저에서 게시된 앱을 열면 오류 메시지를 보게 될 것이다. 기본적으로 상세 오류 내용을 확인하기 어렵다. 하지만 애저에서는 최소한 오류를 확인할 수 있도록 'ASPNETCORE_ENVIRONMENT 환경 변수를 Development로 설정하고 응용 프로그램을 다시 시작하라'는 힌트를 제공한다.

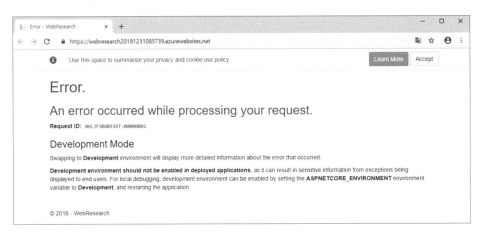

13. 애저 포털에 로그인해 'App Service'의 '**응용 프로그램 설정**'에서 'ASPNETCORE_ ENVIRONMENT'와 'Development' 값을 추가한다. 그리고 앱을 다시 시작한다.

14. 이제 사이트를 '새로 고침'하면 숨겨진 상세 오류 내용을 좀 더 확인할 수 있다.

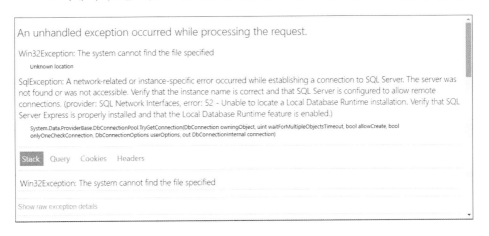

15. 짐작한 것처럼 아직 로컬 db를 바라보고 있으며 게시된 환경에서는 여기에 접속할 수 없다. Azure db를 바라보도록 `appsettings.json`을 수정한다.

16. 애저 대시보드에서 'SQL 데이터베이스'의 **속성** 화면으로 이동한다. 다음과 같이 화면 우측에 '**데이터베이스 연결 문자열 표시**' 옵션을 확인할 수 있다.

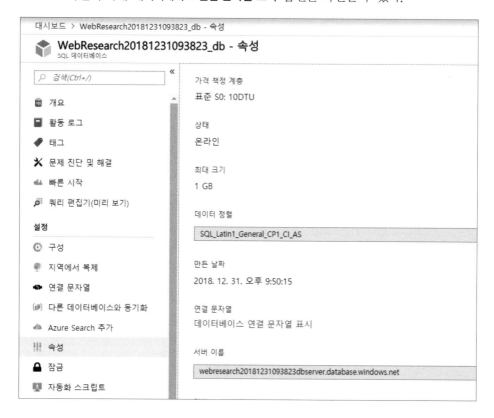

17. 'ADO.NET' 연결 문자열을 복사한 후 소스 코드로 돌아가 `appsettings.json` 파일의 CONNECTION STRINGS 항목을 업데이트한다.[3]

---

3 데이터베이스 연결 문자열의 ID와 Password는 자신이 설정한 값으로 변경한다. - 옮긴이

18. 이제 앱을 다시 게시하면 잘 동작한다.

사용자 지정 대상

다음으로 설명할 게시 옵션은 보통 '사용자 지정 대상'이라고 부른다.

이 옵션은 기본적으로 애저나 로컬 파일 시스템을 제외한 나머지 방법을 의미한다. "게시 대상 선택" 화면에서 게시 방법을 선택하고 **게시** 버튼을 클릭한다.

다음과 같은 네 가지 게시 방법의 사용자 지정 대상Custom target이 있으며 각각에 필요한 내용이 존재한다.

1. 웹 배포
2. Web Deploy 패키지
3. FTP
4. 파일 시스템

설정 탭에서 선택한 옵션은 네 가지 방법에 모두 적용된다. 어떤 옵션이 있는지 빠르게 살펴보자.

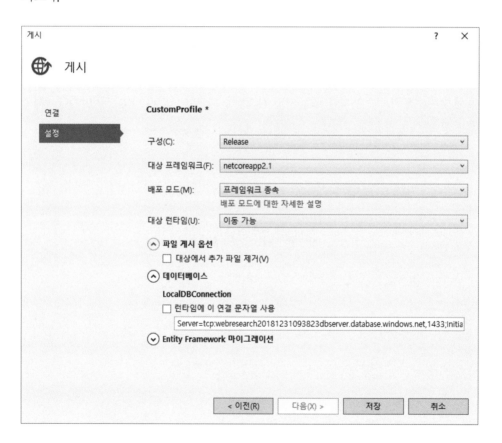

'**구성**' 옵션은 'Debug'나 'Release'로 설정할 수 있다.

'Debug'는 생성한 파일을 디버깅할 수 있으며 중단점을 지정한 후에 사용할 수 있다. 하지만 이 방법을 사용하면 성능이 저하된다.

'Release'는 그때그때 보면서 디버깅할 수는 없지만 최적화된 응용 프로그램이므로 성능이 좋아진다.

예제에서는 '대상 프레임워크'로 netcoreapp2.1만 사용할 수 있지만 표준 .NET 응용 프로그램에서는 .NET 3.5나 .NET 4.5 또는 이외에 사용할 수 있는 어떤 프레임워크도 대상으로 지정할 수 있다.

다음으로 '**대상 런타임**'을 지정한 후 비주얼 스튜디오에서 대상 폴더를 정리하도록 선택하고 런타임에 사용할 연결 문자열을 명확히 지정한다.

앞서 언급한 것처럼 이러한 설정은 지금부터 살펴볼 네 가지 배포 방법에 모두 적용된다.

FTP

FTP 배포 방법은 이미 존재하는 FTP 경로에 배포할 수 있도록 해준다. 이 방법을 선택하면 다음과 같은 정보를 제공해야 한다.

- 서버
- 웹 사이트 경로
- 사용자 이름
- 암호
- 대상 URL

다음과 같이 입력한 세부 사항에 대한 '연결 유효성 검사'도 가능하다.

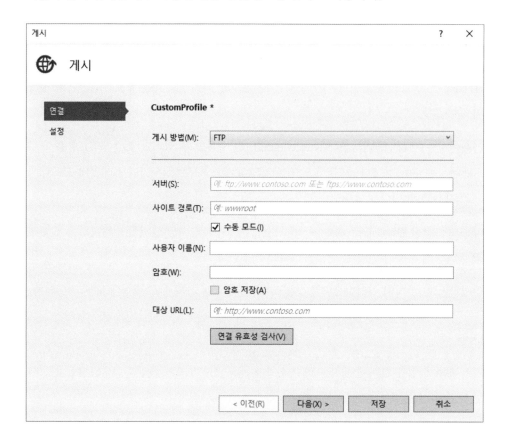

웹 배포

'**웹 배포**'와 'FTP' 화면을 살펴보면 이 둘이 동일하다는 것을 알 수 있다. 호스팅 웹 사이트
에 직접 게시한다는 점에서는 기본적으로 동일한 결과를 얻지만 '**웹 배포**'를 사용하면 다음
과 같은 몇 가지 추가 이점이 있다.

- '**웹 배포**'는 원본과 대상을 비교해 변경된 사항만 동기화하므로 'FTP'에 비해 배포
  시간이 현저히 줄어든다.

- 'FTP'에서도 보안이 설정된 'SFTP'와 'FTPS'를 사용할 수 있지만 **'웹 배포'**에서는 항상 보안 전송을 제공한다.
- 동기화 과정에 SQL 스크립트를 사용할 수 있는 데이터베이스를 지원한다.

'**게시**' 화면은 다음과 같다.

Web Deploy 패키지

'Web Deploy 패키지' 옵션은 응용 프로그램을 나중에 언제나 다시 설치할 수 있는 배포 패키지를 만드는 데 사용한다. 다음 스크린샷을 참조하라.

파일 시스템

활용 가능한 도구들을 신뢰하지 못하는 개발자가 사용할 수 있는 옵션이다. 이 옵션을 통해 원하는 폴더에 배포한 후 다시 자신의 게시 환경으로 복사한다.

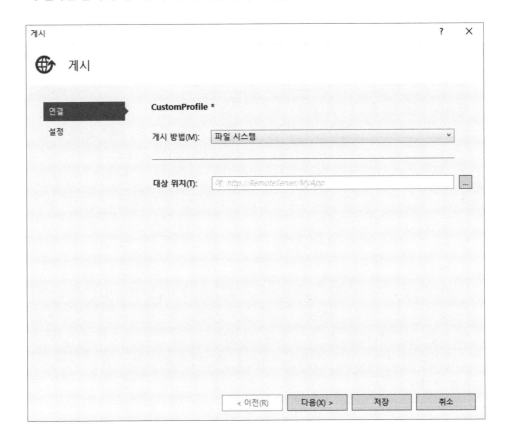

폴더

폴더 경로로 게시하는 방법은 두 가지이며 여전히 게시된 코드를 개발자가 제어하는 것이 얼마나 인기 있는지 알 수 있다.

다음과 같이 폴더 경로를 지정한 후 **프로필 만들기** 버튼을 클릭한다.

프로필 가져오기

프로필 가져오기는 실제로 게시하는 방법이 아니라 백업 또는 팀의 개발자들 간에 프로필을 공유하기 위해 이전에 저장한 프로필을 가져오는 옵션이다. '게시 대상 선택' 화면의 좌측 하단에 있는 **프로필 가져오기** 버튼을 통해 공유된 프로필을 가져올 수 있다.

▌ 요약

6장에서는 엔터티 프레임워크 코어를 둘러봤다. 엔터티 프레임워크의 역사를 시작으로 코드 우선 구현 방식, 모델 우선 구현 방식, 데이터베이스 우선 구현 방식 간의 차이점을 살펴봤다. TechNet에서 데이터베이스 설계에 관한 아이디어를 얻기도 했다.

다음으로 엔터티 프레임워크 코어 솔루션을 만드는 데 시간을 할애했고 여러 가지 응용 프로그램 배포 방법을 살펴봤다. 또한 배포한 응용 프로그램이 잘 동작하는지 확인하기 위해 테스트 데이터를 채워넣는 방법도 살펴봤다.

끝으로 사용할 수 있는 배포 옵션을 둘러봤다.

엔터티 프레임워크 코어는 대규모 커뮤니티를 통해 지속적으로 기능이 확장 및 개선되고 있는 프레임워크이므로 모든 부분을 다루기는 어려웠다.

이 커뮤니티는 평범한 개발 커뮤니티에 머물지 않고 엔터티 프레임워크와 같이 이미 확장되고 성숙도가 높은 기능을 개선 및 확장하기 위해 끊임없이 노력한다는 것을 알게 됐다.

07

서버리스 이메일
유효성 검사 애저 함수

7장에서는 우리를 서버리스^{serverless} 컴퓨팅의 세계로 이끌어줄 것이다. 서버리스 컴퓨팅
이란 무엇일까? 서버리스 컴퓨팅이라는 용어는 서버가 없는 것과는 아무런 관련이 없고,
사실은 이와 정반대의 뜻이다.

7장에서 살펴볼 내용은 다음과 같다.

- 애저 함수^{Azure Function} 만들기
- 브라우저에서 애저 함수 테스트하기
- ASP.NET Core MVC 응용 프로그램에서 애저 함수 호출하기

정규식을 사용해 이메일 주소를 검사하는 간단한 **애저 함수**를 만든다. 애저 함수는 클라우드에 있는 '코드 조각'이라는 것을 염두에 둔다. 이 함수를 복잡하고 많은 양의 코드로 생각하면 안 된다. 적을수록 좋다.

▌ 서버리스 컴퓨팅 시작하기

기업에서는 전통적으로 서버 컴퓨팅 자원에 돈과 시간을 들인다. 기업의 고정비와 반복적으로 들어가는 비용을 말하며 서버가 유휴 상태이거나 어떤 형태의 컴퓨팅 작업을 수행하는지 여부와는 크게 상관 없다. 즉 존재하는 것만으로도 비용이 들어간다는 점이 핵심이다.

서버리스 컴퓨팅에서 컴퓨팅 자원은 확장 가능한scalable 클라우드 서비스다. 이벤트 기반의 응용 프로그램 설계를 의미하며 사용한 만큼 비용을 지불하는 종량제Pay-per-use다. 애저 함수가 이에 해당한다.

애저 함수는 클라우드에 있는 코드 조각이다. 응용 프로그램에서는 필요할 때 이 함수를 사용하고 컴퓨팅 파워를 사용한 만큼 지불한다. 응용 프로그램에 한 명이 접속하든 100만 명이 접속하든 문제가 되지 않으며 애저 함수는 늘어나는 부하를 처리하기 위해 자동으로 확장된다. 응용 프로그램의 사용량이 줄어들면 애저 함수도 따라서 줄어든다.

서버리스 컴퓨팅의 중요성

응용 프로그램 사용량이 자주(항상은 아님) 임계점에 도달하는 상황을 생각해보자. 응용 프로그램의 요청을 처리하는 서버가 서버리스가 아니기 때문에 추가적인 부하를 처리할 수 있도록 업그레이드(회사나 자신의 비용으로)해야 한다. 사용량이 적더라도 이 서버의 자원은 줄일 수 없다. 특정 사용자 부하를 처리할 수 있도록 서버를 업그레이드했다고 가정해보자. 이 서버는 항상 같은 수준의 성능으로 동작하며 성능에는 비용이 들어가기 마련이다.

서버리스 컴퓨팅을 활용하면 부하의 증감에 따라 자원을 자동으로 확장하거나 줄일 수 있다. 이 방법은 사용하지 않는 컴퓨팅 파워에 비용을 지불하지 않아도 되기 때문에 보다 효율적으로 서버를 사용할 수 있다.

▌ 애저 함수의 기능

애저 함수는 개발자에게 풍부한 기능을 제공한다. 애저 함수에 대한 더 많은 내용은 다음 경로의 마이크로소프트 설명서를 참고하기 바란다.

https://docs.microsoft.com/ko-kr/azure/azure-functions/

지금은 그중 일부 기능만 살펴본다.

언어 선택

애저 함수의 장점은 개발 언어를 선택할 수 있다는 것이다. 지원되는 언어 목록은 다음 URL을 확인하라.

https://docs.microsoft.com/ko-kr/azure/azure-functions/supported-languages

7장에서는 애저 함수를 작성하기 위해 C#을 사용한다.

종량제 요금

앞서 언급한 것처럼 실제로 애저 함수를 실행한 시간만큼만 비용을 지불하면 된다. 이 요금제는 초당 청구되며 다음 경로에서 마이크로소프트의 애저 함수 요금제를 정리한 문서를 확인하라.

https://azure.microsoft.com/ko-kr/pricing/details/functions/

유연한 개발

애저 포털에서 직접 애저 함수를 만들거나 비주얼 스튜디오 팀 서비스^{Visual Studio Team Services}와 깃허브를 사용해 지속적인 통합^{continuous integration, CI}을 구성할 수도 있다.

▌ 애저 함수의 종류

애저 함수는 응용 프로그램 통합과 데이터 처리, 사물 인터넷^{IoT}, API, 마이크로서비스를 위한 솔루션으로 활용할 수 있다. 애저 함수는 트리거로 사용할 수 있으므로 작업 예약에 사용할 수 있다. 다음은 사용할 수 있는 애저 함수 템플릿이다.

- HTTPTrigger
- TimerTrigger
- GitHub webhook
- Generic webhook
- BlobTrigger
- CosmosDBTrigger
- QueueTrigger
- EventHubTrigger
- ServiceBusQueueTrigger
- ServiceBusTopicTrigger

템플릿과 애저 함수에 관해 좀 더 알고 싶다면 다음 경로에서 'Azure Functions 소개' 문서를 살펴보라.

https://docs.microsoft.com/ko-kr/azure/azure-functions/functions-overview

▌ 애저 함수 만들기

곧바로 애저 함수^{Azure Function}를 만들어보자. 이 함수에서는 정규식을 사용해 이메일 주소를 검사한다. 매우 기본적인 코드이며 여러 응용 프로그램에서 폭넓게 사용되는 함수다.

> ℹ️ 애저 계정이 있어야 하며 만약 계정이 없다면 다음 경로에서 무료 체험 계정을 만들 수 있다.
> https://azure.microsoft.com/ko-kr/free/

1. 브라우저에서 다음 경로를 입력해 애저 포털에 로그인한다.
   https://portal.azure.com

2. 다음 스크린샷과 같이 로그인 후 **'리소스 만들기'** 메뉴를 찾는다. 해당 메뉴를 클릭한 후 Azure Marketplace 화면에서 **'계산'** 링크를 찾는다.

3. '**추천**' 기능에서 아래로 조금 내려보면 '**기능 앱**'을 확인할 수 있다. 해당 링크를 클릭한다.

4. 그러면 '**기능 앱**' 설정 화면이 표시되며 다음 옵션을 입력한다.

- **앱 이름**: 애저 함수를 식별할 수 있는 고유한 이름이다.
- **구독**Subscription: 생성할 기능이 포함될 구독을 지정한다.
- **리소스 그룹**: 기능에 대한 새 리소스 그룹을 생성한다.
- **운영체제**: 윈도우나 리눅스를 선택할 수 있으며 여기서는 윈도우를 선택한다.
- **호스팅 계획**: 기능에 리소스를 할당하는 방식을 정의한다.
- **위치**: 지리적으로 자신과 가까운 위치를 선택한다.
- **저장소**: 기본값 그대로 둔다.
- Application Insights: 사이트 확장을 On이나 Off로 설정할 수 있는 옵션도 있다.

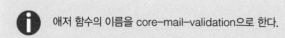 애저 함수의 이름을 core-mail-validation으로 한다.

5. 필요한 모든 설정 값을 추가했다면 **만들기** 버튼을 클릭한다.

6. **만들기** 버튼을 클릭하면 다음과 같이 '**유효성을 검사하는 중...**'이라는 메시지를 확인할 수 있다. 이 작업은 수초가 걸린다.

7. 애저 포털의 우측 상단에 있는 '알림'(작은 종 모양의 아이콘)을 확인한다. 여기에 새 알림과 읽지 않은 알림의 개수를 나타내는 숫자가 표시된다.

8. 알림을 클릭하면 다음과 같이 애저 함수의 배포가 진행되고 있다는 것을 알 수 있다.

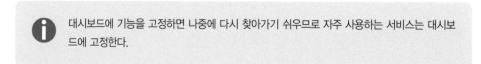

9. 애저 함수가 배포된 후 '**배포 성공**' 메시지가 알림에 표시된다. 여기서 **대시보드에 고정**이나 **리소스로 이동** 버튼을 클릭할 수 있다.

> ℹ️ 대시보드에 기능을 고정하면 나중에 다시 찾아가기 쉬우므로 자주 사용하는 서비스는 대시보드에 고정한다.

312

10. 애저 함수를 찾아가기 위해 **리소스로 이동** 버튼을 클릭한다.

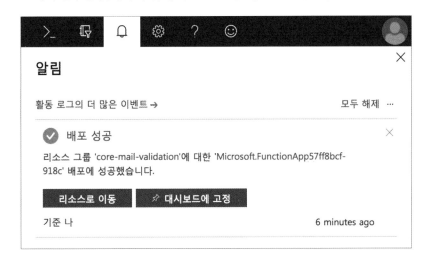

11. 애저 포털의 '**함수 앱**' 화면의 하단의 목록에서 core-mail-validation을 확인할 수 있다.

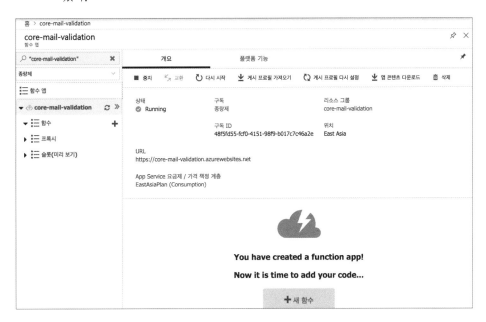

12. core-email-validation 하단의 **함수**를 클릭한다. 다음으로 오른쪽 화면에서 **새 함수**를 클릭한다.

13. 선택할 수 있는 여러 가지 템플릿이 표시된다. 아래로 스크롤해 사용할 수 있는 템플릿을 모두 확인한다(다음 스크린샷에 보이는 것보다 많다).

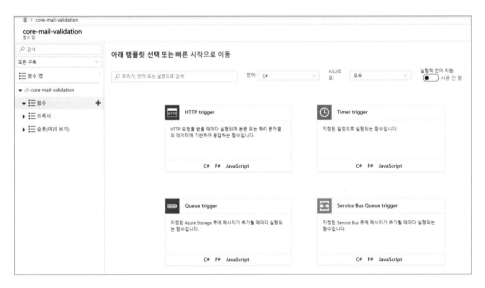

14. 여기서는 사용할 수 있는 템플릿을 모두 살펴보지 않으며 빠르게 진행하기 위해 다음 스크린샷처럼 '**빠른 시작으로 이동**'을 선택한다.

15. Webhook + API를 선택하고 언어는 C#을 선택한다. 선택할 수 있는 다른 언어가 존재하며 사용하기 편한 언어를 선택한다.

16. 다음과 같이 함수를 만들기 위해 **이 함수 만들기** 버튼을 클릭한다.

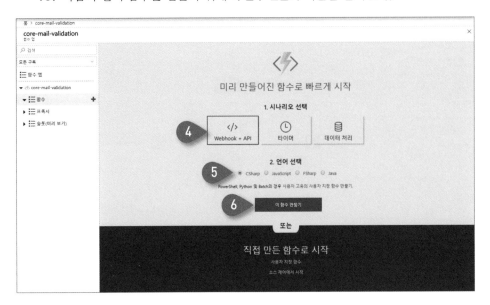

17. 애저 함수가 생성되면 보일러플레이트 코드가 자동으로 추가되고 함수의 코드 작성 방법을 알 수 있다. 이 코드의 동작은 쿼리 문자열에서 name이라는 변수를 찾고, 발견하면 브라우저에 표시해주는 것이 전부다.

```
#r "Newtonsoft.Json"

using System.Net;
using Microsoft.AspNetCore.Mvc;
using Microsoft.Extensions.Primitives;
using Newtonsoft.Json;

public static async Task<IActionResult> Run(HttpRequest req, ILogger log)
{
    log.LogInformation("C# HTTP trigger function processed a request.");
    // 쿼리 매개변수 구문 분석
    string name = req.Query["name"];

    // 요청 본문 가져오기
```

```
    string requestBody = await new StreamReader(req.Body).
ReadToEndAsync();
    dynamic data = JsonConvert.DeserializeObject(requestBody);
    name = name ?? data?.name;

    return name != null
        ? (ActionResult)new OkObjectResult($"Hello, {name}")
        : new BadRequestObjectResult("Please pass a name on the query
string or in the request body");
}
```

18. 화면 우측 상단에서 '</> **함수 URL 가져오기**' 링크를 확인할 수 있다. 다음과 같이 링크를 클릭한다.

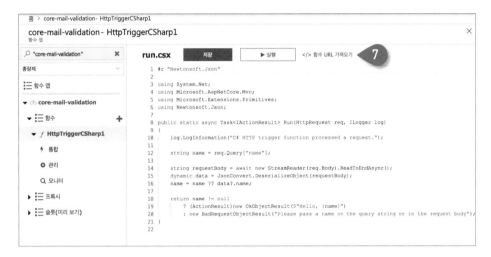

19. 생성한 애저 함수에 접근할 수 있는 URL이 포함된 팝업이 표시된다. **복사** 버튼을 클릭해 URL을 클립보드로 복사한다.

20. 복사한 URL은 다음과 비슷하다.

```
https://core-mail-validation.azurewebsites.net/api/HttpTriggerCSharp1
?code=/IS40J3T46quiRzUJTxaGFenTeIVXyyOdtBFGasW9dUZ0snmoQfWoQ==
```

21. 이 함수를 실행하려면 URL의 쿼리 문자열에 name 매개변수를 추가해야 한다.
URL에 &name==[YOUR_NAME]을 추가한다. 여기서 [YOUR_NAME]은 자신의 이름이
다. 예제에서는 다음과 같이 URL의 끝에 &name=Dirk를 추가했다.

```
https://core-mail-validation.azurewebsites.net/api/HttpTriggerCSharp1
?code=/IS40J3T46quiRzUJTxaGFenTeIVXyyOdtBFGasW9dUZ0snmoQfWoQ==&name=Dirk
```

22. 이 URL을 브라우저 주소 창에 붙여넣고 Enter를 누르면 'Hello Dirk'라는 메시지가
브라우저에 표시된다.

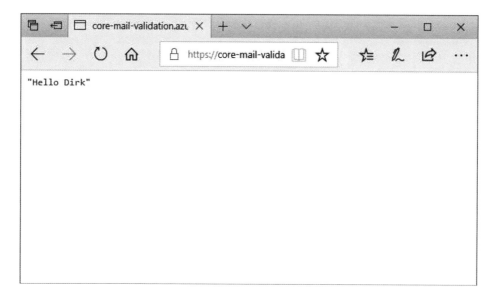

23. 애저 포털로 돌아가 애저 함수 화면 하단에 있는 **로그** 창을 확인한다. 만약 표시되지 않는다면 ∧ 모양을 클릭해 창을 확장한다. 이제 애저 트리거가 성공적으로 실행됐다는 것을 확인할 수 있다.

애저 함수를 실행하게 된 것을 축하한다.

▌ 애저 함수 코드 수정하기

여기까지만 해도 꽤 멋지지만(정말 멋진 기술이므로 그래야 한다), 예제의 요구 사항에 맞게 이 애저 함수를 변경한다.

1. 애저 함수의 return문은 다음과 같다.

```
return name != null
        ? (ActionResult)new OkObjectResult($"Hello, {name}")
        : new BadRequestObjectResult("Please pass a name on the query
string or in the request body");
```

이메일 주소가 빈 값이 아니면 ture를 반환하도록 만들어보자. return문을 다음 코드로 대체한다.

```
if (email == null)
{
    return new BadRequestObjectResult("Please pass an email address on
the query string or in the request body");
}
else
{
    bool blnValidEmail = false;

    if (email.Length > 0)
    {
        blnValidEmail = true;
    }

    return (ActionResult)new OkObjectResult($"Email status:
{blnValidEmail}");

}
```

2. 이 애저 함수 전체 코드는 다음과 같다.

```
#r "Newtonsoft.Json"

using System.Net;
using Microsoft.AspNetCore.Mvc;
using Microsoft.Extensions.Primitives;
using Newtonsoft.Json;

public static async Task<IActionResult> Run(HttpRequest req, ILogger log)
{
    log.LogInformation("C# HTTP trigger function processed a request.");
    // 쿼리 매개변수 구문 분석
    string email = req.Query["email"];
```

```
// 요청 본문 가져오기
    string requestBody = await new StreamReader(req.Body).
ReadToEndAsync();
    dynamic data = JsonConvert.DeserializeObject(requestBody);
    email = email ?? data?.email;

    if (email == null)
    {
        return new BadRequestObjectResult("Please pass an email address
on the query string or in the request body");
    }
    else
    {
        bool blnValidEmail = false;

        if (email.Length > 0)
        {
            blnValidEmail = true;
        }

        return (ActionResult)new OkObjectResult($"Email status:
{blnValidEmail}");

    }
}
```

3. 애저 함수의 변경 사항을 저장하려면 **저장** 버튼을 클릭해야 한다. 그러면 함수가
   컴파일되고 다음과 같이 **로그** 창에 Compilation succeeded 메시지가 표시되는 것
   을 볼 수 있다.

4. 이전처럼 '⟨/⟩ 함수 URL 가져오기' 링크를 클릭해 URL을 복사한다.

```
https://core-mail-validation.azurewebsites.net/api/HttpTriggerCSharp
1?code=/IS4OJ3T46quiRzUJTxaGFenTeIVXyyOdtBFGasW9dUZ0snmoQfWoQ==
```

하지만 이번에는 이메일 주소를 전달한다. 매개변수 이름이 이메일로 변경
됐고 값에는 자신의 이메일 주소를 입력하면 된다. 다음과 같이 URL의 끝에
&email=dirk@email.com을 추가한다.

```
https://core-mail-validation.azurewebsites.net/api/HttpTriggerCSharp
1?code=/IS4OJ3T46quiRzUJTxaGFenTeIVXyyOdtBFGasW9dUZ0snmoQfWoQ==&email=di
rk@email.com
```

5. 다음과 같이 URL을 브라우저에 붙여넣고 결과를 확인하기 위해 Enter를 누른
   다. 이 결과는 앞서 설명한 것처럼 브라우저마다 조금씩 다르게 표시될 수 있다.

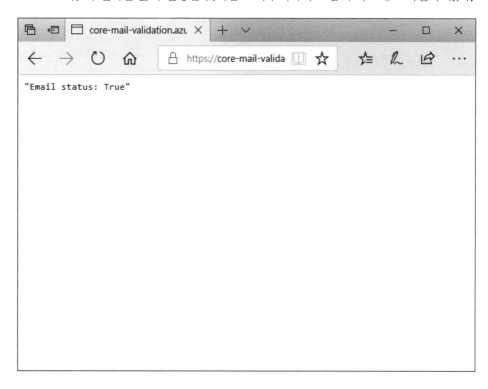

6. 이제 애저 함수가 이메일이 존재하는지 여부를 체크하는 기본적인 검사를 수행
   한다는 것을 알 수 있다. 이 함수가 더 정교하게 동작하도록 이메일 주소 검사를
   위한 정규식을 사용한다. 이를 위해 이 함수에 다음과 같이 네임스페이스를 추
   가한다.

```
using System.Text.RegularExpressions;
```

검사를 수행하는 코드에 이메일과 정규식 패턴을 대조하는 코드를 입력한다.

매우 다양한 정규식 패턴이 인터넷상에 존재한다. 정규식은 전혀 다른 주제이며 이 책의 범위를 벗어난다. 응용 프로그램에서 텍스트 패턴 매칭이 필요하다면 구글에서 사용할 수 있는 정규식 패턴을 확인한다. 가능하다면 직접 만들어도 좋다.

7. 정규식은 .NET Framework에 포함돼 있고 코드는 다음과 같이 매우 쉽다.

```
blnValidEmail = Regex.IsMatch(email,
@"\A(?:[a-z0-9!#$%&'*+/=?^_`{|}~-]+(?:\.[a-z0-9!#$%&'*+/=?^_`{|}~-
]+)*@(?:[a-z0-9](?:[a-z0-9-]*[a-z0-9])?\.)+[a-z0-9](?:[a-z0-9-]*[a-z0-
9])?)?)\Z",
RegexOptions.IgnoreCase,
TimeSpan.FromMilliseconds(250));
```

8. 이 코드를 추가하면 애저 함수는 다음과 같은 모양이 된다.

```
u #r "Newtonsoft.Json"

using System.Net;
using Microsoft.AspNetCore.Mvc;
using Microsoft.Extensions.Primitives;
using Newtonsoft.Json;
using System.Text.RegularExpressions;

public static async Task<IActionResult> Run(HttpRequest req, ILogger log)
{
    log.LogInformation("C# HTTP trigger function processed a request.");

    // 쿼리 매개변수 구문 분석
    string email = req.Query["email"];

    // 요청 본문 가져오기
    string requestBody = await new StreamReader(req.Body).
ReadToEndAsync();
    dynamic data = JsonConvert.DeserializeObject(requestBody);
```

```
        email = email ?? data?.email;

    if (email == null)
    {
        return new BadRequestObjectResult("Please pass an email address
on the query string or in the request body");
    }
    else
    {
        bool blnValidEmail = false;

        blnValidEmail = Regex.IsMatch (email,
            @"\A(?:[a-z0-9!#$%&'*+/=?^_`{|}~-]+(?:\.[a-z0-
9!#$%&'*+/=?^_`{|}~-]+)*@(?:[a-z0-9](?:[a-z0-9-]*[a-z0-9])?\.)+[a-z0-9]
(?:[a-z0-9-]*[a-z0-9])?)\Z",
            RegexOptions.IgnoreCase,
            TimeSpan.FromMilliseconds (250));

        return (ActionResult)new OkObjectResult($"Email status:
{blnValidEmail}");
    }
}
```

9. 이전에 복사한 URL을 브라우저 창에 붙여넣고 **Enter**를 누른다.

```
https://core-mail-validation.azurewebsites.net/api/HttpTriggerCShar
p1?code=/IS4OJ3T46quiRzUJTxaGFenTeIVXyyOdtBFGasW9dUZ0snmoQfWoQ==&email=d
irk@email.com
```

10. 이메일 주소 dirk@email.com을 검사한 후 'Email status: True'라는 메시지를 브라우저에 표시했다. 여기서는 이메일 주소가 애저 함수에 전달되고 이 함수에서는 쿼리 문자열의 이메일 매개변숫값을 읽은 후 정규식에 전달하는 동작이 일어났다. 이메일 주소와 정규식 패턴이 일치하는지 확인한 후, 일치하면 유효한 이메일로 인식한다.

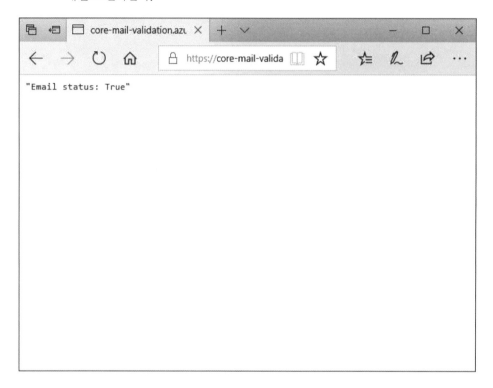

11. 이번에는 브라우저에 URL은 같지만 이메일은 유효하지 않은 값을 입력한다. 예를 들어 이메일에는 @ 기호를 하나만 포함할 수 있지만 이 URL에 추가한 매개변수는 다음과 같이 2개를 입력한다.

```
https://core-mail-validation.azurewebsites.net/api/HttpTriggerCShar
p1?code=/IS4OJ3T46quiRzUJTxaGFenTeIVXyyOdtBFGasW9dUZ0snmoQfWoQ==&email=d
irk@@email.com
```

Enter를 누르면 유효하지 않은 이메일 주소인 dirk@@email.com을 검사한 후 정규식과 일치되지 않는다는 것이 확인되고 결과적으로 브라우저에 다음과 같이 'Email status: False' 메시지가 나타난다.

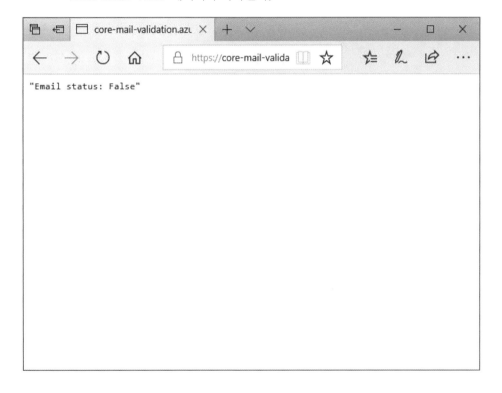

멋지지 않은가! 지금까지 애저 함수에서 전달받은 이메일 주소 검사할 때 정규식을 사용하는 방법을 살펴봤다. 함수에서는 정규식 검사 결과를 기반으로 참이나 거짓을 반환한다.

마지막으로 이 애저 함수를 호출하는 응용 프로그램으로 True 또는 False 값을 반환하도록 만든다. 이렇게 동작하려면 함수의 return문을 다음과 같이 수정한다.

```
return (ActionResult)new OkObjectResult(blnValidEmail);
```

코드를 수정하고 브라우저에서 직접 실행하면서 이 함수가 어떻게 동작하는지 살펴봤다. 하지만 이 애저 함수를 응용 프로그램에서 호출하지 않는다면 아무런 소용이 없다.

ASP.NET Core MVC 응용 프로그램을 만들고 로그인 화면에 입력한 이메일 주소를 검사하는 용도의 애저 함수를 호출하는 방법을 살펴보자.

▌ ASP.NET Core MVC 응용 프로그램에서 애저 함수 호출하기

앞 절에서 애저 함수가 어떻게 동작하는지 살펴봤다. 그다음으로 응용 프로그램의 로그인 화면에서 입력한 이메일 주소를 검사하는 용도의 애저 함수를 호출하는 ASP.NET Core MVC 응용 프로그램을 만든다.

 이 응용 프로그램에서는 아무런 인증을 하지 않는다. 입력한 이메일 주소를 검사하는 동작이 전부다. ASP.NET Core MVC 인증은 또 다른 주제이며 7장에서는 설명하지 않는다.

1. 비주얼 스튜디오 2017에서 새 프로젝트를 생성한 후 'ASP.NET Core 웹 응용 프로그램' 템플릿을 선택한다. 프로젝트를 생성하기 위해 **확인** 버튼을 클릭한다.

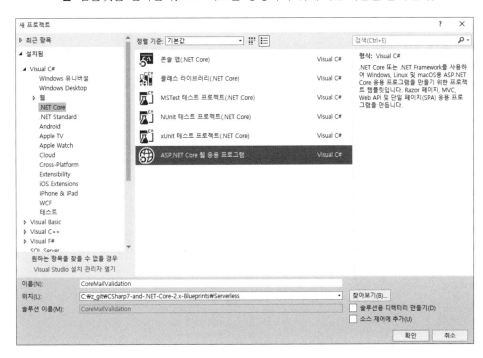

2. 다음 화면의 드롭다운에서 .NET Core와 ASP.NET Core 2.1을 선택한다. 응용 프로
그램 유형은 **웹 응용 프로그램(모델-뷰-컨트롤러)**을 선택한다.

인증이나 도커 지원 활성화와 같은 항목은 모두 그대로 두고 프로젝트를 생성하
기 위해 **확인** 버튼을 클릭한다.

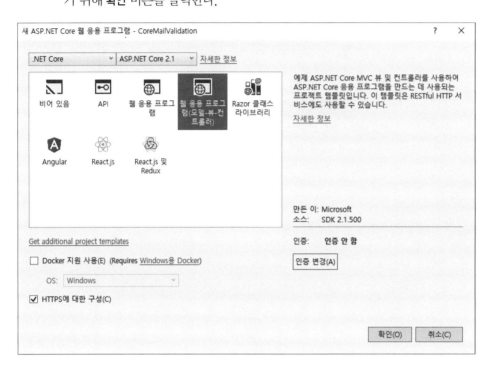

3. 프로젝트가 생성되면 다음과 같이 비주얼 스튜디오의 **솔루션 탐색기**에서 프로젝트 구조를 확인할 수 있다.

로그인 폼 만들기

다음으로 일반적이고 단순한 로그인 폼을 만들고 여기에 재미를 더하기 위해 약간 수정한다. 다음과 같이 인터넷에서 몇 가지 무료 로그인 양식 템플릿을 찾아보자.

1. 여기서는 colorlib라는 웹 사이트를 이용한다. 이곳의 최신 블로그 게시물 중에서 60가지의 무료 HTML5와 CSS3 로그인 폼을 제공받을 수 있다. 이 게시물의 '60 Free HTML5 And CSS3 Login Forms For Your Website 2018'의 경로는 다음과 같다.

   https://colorlib.com/wp/html5-and-css3-login-forms/

2. 이 사이트에서 'Login Form 1 by Colorlib'을 사용한다. 템플릿을 컴퓨터에 다운로 드한 후 ZIP 파일의 압축을 푼다. 다음과 같이 압축을 푼 위치에서 몇몇 폴더를 확인할 수 있다. 이 폴더를 모두 복사한다(잠시 후에 사용할 index.html 파일은 남겨 둔다).

3. 비주얼 스튜디오의 솔루션으로 이동한다. wwwroot 폴더의 내용을 삭제하거나 옮기고 ZIP 파일의 압축을 푼 폴더를 ASP.NET Core MVC 응용 프로그램의 wwwroot 폴더로 복사한다. 이제 wwwroot 폴더는 다음과 같다.

4. 비주얼 스튜디오에서 CoreMailValidation 프로젝트의 wwwroot를 확장시켜보면 이 폴더들을 확인할 수 있다.

5. Index.cshtml 파일과 _Layout.cshtml 파일에도 주목한다. 다음으로 이 파일을 수정한다.

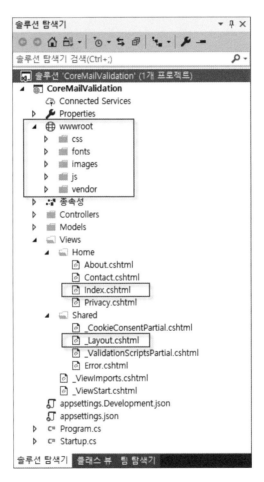

6. Index.cshtml 파일을 연 후 중괄호 {} 부분을 제외한 나머지 마크업을 모두 제거한다. 압축을 푼 ZIP 파일의 index.html 파일에 있는 HTML 마크업을 붙여넣는다.

7. 이제 Index.cshtml 파일은 다음과 같다.

```
@{
    ViewData["Title"] = "Login Page";
}

<div class="limiter">
    <div class="container-login100">
        <div class="wrap-login100">
            <div class="login100-pic js-tilt" data-tilt>
                <img src="images/img-01.png" alt="IMG">
            </div>

            <form class="login100-form validate-form">
                <span class="login100-form-title">
                    Member Login
                </span>

                <div class="wrap-input100 validate-input" data-validate="Valid email is required: ex@abc.xyz">
                    <input class="input100" type="text" name="email" placeholder="Email">
                    <span class="focus-input100"></span>
                    <span class="symbol-input100">
                        <i class="fa fa-envelope" aria-hidden="true"></i>
                    </span>
                </div>

                <div class="wrap-input100 validate-input" data-validate="Password is required">
                    <input class="input100" type="password" name="pass" placeholder="Password">
```

```
                    <span class="focus-input100"></span>
                    <span class="symbol-input100">
                        <i class="fa fa-lock" aria-hidden="true"></i>
                    </span>
                </div>

                <div class="container-login100-form-btn">
                    <button class="login100-form-btn">
                        Login
                    </button>
                </div>

                <div class="text-center p-t-12">
                    <span class="txt1">
                        Forgot
                    </span>
                    <a class="txt2" href="#">
                        Username / Password?
                    </a>
                </div>

                <div class="text-center p-t-136">
                    <a class="txt2" href="#">
                        Create your Account
                            <i class="fa fa-long-arrow-right m-l-5" aria-
hidden="true"></i>
                    </a>
                </div>
            </form>
        </div>
    </div>
</div>
```

7장의 코드는 다음의 깃허브 링크에 올라가 있다.

https://github.com/JungYeolYang/CSharp7-and-.NET-Core-2.x-Blueprints/
tree/master/Core 2.1/Chapter 7 – Serverless

8. Layout.cshtml 파일을 연 후 index.html 파일을 참고해 앞서 wwwroot 폴더에 복사했던 폴더 및 파일의 링크를 모두 추가한다. _Layout.cshtml 파일에는 @RenderBody( ) 코드 조각이 포함돼 있다. 이 코드 조각은 Index.cshtml 파일 내용이 주입되는 위치를 지정하는 개체 틀placeholder이다. ASP.NET 웹 폼 개발자라면 _Layout.cshtml 웹 페이지를 마스터 페이지처럼 생각하면 된다. 이제 Layout.cshtml 마크업은 다음과 같은 모양이 된다.

```html
<!DOCTYPE html>
<html>
<head>
    <meta charset="utf-8" />
    <meta name="viewport" content="width=device-width, initial-scale=1.0" />
    <title>@ViewData["Title"] - CoreMailValidation</title>

     <link rel="icon" type="image/png" href="~/images/icons/favicon.ico" />
     <link rel="stylesheet" type="text/css" href="~/vendor/bootstrap/css/bootstrap.min.css">
     <link rel="stylesheet" type="text/css" href="~/fonts/font-awesome-4.7.0/css/font-awesome.min.css">
     <link rel="stylesheet" type="text/css" href="~/vendor/animate/animate.css">
     <link rel="stylesheet" type="text/css" href="~/vendor/css-hamburgers/hamburgers.min.css">
     <link rel="stylesheet" type="text/css" href="~/vendor/select2/select2.min.css">
     <link rel="stylesheet" type="text/css" href="~/css/util.css">
     <link rel="stylesheet" type="text/css" href="~/css/main.css">
</head>
<body>
    <div class="container body-content">
        @RenderBody( )
        <hr />
        <footer>
            <p>&copy; 2018 - CoreMailValidation</p>
```

```
        </footer>
    </div>

    <script src="~/vendor/jquery/jquery-3.2.1.min.js"></script>
    <script src="~/vendor/bootstrap/js/popper.js"></script>
    <script src="~/vendor/bootstrap/js/bootstrap.min.js"></script>
    <script src="~/vendor/select2/select2.min.js"></script>
    <script src="~/vendor/tilt/tilt.jquery.min.js"></script>
    <script>
        $('.js-tilt').tilt({
            scale: 1.1
        })
    </script>
    <script src="~/js/main.js"></script>
    @RenderSection("Scripts", required: false)
</body>
</html>
```

9. 모두 정확하게 진행했다면 이 응용 프로그램을 실행할 때 다음과 같은 페이지를
   확인할 수 있다. 이 로그인 폼에는 아직 아무런 기능도 포함돼 있지 않다.

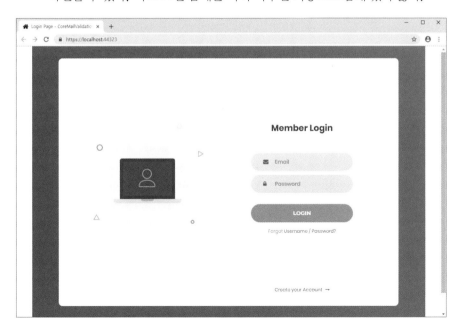

이 로그인 폼은 완벽하게 반응한다. 다음과 같이 브라우저 창의 크기를 줄여보면 브라우저 크기가 줄어드는 비율에 따라 폼의 크기의 변화를 확인할 수 있다. 기대한 대로 동작한다. 부트스트랩에서 제공하는 반응형 디자인을 확인하려면 다음 경로에서 설명서의 예제를 살펴본다.

https://getbootstrap.com/

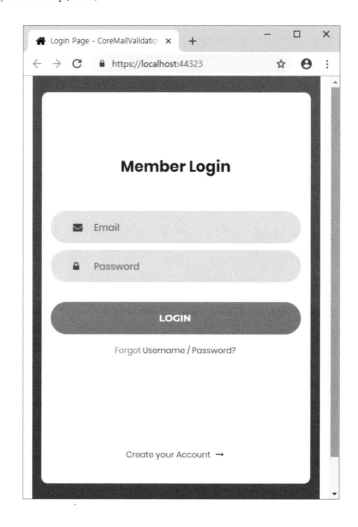

그런 다음 로그인 폼을 컨트롤러에 연결하고 입력한 이메일 주소를 검사하기 위해 만든 애저 함수를 호출한다.

이 내용은 다음 절에서 살펴본다.

모두 연결하기

컨트롤러에 전달하기 위한 모델을 만든다.

1. 응용 프로그램의 Models 폴더에 LoginModel라는 새 클래스를 만든 후 **추가** 버튼을 클릭한다.

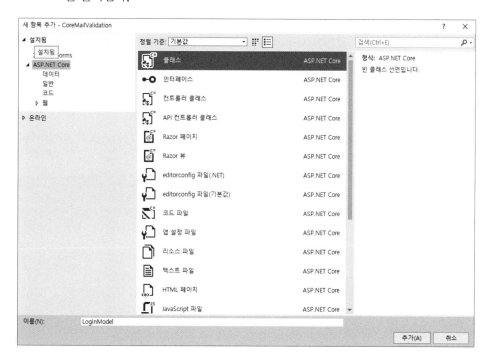

2. Models 폴더에 모델이 추가됐으며 프로젝트는 다음과 같다.

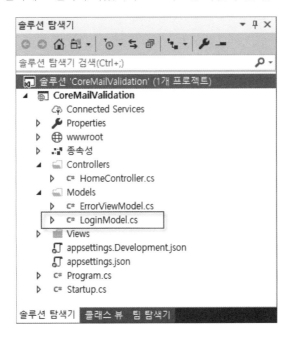

3. 다음은 모델 코드를 수정해 로그인 폼에 표시할 항목을 추가한다. 다음과 같이 이메일과 패스워드 속성을 추가한다.

```
namespace CoreMailValidation.Models
{
    public class LoginModel
    {
        public string Email { get; set; }
        public string Password { get; set; }
    }
}
```

4. Index.cshtml 뷰로 다시 돌아가 페이지 상단에 model 선언을 추가한다. 이렇게 하면 뷰에서 해당 모델을 사용할 수 있다. 모델이 존재하는 네임스페이스를 정확하게 지정해야 한다.

```
@model CoreMailValidation.Models.LoginModel
@{
    ViewData["Title"] = "Login Page";
}
```

5. 코드를 작성할 파일은 HomeController.cs이며 현재는 Index( )라는 액션만 포함돼 있다.

```
public IActionResult Index ()
{
    return View ();
}
```

6. ValidateEmail라는 새 비동기 함수를 추가한다. 이 함수에서는 앞서 복사했던 애저 함수 URL의 기본 URL과 매개변수 문자열을 사용해 HTTP 요청으로 호출한다. 이 코드는 간단하기 때문에 여기서 더 깊게 들어가지는 않는다. 여기서는 앞서 복사한 URL을 통해 애저 함수를 호출하고 반환된 데이터를 읽는 것이 전부다.

```
private async Task<string> ValidateEmail(string emailToValidate)
{
    string azureBaseUrl = "https://core-mail-validation.azurewebsites.
net/api/HttpTriggerCSharp1";
    string urlQueryStringParams = $"?code=/IS4OJ3T46quiRzUJTxaGFenTeIVXy
yOdtBFGasW9dUZ0snmoQfWoQ==&email={emailToValidate}";

    using (HttpClient client = new HttpClient())
    {
        using (HttpResponseMessage res = await client.
GetAsync($"{azureBaseUrl}{urlQueryStringParams}"))
        {
            using (HttpContent content = res.Content)
            {
                string data = await content.ReadAsStringAsync();
                if (data != null)
```

```
            {
                return data;
            }
            else
                return "";
        }
    }
}
```

7. 또 다른 `public async ValidateLogin` 액션을 만든다. 이 액션에서는 계속 진행하기 전에 `ModelState`가 유효한지 여부를 확인한다.

> `ModelState`가 무엇인지 잘 설명돼 있는 글은 다음 경로에서 확인할 수 있다. https://www.exceptionnotfound.net/asp-net-mvc-demystified-modelstate/

8. `ValidateEmail` 함수를 대기하며 반환된 데이터에 `false`라는 단어가 포함돼 있으면 이 이메일 유효성 검사는 실패라는 것을 알게 된다. 그리고 유효성 검사 실패 메시지가 컨트롤러의 `TempData` 속성으로 전달된다.

> `TempData` 속성은 해당 데이터가 읽히기 전까지만 저장되는 장소다. ASP.NET Core MVC에 의해 컨트롤러에 노출된다. ASP.NET Core 2.x에서 `TempData` 속성은 기본적으로 쿠키 기반 공급자(cookie-based provider)를 사용해 데이터를 저장한다. `TempData` 속성의 데이터를 지우지 않고 읽으려면 Keep과 Peek 메서드를 사용한다. `TempData`에 관한 좀 더 자세한 내용은 다음 경로에 있는 마이크로소프트 문서를 확인하라.
>
> https://docs.microsoft.com/ko-kr/aspnet/core/fundamentals/app-state?view=aspnetcore-2.1

이메일 유효성 검사가 통과되면 해당 이메일 주소가 유효하기 때문에 다음 작업을 처리할 수 있게 된다. 여기서는 단순히 사용자가 로그인했다고 가정한다. 현실에서는 여기서 인증을 처리한 후 정확한 컨트롤러로 라우팅하게 된다.

이외에 흥미로운 점은 해당 컨트롤러의 ValidateLogin 액션에 ValidateAntiForgery Token 속성이 포함돼 있다는 것이다. 이 속성은 폼이 이 웹 사이트에서 게시됐다는 것을 보장해줌으로써 웹 사이트가 CSRF^{cross site request forgery} 공격에 의해 무력화되는 것을 방지한다.

응용 프로그램을 실행할 때 페이지의 렌더링된 마크업을 검사해야 한다면 ASP.NET Core에서 자동으로 생성해주는 위조 방지 토큰^{anti-forgery token}을 확인한다.

브라우저의 개발자 도구를 통해 마크업을 검사한다. 크롬에서는 Ctrl+Shift+I로 개발자 도구에 접근할 수 있다. 마이크로소프트 엣지 브라우저에서는 F12를 사용한다.

1. 다음과 같이 '__RequestVerificationToken'과 생성된 값을 볼 수 있다.

2. 완성된 HomeController의 ValidateLogin 액션은 다음과 같다.

```
[HttpPost, ValidateAntiForgeryToken]
public async Task<IActionResult> ValidateLogin(LoginModel model)
{
    if (ModelState.IsValid)
    {
        var email = model.Email;
        string azFuncReturn = await ValidateEmail(model.Email);
        if (azFuncReturn.Contains("false"))
        {
                TempData["message"] = "The email address entered is
incorrect.Please enter again.";
        return RedirectToAction("Index", "Home");
        }
        else
        {
            return Content("You are logged in now.");
        }
    }
    else
    {
        return View();
    }
}
```

Index.cshtml 뷰로 돌아가 form 태그를 좀 더 자세히 살펴보자. 다음과 같이 어떤 액션과 어떤 컨트롤러를 asp-action(호출할 액션 지정)과 asp-controller(지정된 액션이 있는 컨트롤러를 지정)에서 호출할 것인지 명시적으로 정의했다.

```
<form class="login100-form validate-form" asp-action="ValidateLogin" asp-
controller="Home">
```

이 코드는 Index.cshtml 폼이 포스트 백^{post back}될 HomeController 클래스의 ValidateLogin 액션을 연결한다.

3. 아래로 좀 더 내려가 버튼의 유형이 submit으로 지정됐는지 확인한다.

```
<div class="container-login100-form-btn">
    <button class="login100-form-btn" type="submit">
        Login
    </button>
</div>
```

Index.cshtml 뷰가 거의 마무리됐다. 입력한 이메일이 유효하지 않다면 알림이 나타날 것이다. 이 부분은 부트스트랩으로 처리할 수 있으며 다음과 같이 사용자가 입력한 이메일 주소가 유효하지 않다는 알림을 표시하기 위한 모달 대화상자용 마크업을 추가한다.

이 페이지의 마지막에 @section Scripts 블록이 포함돼 있다. 여기서는 기본적으로 TempData의 속성이 null이 아니라면 제이쿼리 스크립트를 통해 모달 대화상자가 나타난다.

```
<div id="myModal" class="modal" role="dialog">
    <div class="modal-dialog">
```

```
    <!-- Modal content-->
    <div class="modal-content">
        <div class="modal-header alert alert-danger">
            <button type="button" class="close" data-
dismiss="modal">&times;</button>
            <h4 class="modal-title">Invalid Email</h4>
        </div>
        <div class="modal-body">
            <p>@TempData["message"].</p>
        </div>
        <div class="modal-footer">
            <button type="button" class="btn btn-default" data-
dismiss="modal">Close</button>
        </div>
    </div>

</div>
</div>

@section Scripts
    {
    @if (TempData["message"] != null)
    {
        <script>
            $('#myModal').modal();
        </script>
    }
}
```

응용 프로그램을 실행한 후 유효하지 않은 이메일 주소를 로그인 페이지에 입력한다. 여기서는 다음과 같이 단순하게 @ 기호가 2개 포함된 이메일 주소를 입력했다.

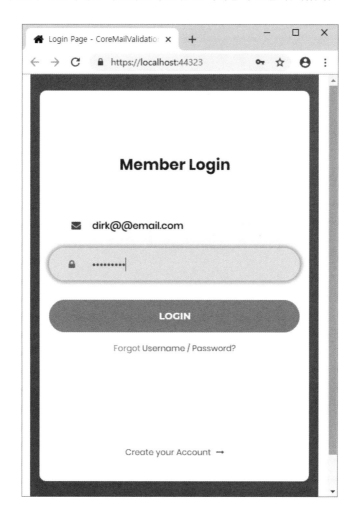

LOGIN 버튼을 누르면 폼은 애저 함수를 호출하는 컨트롤러로 포스트 백되며 입력된 이메일 주소의 유효성 검사를 수행한다.

다음과 같이 다소 평범한 모양의 모달 대화상자 알림 팝업에 결과가 나타나며 사용자의 이메일 주소가 유효하지 않다는 것을 알려준다.

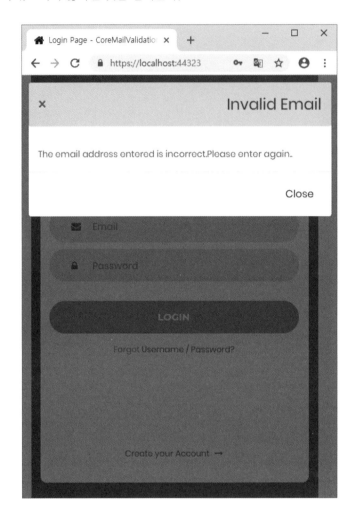

다음과 같이 유효한 이메일 주소를 입력한 후 LOGIN 버튼을 클릭하면 입력한 이메일의 검사가 성공적으로 이뤄진다.

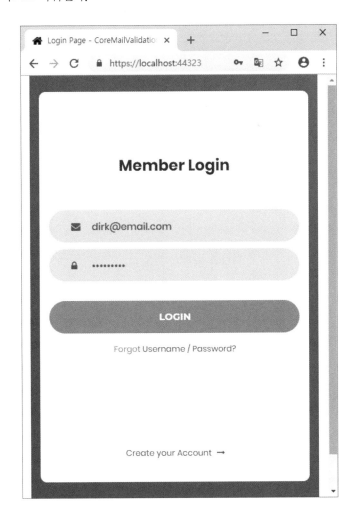

앞서 언급한 것처럼 이메일 유효성 검사는 인증과는 다르다. 이메일이 유효하다면 이후에 인증 과정으로 넘어갈 수 있다. 이 인증 과정에서 사용자 로그인이 성공적으로 인증되면 그제서야 다음과 같은 로그인된 페이지로 리다이렉션된다.

❚ 요약

7장에서는 애저 포털에서 애저 함수를 만드는 방법을 살펴봤다. 애저 함수란 응용 프로그램에서 필요할 때 사용할 수 있는 클라우드에서 동작하는 적은 양의 코드라는 것을 배웠다. 종량제 모델의 가격 정책이므로 실제로 사용한 컴퓨팅 파워의 비용만 지불하면 된다. 이 함수는 웹 응용 프로그램 사용자의 부하가 높아지면 그 요청에 맞게, 필요한 만큼 자동으로 확장된다.

수동으로 브라우저에 URL을 게시해 애저 함수의 코드를 확인하는 과정을 살펴봤다. 그리고 로그인 화면으로만 구성된 ASP.NET Core MVC 응용 프로그램을 만들어봤다. 애저 함수를 사용해 해당 로그인 화면에 입력된 이메일 주소의 유효성을 검사하는 방법을 살펴봤다. 애저 함수는 재미있게 사용할 수 있는 기술이다. 이 부분은 아직 학습할 내용이 많이 남아 있으며 서버리스 기술을 얘기하기에는 7장이 너무 짧다. 이 기술에 관심이 있다면 사용할 수 있는 다른 애저 서비스 템플릿도 살펴보기 바란다.

8장에서는 ASP.NET Core MVC 응용 프로그램과 Tweetinvi라는 C# 라이브러리를 사용해 트위터Twitter 복사본을 만들어본다. 재미있는 내용이 아직 많이 남아 있으니 끝까지 가보자.

08

OAuth를 활용한
트위터 클론

8장에서는 ASP.NET Core MVC로 기본적인 트위터 클론을 만드는 방법을 살펴본다. 진행하게 될 내용은 다음과 같다.

- Twitter's Application Management를 사용해 트위터에 응용 프로그램 생성하기
- ASP.NET Core MVC 응용 프로그램 만들기
- 홈 타임라인 읽어오기
- 트윗 게시하기

Twitter 기능은 .NET 표준이나 NET Core에서 제공되지 않는다.

8장의 작업을 수행하려면 트위터 계정을 만들어야 한다. 다음 경로에서 등록한다.
https://twitter.com/

다행스럽게도 자신의 코드를 무료로 제공하는 헌신적이고 열정적인 많은 개발자가 존재한다. 무료 코드는 깃허브에서 찾을 수 있으며 트위터 기능을 제공하는 ASP.NET Core MVC 응용 프로그램 코드도 여기서 찾을 수 있다. 8장에서 사용하게 될 특정 트위터 라이브러리를 지지하지는 않지만 지금까지 사용해본 라이브러리 중 최고다. 그리고 이 책을 작성하는 시점에도 지속적으로 업데이트되고 있다.

Tweetinvi를 살펴보자.

Tweetinvi 사용하기

브라우저에서 `https://github.com/linvi/tweetinvi`로 이동한다. 다음 내용이 이 라이브러리에 관한 설명의 전부다.

Tweetinvi는 REST와 Stream API를 제공하는 최고의 트위터 C# 라이브러리다. .NET과 .NETCore, UAP, 이식 가능한 클래스 라이브러리(Xamarin) 등을 지원한다.

다시 말해 트위터 클론 응용 프로그램을 만들기 위해서는 이 라이브러리가 필요하다. Tweetinvi는 문서화가 잘돼 있으며 이를 지원하는 커뮤니티도 활성화돼 있다.

ASP.NET Core MVC 트위터 클론 응용 프로그램

모든 기능을 갖춘 트위터 클론 응용 프로그램을 만드는 일은 매우 큰 작업이므로 8장에서 다룰 수 있는 부분이 아니다. 따라서 여기서는 메인 피드(트위터에서 자신이 팔로우한 사용자의 트윗)에서 트윗을 읽어오는 방법과 응용 프로그램에서 트윗을 게시하는 방법을 설명한다.

이 애플리케이션에서는 화려한 UI 요소를 모두 생략하는 대신, 기능을 모두 갖춘 트위터 클론을 만들 수 있는 기본적인 내용을 나중에 설명한다. 다음과 같은 기능을 생각해볼 수 있다.

- 트윗 지우기
- 리트윗하기
- 팔로우하기
- 언팔로우하기
- 쪽지 보내기
- 검색하기
- 프로필 정보 보기

포함시킬 수 있는 많은 기능이 존재하며 확인하고 싶은 다른 기능이 더 있다면 자유롭게 추가할 수 있다. 재미있는 트윗을 간단하게 수집하고 저장하는 방법을 생각해볼 수도 있다.

트윗에서 하트(♡)를 누르면 간단하게 수집하고 저장할 수 있다고 생각할 수 있다. 트윗에서 하트를 누르면 최근에 트윗을 봤다는 것을 누군가에게 쉽게 알릴 수 있다. 멘션은 이보다 더 간단하다. 트위터 사용자들은 단순한 답장보다 트윗에 하트를 누른다(특히 수사학적 질문rhetorical question의 경우).

하지만 트윗에 하트를 누른다고 해서 수집되는 것은 아니다. 하트를 누른 트윗은 자신 계정의 '마음에 들어요'에서 확인할 수 있지만 단순한 하트와 수집한 트윗을 구분할 수 있는 방법은 없다. 하지만 트위터의 모멘트에서는 가능하다.

모멘트는 사용자의 중요한 트윗을 모아 보여준다. 이렇듯 자신이 원하는 대로 사용자의 입맛에 맞게 트위터 클론을 만들 수 있는 부분은 많다. 기초부터 시작해보자.

트위터에서 응용 프로그램 만들기

트위터 클론을 만들기에 앞서 Twitter Application Management 콘솔에 등록해야 한다.

Application Management 콘솔에 접속하려면 브라우저에서 다음 경로로 이동해야 한다.
https://developer.twitter.com/en/apps

1. 다음과 같은 화면이 나타나면 트위터 계정으로 로그인한다.

2. 이전에 만들었던 응용 프로그램이 있다면 목록에서 확인할 수 있으며 Twitter
   Apps 영역의 하단에 나타난다. 만약 개발자 등록을 하지 않았다면 개발자 등록을
   먼저 진행하고 다시 돌아온다. 개발자 등록 방법은 생략한다.

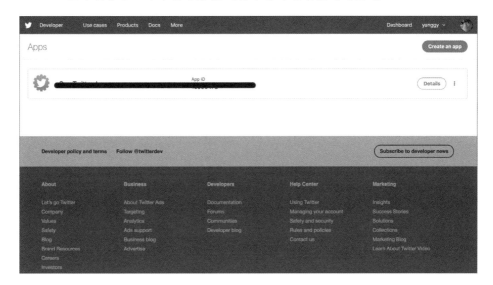

3. Create an app 버튼을 클릭하면 다음과 같은 화면을 볼 수 있다. 응용 프로그램
   의 **이름**Name과 **설명**Description을 입력한다. 응용 프로그램의 **웹 사이트**를 입력한 후
   Callback URL 값을 채워넣는다. 지금은 단순히 http://localhost:50000/[1]을 입
   력하고 응용 프로그램에 이 값을 설정하는 방법은 나중에 설명한다. 다음 스크린
   샷에서 보는 것과 같다.

---

1 예제에서는 'URL 리다이렉션 인증' 방법을 사용하며 이 Callback URL은 나중에 구현하게 될 경로로 수정해야 한다. https://
github.com/linvi/tweetinvi/wiki/Authentication#url-redirect-authentication 참조 - 옮긴이

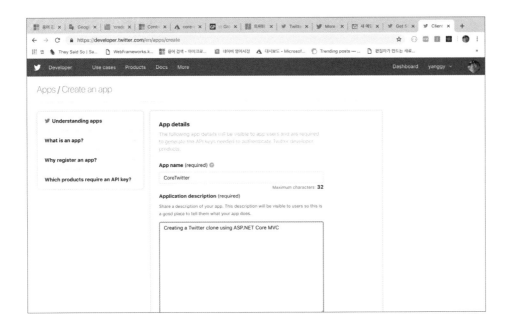

 TIP localhost로 하는 경우 콜백에 문제가 발생한다면 127.0.0.1로 변경한다.

4. 필수 정보를 모두 입력한 후 **Create** 버튼을 누르면 다음과 같은 Review our Developer terms가 나타난다. 모두 확인한 후 **Create** 버튼을 클릭한다.

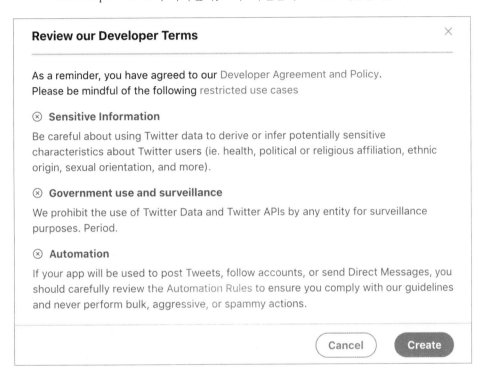

5. 다음과 같이 생성된 응용 프로그램의 요약 정보를 볼 수 있다. 화면 상단에 있는 Keys and tokens 탭을 클릭한다.

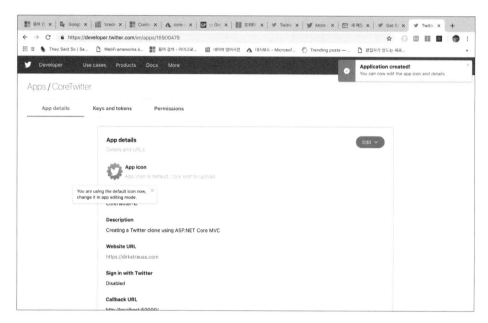

6. 다음과 같이 Consumer API Key와 Consumer API Secret key가 제공되는 응용 프로그램 설정 화면을 볼 수 있다. 이 키를 적어둔다.

7. 페이지 하단의 **Create** 버튼을 클릭하면 다음과 같이 API를 호출할 수 있는 토큰이 생성된다.

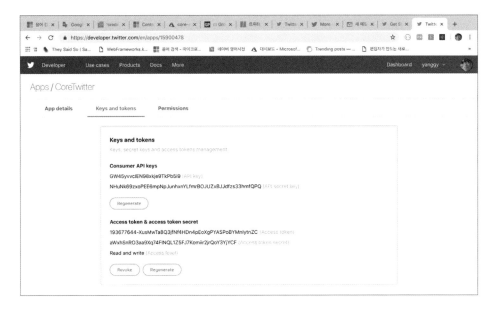

8. 다음과 같이 표시된 Access Token과 Access Token Secret을 마찬가지로 적어둔다.

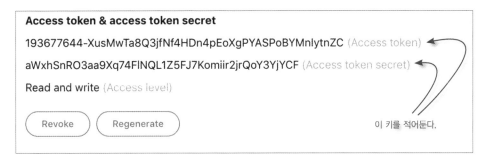

Twitter Application Management 콘솔에서 응용 프로그램을 등록하는 절차를 모두 마쳤다. 다음으로 ASP.NET Core MVC 응용 프로그램을 만들어보자.

ASP.NET Core MVC 응용 프로그램을 만들고 NuGet 패키지 추가하기

이제 다음 순서로 ASP.NET Core MVC 응용 프로그램을 만들고 트위터 기능을 추가해 보자.

1. 비주얼 스튜디오 2017에서 새 **ASP.NET Core 웹 응용 프로그램**을 생성한다. 이 응용 프로그램의 이름은 트위터에 등록한 것과 같다. **확인** 버튼을 클릭한다.

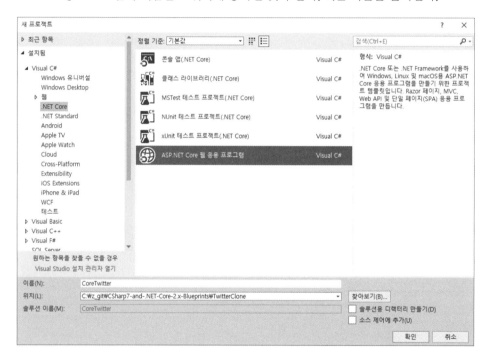

2. 다음 화면에서 **웹 응용 프로그램(모델-뷰-컨트롤러)** 템플릿을 선택한 후 드롭다운에서 ASP.NET Core 2.1을 선택한다. **확인** 버튼을 클릭한다.

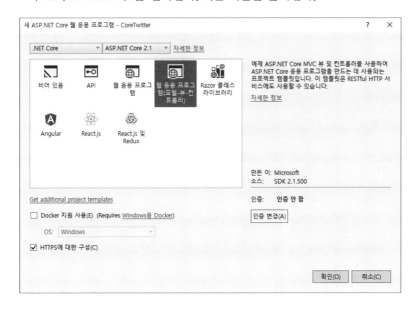

다음과 같이 프로젝트가 생성된다.

3. Tweetinvi NuGet 패키지를 추가하기 위해 다음과 같이 프로젝트에서 마우스 오른쪽 버튼을 클릭한 후 **NuGet 패키지 관리**를 선택한다.

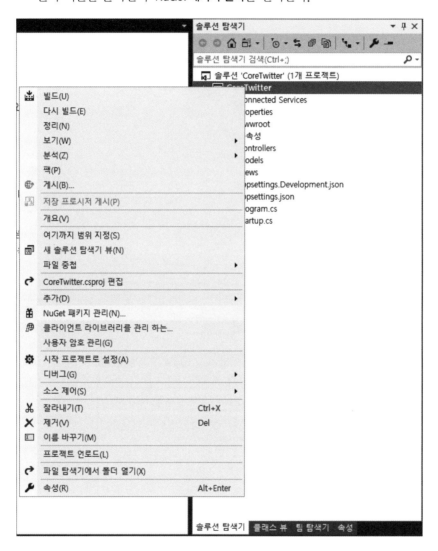

4. **찾아보기** 탭에서 'tweetinvi'를 검색한 후 Linvi라는 개발자가 만든 프로젝트를 선택한다. **설치** 버튼을 클릭해 추가한다.

5. 잠시 후 진행 과정이 끝나면 비주얼 스튜디오 **출력** 창에 다음과 같이 표시된다.

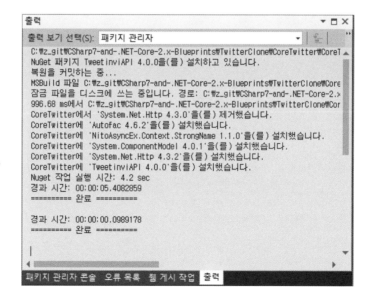

6. 이전에 Twitter Application Management 콘솔에서 설정한 콜백 URL을 URL 로 설정한다. 다음과 같이 프로젝트에서 마우스 오른쪽 버튼을 클릭한 후 **속성**을 클릭한다.

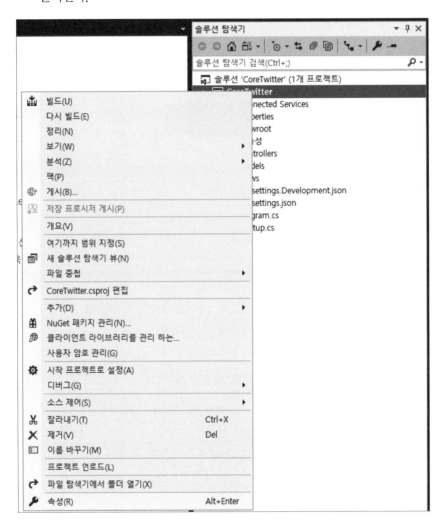

7. 다음과 같이 **디버그** 탭을 선택한 후 '**앱 URL**' 항목에 콜백 URL을 입력한다.

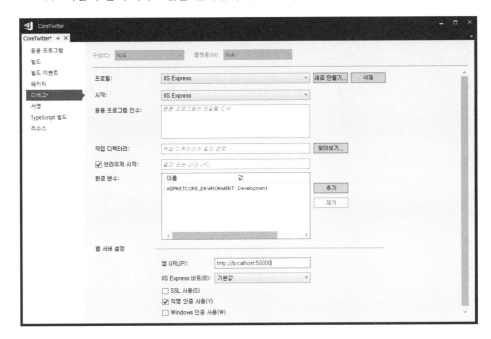

 Application Management 콘솔에서 콜백 URL의 localhost 위치에 127.0.0.1을 설정했다면 여기서도 마찬가지로 127.0.0.1을 설정한다.

8. 설정 값을 저장한 후 코드 창으로 돌아간다.

코드를 작성하고 연동하기 위한 모든 설정이 끝났으면 다음과 같은 순서로 진행한다.

▌ 코드 작성하기

이 프로젝트의 모든 코드는 깃허브에 올라가 있다. 8장의 나머지 부분을 읽어보면서 실행해보기 위해 브라우저에서 다음 URL의 코드를 가져온다.

https://github.com/JungYeolYang/CSharp7-and-.NET-Core-2.x-Blueprints

Classes와 appsettings 설정하기

먼저 다음 과정을 통해 설정을 저장하는 클래스를 만든다.

1. Classes 폴더를 만든 후 이 폴더에 CoreTwitterSettings 클래스를 만든다. 그런 다음 이 폴더에 TweetItem 클래스(이 클래스는 나중에 사용한다)를 추가한다. 나중에 사용하기 위한 css 폴더도 만든다.

2. 여기까지 마치고 나면 프로젝트는 다음과 같은 모양이 된다.

3. CoreTwitterSettings 클래스를 연 후 다음 코드를 추가한다.

```
public class CoreTwitterConfiguration
{
```

```
    public string ApplicationName { get; set; }
    public int TweetFeedLimit { get; set; } = 1;

    public TwitterSettings TwitterConfiguration { get; set; } = new
    TwitterSettings ();
}

public class TwitterSettings
{
    public string Consumer_Key { get; set; }
    public string Consumer_Secret { get; set; }
    public string Access_Token { get; set; }
    public string Access_Secret { get; set; }
}
```

4. appsettings.json 파일을 찾는다. 다음 스크린샷에서 볼 수 있는 것처럼 이 파일
   은 프로젝트의 루트 경로에 있다.

5. 이 appsettings.json 파일을 연 후 편집하기 위해 더블 클릭한다. 이 파일의 기본적인 내용은 다음 모양과 비슷하다.

```
{
    "Logging": {
        "IncludeScopes": false,
        "LogLevel": {
            "Default": "Warning"
        }
    }
}
```

6. 이 파일을 수정해 저장하려는 설정을 추가한다. appsettings.json 파일의 목적은 응용 프로그램의 모든 설정을 저장하는 것이다.

7. Consumer Key와 Consumer Secret keys를 추가한다. BaseUrl은 이전에 Callback URL로 설정했던 값을 사용한다. 설정에 이러한 값을 저장해두는 것이 편리할 경우가 있다. 홈 타임라인으로 오는 트윗을 제한하기 위해 TweetFeedLimit 설정도 생성한다.

> ⓘ 자신의 Consumer Key와 Consumer Secret은 예제의 값과는 다르기 때문에 이 값을 적절하게 변경한다.

8. appsettings.json 파일을 수정하면 다음과 같은 모양이 된다.

```
{
    "Logging": {
        "IncludeScopes": false,
        "LogLevel": {
            "Default": "Warning"
        }
    },
    "CoreTwitter": {
```

```
        "ApplicationName": "Twitter Core Clone (local)",
        "TweetFeedLimit": 10,
        "BaseUrl": "http://localhost:50000/",
        "TwitterConfiguration": {
            "Consumer_Key": "[자신의_CONSSUMER_KEY]",
            "Consumer_Secret": "[자신의_CONSUMER_SECRET]",
            "Access_Token": "",
            "Access_Secret": ""
        }
    }
}
```

9. CoreTwitterSettings 클래스를 보면 appsettings.json 파일의 JSON과 어느 정도 비슷한 모양이라는 것을 알 수 있다.

10. 비주얼 스튜디오 솔루션에서 Startup.cs 파일을 찾아서 연다. 비주얼 스튜디오 2017에서 이 클래스에 자동으로 생성한 코드를 볼 수 있다. 그중 Configure Services 메서드를 살펴보면 다음과 비슷하다.

```
public void ConfigureServices (IServiceCollection services) {
    services.AddMvc ();
}
```

11. ASP.NET Core 1.1 이후로 Get<T>문을 통해 모든 섹션section을 사용할 수 있게 됐으며 예제에서 이 설정이 동작하도록 다음과 비슷하게 이 메서드의 코드를 수정한다.

```
public void ConfigureServices (IServiceCollection services)
{
    services.AddMvc ();

    var section = Configuration.GetSection ("CoreTwitter");
    services.Configure<CoreTwitterConfiguration> (section);
}
```

appsettings.json 파일에 정의된 CoreTwitter 섹션을 불러오는 코드다.

TweetItem 클래스 만들기

TweetItem 클래스는 단순히 특정 트윗의 URL을 포함한다. 전혀 복잡한 클래스는 아니지만 활용도가 좋다는 것은 나중에 명확히 알게 된다. 지금은 그냥 다음 코드를 추가한다.

```
public class TweetItem
{
    public string Url { get; set; }
}
```

이 URL을 통해 특정 트윗의 URL이 저장된다.

CSS 설정하기

<blockquote> HTML 태그를 트윗에 사용하기 위해 CSS 파일을 자신의 CSS 폴더에 추가한다. 예제에서는 사용하지 않겠지만 나중에 자신의 응용 프로그램을 만들고 CSS로 트윗에 <blockquote> 스타일을 줄 수 있다.

8장을 완료한 후 이 응용 프로그램을 더 개선하지 않으려면 CSS 파일을 추가하는 이 부분의 설명은 건너뛰어도 된다. 하지만 이 응용 프로그램을 계속 사용할 생각이라면 다음을 참조하라.

1. 솔루션의 CSS 폴더에서 마우스 오른쪽 버튼을 클릭한 후 새 항목을 추가한다. 다음 스크린샷처럼 이름을 site.css로 변경한 후 **추가** 버튼을 클릭한다.

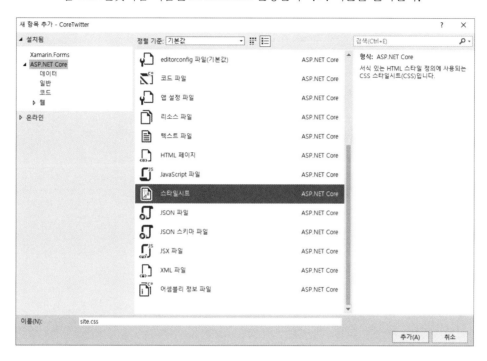

2. site.css 파일의 내용을 지운 후 css를 추가한다.

```css
blockquote.twitter-tweet {
    display: inline-block;
    font-family: "Helvetica Neue", Roboto, "Segoe UI", Calibri, sans-
serif;
    font-size: 12px;
    font-weight: bold;
    line-height: 16px;
    border-color: #eee #ddd #bbb;
    border-radius: 5px;
    border-style: solid;
    border-width: 1px;
    box-shadow: 0 1px 3px rgba(0, 0, 0, 0.15);
    margin: 10px 5px;
```

```
        padding: 0 16px 16px 16px;
        max-width: 468px;
    }

    blockquote.twitter-tweet p {
        font-size: 16px;
        font-weight: normal;
        line-height: 20px;
    }

    blockquote.twitter-tweet a {
        color: inherit;
        font-weight: normal;
        text-decoration: none;
        outline: 0 none;
    }

    blockquote.twitter-tweet a:hover,
    blockquote.twitter-tweet a:focus {
        text-decoration: underline;
    }
```

이 부분을 좀 더 알고 싶다면 다음 경로의 트위터 개발자 문서에서 CSS 부분을 살펴보라.

https://developer.twitter.com/en/docs/twitter-for-websites/embedded-tweets/guides/css-for-embedded-tweets

컨트롤러 추가하기

이제 컨트롤러를 추가한다. 컨트롤러는 응용 프로그램의 요청에 대한 응답을 처리한다.

1. Controllers 폴더에 TwitterController 컨트롤러를 추가한다. 이 컨트롤러는 새 트윗을 작성하고 새 트윗을 게시한다. 이 컨트롤러는 나중에 다시 살펴보며 지금은 단지 생성만 한다. 컨트롤러를 추가하고 나면 솔루션은 다음과 같은 모양이 된다.

2. 기본적으로 비주얼 스튜디오에서는 ASP.NET Core MVC 응용 프로그램을 생성할 때 HomeController가 추가된다. HomeController를 열고 이 클래스의 내용을 살펴보자. 다음 using문을 HomeController 클래스에 추가한다.

```
using Tweetinvi;
using Tweetinvi.Models;
```

---

3. 먼저 이 예제의 클래스에서 사용할 응용 프로그램 설정을 `appsettings.json`에 저장한다. 이 설정을 추가하기 위해 앞서 `Startup.cs` 파일을 수정했던 부분을 떠올린다.

4. `HomeController` 클래스의 상단에 다음 코드를 추가한다.

```
CoreTwitterConfiguration config;
```

5. 이 코드 라인 다음에 `CoreTwitterConfiguration` 클래스를 컨트롤러 범위 안으로 가져오는 생성자를 다음과 같이 추가한다.

```
public HomeController (IOptions<CoreTwitterConfiguration> options)
{
    config = options.Value;
}
```

6. 다음으로 access token과 access secret을 갖고 있는지 여부를 확인하는 Home Controller 클래스의 `Index` 액션을 수정한다. 앞서 `appsettings.json` 파일에 빈 값을 남겨둔 것을 본 기억이 있을 것이다. 이 값이 비어 있다면 사용자는 인증되지 않은 것이고 이 사용자는 `HomeController`의 `AuthenticateTwitter` 액션으로 리다이렉션된다.

```
public IActionResult Index ()
{
    try
    {
        if (String.IsNullOrWhiteSpace (config.TwitterConfiguration.
Access_Token)) throw new Tweetinvi.Exceptions.
TwitterNullCredentialsException ();
        if (String.IsNullOrWhiteSpace (config.TwitterConfiguration.
Access_Secret)) throw new Tweetinvi.Exceptions.
TwitterNullCredentialsException ();
    }
```

```
        catch (Tweetinvi.Exceptions.TwitterNullCredentialsException ex)
        {
            return RedirectToAction ("AuthenticateTwitter");
        }
        catch (Exception ex)
        {
            // 여기서 오류 페이지로 리다이렉션한다.
        }
        return View ();
}
```

7. 이제 AuthenticateTwitter 액션을 만들어보자. 이 액션을 만들기 위해서는 사용자 자격 증명consumer credentials이 필요하다. 이 정보는 Twitter Application Management 콘솔에서 복사해 appsettings.json 파일에 추가했다. 이제 이와 같이 설정 값을 appsettings.json 파일에 저장하는 방법의 이점을 확인할 수 있다.

8. AuthenticateTwitter 액션은 단순히 ConsumerCredentials 객체에 the consumer key와 consumer secret를 전달한다. 자격 증명 확인이 끝나면 이후에 만들게 될 ValidateOAuth 액션으로 라우팅된다.

```
public IActionResult AuthenticateTwitter ()
{
    var coreTwitterCredentials = new ConsumerCredentials (config.
TwitterConfiguration.Consumer_Key, config.TwitterConfiguration.Consumer_
Secret);
    var callbackURL = "http://" + Request.Host.Value + "/Home/
ValidateOAuth";
    var authenticationContext = AuthFlow.InitAuthentication
(coreTwitterCredentials, callbackURL);
    return new RedirectResult (authenticationContext.AuthorizationURL);
}
```

9. 여기서 OAuth 사용자 인증을 위해 트위터로 리다이렉션하고 다시 이 Callback URL[2]을 통해 ASP.NET Core 응용 프로그램으로 리다이렉션된다. 이 코드는 쉽게 이해할 수 있지만 한 가지 기억해야 할 점은 userCredentials.AccessToken과 userCredentials.AccessTokenSecret이 userCredentials 객체에서 반환된다는 것이다. 예제에서는 이 값들을 설정에 추가했지만 실제로는 다른 곳에(데이터베이스에 암호화해) 저장하게 될 것이다. 그러면 이 응용 프로그램을 매번 직접 인증하지 않고도 사용할 수 있다.

```
public ActionResult ValidateOAuth ()
{
    if (Request.Query.ContainsKey ("oauth_verifier") &&
        Request.Query.ContainsKey ("authorization_id"))
    {
        var oauthVerifier = Request.Query["oauth_verifier"];
        var authId = Request.Query["authorization_id"];
        var userCredentials =
                AuthFlow.CreateCredentialsFromVerifierCode (oauthVerifier,
authId);
        var twitterUser =
            Tweetinvi.User.GetAuthenticatedUser (userCredentials);
        config.TwitterConfiguration.Access_Token =
            userCredentials.AccessToken;
        config.TwitterConfiguration.Access_Secret =
            userCredentials.AccessTokenSecret;
        ViewBag.User = twitterUser;
    }
    return View ();
}
```

ValidateOAuth 컨트롤러 액션을 살펴봤으므로 이제 같은 이름의 뷰를 만들고 이 페이지로 라우팅해보자. 이 페이지는 사용자에게 성공적으로 인증됐다는 정보를 알려준다.

---

2 트위터 설정의 Callback URL을 이 URL로 변경한다. http://localhost:50000/Home/ValidateOAuth - 옮긴이

뷰 만들기

뷰와 일반적인 HTML 페이지는 다르다. ASP.NET Core MVC 응용 프로그램의 페이지는 뷰에 의해 표현된다. 앞서 언급했던 것처럼 컨트롤러는 요청을 받아 처리한다. 이 컨트롤러는 다른 컨트롤러 액션으로 리다이렉션할 수 있으며, 이때도 뷰를 반환할 수 있다.

1. 계속 응용 프로그램용 뷰를 만든다. Home 폴더를 펼친 후 Home 폴더에 Validate OAuth 뷰를 추가한다. 다음과 같이 모델이 없는 뷰를 생성한다.

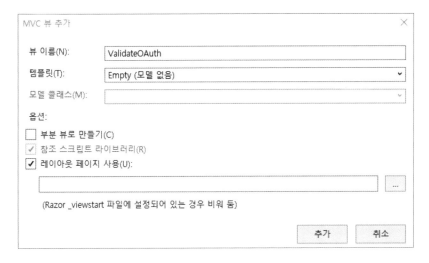

2. Views 폴더에 Twitter 폴더를 새로 추가한 후 이 폴더에 ComposeTweet 뷰와 HomeTimeline 뷰를 추가한다. 이 작업을 마치면 이 응용 프로그램은 다음과 같은 모양이 된다.

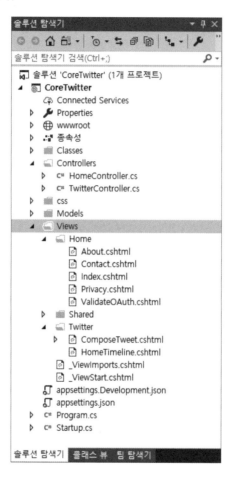

3. ValidateOAuth 뷰를 연 후 다음과 같이 마크업을 추가한다.

```
@if (@ViewBag.User != null)
{
    <h2>OAuth Authentication Succeeded!</h2>
    <p>
```

```
            Welcome to the CoreTwitter Demo Application
            <b>@ViewBag.User.Name</b>. You have been successfully
authenticated
            via Twitter.
        </p>
        <div class="row">
            <div class="col-md-4">
                <h2>Go to your home feed</h2>
                <p>
                    See what's new on your home feed.
                </p>
                <p>
                    <a class="btn btn-default"
                        href="/Home/GetHomeTimeline">Home &raquo;</a>
                </p>
            </div>
        </div>
    }
    else
    {
        <h2>OAuth Authentication failed!</h2>
        <p>
            An error occurred during authentication. Try <a href="/Home/
TwitterAuth">authenticating</a> again.
        </p>
    }
```

이 마크업을 살펴보면 사용자에게 인증 상태를 알려주는 것이 전부라는 것을 알 수 있다. 인증되면 사용자는 홈 피드에서 자신이 트위터에서 팔로우한 사람의 트윗을 모두 확인할 수 있다.

Home 컨트롤러의 GetHomeTimeline 액션을 호출하는 방법에 주목한다. 버튼 링크에 다음 href를 볼 수 있다.

```
href="/Home/GetHomeTimeline"
```

이는 사용자를 컨트롤러의 액션으로 라우팅하는 방법 중 하나이며 나중에 더 나은 방법을 소개할 것이다.

성공적으로 인증된 사용자가 Home 링크를 클릭하면 자신이 팔로우한 사람의 트윗을 볼 수 있으며 GetHomeTimeline 액션이 호출된다. 이 액션을 추가하기 위해 HomeController를 계속 수정해보자.

HomeController 수정하기

HomeController로 다시 돌아가 GetHomeTimeline라는 액션을 새로 추가한다. 이 액션은 사용자 자격 증명을 사용해 인증된 사용자의 홈 타임 라인 트윗을 찾는다. 사용자 자격 증명은 다음과 같은 항목으로 구성된다.

- Consumer key
- Consumer secret
- Access token
- Access secret

이 항목들은 모두 CoreTwitterConfiguration 객체에서 왔다는 것을 알 수 있을 것이다. 트위터 피드는 이 제한limit 설정 값에 따라 구성된다. 예제에서는 10으로 설정했기 때문에 10개의 트윗만 표시된다. 피드에 있는 모든 트윗의 URL을 추출하고 TweetItem(앞서 만들었던 클래스) 유형의 목록에 추가한다. 모든 기능이 잘 동작하면 HomeTimeline 뷰로 라우팅된다.

GetHomeTimeline 액션에 다음 코드를 추가한다.

 homeView라는 TwitterViewModel 인스턴스를 참조하는 코드에서 오류가 발생한다. 이 오류는 다음 단계에서 바로잡는다.

이 액션의 모양은 다음과 같다.

```
public IActionResult GetHomeTimeline()
{
    TwitterViewModel homeView = new TwitterViewModel();

    try
    {
        if (config.TwitterConfiguration.Access_Token == null) throw new
Tweetinvi.Exceptions.TwitterNullCredentialsException();
        if (config.TwitterConfiguration.Access_Secret == null) throw new
Tweetinvi.Exceptions.TwitterNullCredentialsException();

        var userCredentials = Auth.CreateCredentials(
            config.TwitterConfiguration.Consumer_Key
            , config.TwitterConfiguration.Consumer_Secret
            , config.TwitterConfiguration.Access_Token
            , config.TwitterConfiguration.Access_Secret);

        var authenticatedUser = Tweetinvi.User.GetAuthenticatedUser(userCredentia
ls);

        IEnumerable<ITweet> twitterFeed = authenticatedUser.
GetHomeTimeline(config.TweetFeedLimit);

        List<TweetItem> tweets = new List<TweetItem>();
        foreach (ITweet tweet in twitterFeed)
        {
            TweetItem tweetItem = new TweetItem();

            tweetItem.Url = tweet.Url;
            tweets.Add(tweetItem);
        }

        homeView.HomeTimelineTweets = tweets;
    }
    catch (Tweetinvi.Exceptions.TwitterNullCredentialsException ex)
    {
```

```
        return RedirectToAction("AuthenticateTwitter");
    }
    catch (Exception ex)
    {

    }

    return View("Views/Twitter/HomeTimeline.cshtml", homeView);
}
```

앞서 언급한 것처럼 아직 TwitterViewModel 모델이 없기 때문에 오류가 발생한다. 다음
단계에서 이 모델을 만든다.

TwitterViewModel 클래스 만들기

TwitterViewModel 클래스는 HomeTimelineTweets이라는 속성의 TweetItem 컬렉션을 갖
는 매우 단순한 클래스다.

다음과 같이 프로젝트에 모델을 추가해보자.

1. Models 폴더에서 마우스 오른쪽 버튼을 클릭해 TwitterViewModel 클래스를 추
   가한 후 이 클래스에 다음 코드를 추가한다.

```
public class TwitterViewModel
{
    public List<TweetItem> HomeTimelineTweets { get; set; }
}
```

2. 이 클래스에 다음 using 구분을 추가한다.

```
using CoreTwitter.Classes;
```

여기까지가 전부다. 나중에 이 TweetItem 클래스를 확장하려면(이 앱에 기능을 추가하려면) 이 모델에서는 Razor에서 사용하기 위한 정보를 뷰로 전달해야 한다.

HomeTimeline 뷰 만들기

앞서 만든 HomeController의 GetHomeTimeline 액션을 생각해보면 HomeTimeline 뷰로 라우팅했던 것이 기억날 것이다. 이 뷰에 홈 타임라인의 트윗을 렌더링하기 위한 로직을 추가한다.

다음과 같이 홈 타임라인을 위한 뷰를 추가한다.

1. HomeTimeline.cshtml 파일을 연 후 다음과 같이 마크업을 추가한다.

```
@model TwitterViewModel
@{
    ViewBag.Title = "What's happening?";
}
<h2>Home - Timeline</h2>
<div class="row">
    <div class="col-md-8">
        @foreach (var tweet in Model.HomeTimelineTweets)
        {
            <blockquote class="twitter-tweet">
                <p lang="en" dir="ltr">
                    <a href="@Html.DisplayFor(m => tweet.Url)"></a>
            </blockquote>
            <script async
                    src="https://platform.twitter.com/widgets.js"
                    charset="utf-8"></script>
        }
    </div>
    <div class="col-md-4">
        <h2>Tweet</h2>
        <p>What's happening?</p>
        <a class="btn btn-default" asp-controller="Twitter" asp-
```

```
action="ComposeTweet">Tweet &raquo;</a>
    </div>
</div>
```

먼저 파일 상단의 @model TwitterViewModel문에 주목하기 바란다. 이는 모델에 저장된 값을 뷰에서 사용할 수 있도록 해준다. 이 뷰의 동작은 이 모델의 HomeTimelineTweets 속성에 포함된 트윗 컬렉션을 반복하면서 페이지에 표시하기 위한 트위터 목록을 만드는 것이다.

이외에 주목할 만한 부분은 트윗 링크에 있는 asp-controller와 asp-action 태그 헬퍼다. 앞서 ValidateOAuth 뷰에서 살펴본 href의 동작과는 달리, 특정 컨트롤러의 특정 액션으로 라우팅하기 위한 더 확실한 방법이다.

끝으로 widgets.js 참조를 사용하면 트윗의 스타일을 직접 지정하지 않고 트위터에서 제공하는 방식으로 처리할 수 있다. 이는 다음 항목에서 설명한다.

2. 마크업은 다음 URL을 통해 받는다.

https://publish.twitter.com/#

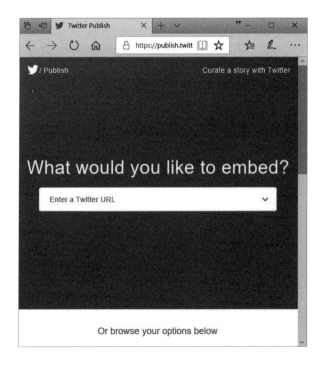

3. 다음과 같이 드롭다운에서 추가하고자 하는 옵션으로 'A Tweet'을 선택한다.

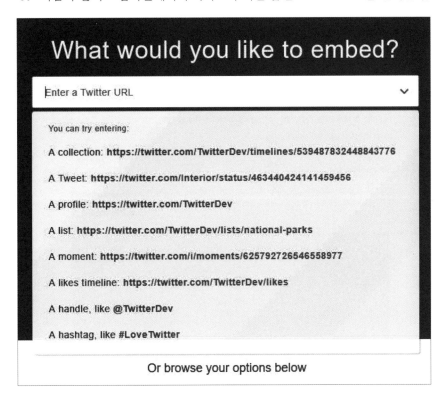

4. 사용할 수 있는 예제 코드가 표시되면 Copy Code 버튼을 클릭한다. 여기까지가 사용 방법의 전부이며 이러한 방법 외에도 자신만의 방법으로 해보는 것도 좋다.

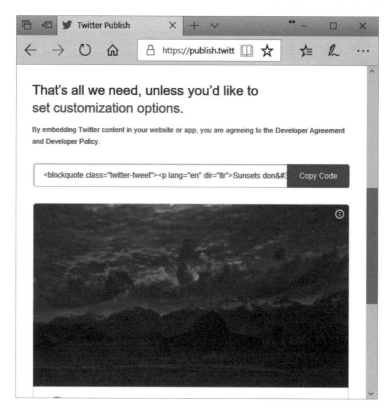

5. 복사한 코드는 다음과 비슷하다.

```
<blockquote class="twitter-tweet">
<p lang="en" dir="ltr">Sunsets don't get much better than
this one over <a href="https://twitter.com/GrandTetonNPS?
ref_src=twsrc%5Etfw">@GrandTetonNPS</a>.
<a href="https://twitter.com/hashtag/nature?
src=hash&amp;ref_src=twsrc%5Etfw">#nature</a>
<a href="https://twitter.com/hashtag/sunset?
src=hash&amp;ref_src=twsrc%5Etfw">#sunset</a>
<a href="http://t.co/YuKy2rcjyU">pic.twitter.com/YuKy2rcjyU</a>
```

```
</p>&mdash; US Department of the Interior (@Interior)
<a
href="https://twitter.com/Interior/status/463440424141459456?
ref_src=twsrc%5Etfw">May 5, 2014</a>
</blockquote>
<script async src="https://platform.twitter.com/widgets.js"
charset="utf-8"></script>
```

6. 이 코드를 자신의 페이지에 맞는 스타일로 수정한다. 반복적으로 모든 트윗에 반영되도록 할 수 있으며 코드의 모양은 다음과 같다.

```
@foreach (var tweet in Model.HomeTimelineTweets)
{
    <blockquote class="twitter-tweet">
        <p lang="en" dir="ltr">
            <a href="@Html.DisplayFor(m => tweet.Url)"></a>
    </blockquote>
    <script async
            src="https://platform.twitter.com/widgets.js"
            charset="utf-8"></script>
}
```

이 코드에는 해당 트위터 URL의 링크가 포함된다.

TwitterController 클래스 수정하기

이제 사용자가 트윗을 전송할 수 있도록 처리하는 부분을 살펴본다.

TwitterController 클래스를 연 후 ComposeTweet 액션과 PublishTweet 액션을 추가한다. TwitterController 클래스는 단순하며 코드는 다음과 같다.

```
public class TwitterController : Controller
{
    public IActionResult ComposeTweet ()
    {
        return View ();
    }
    public IActionResult PublishTweet (string tweetText)
    {
        var firstTweet = Tweet.PublishTweet (tweetText);
        return RedirectToAction ("GetHomeTimeline", "Home");
    }
}
```

ComposeTweet 액션은 단순히 사용자에게 트윗을 작성할 수 있는 뷰를 반환해준다. 앞서 만든 ComposeTweet 뷰를 기억할 것이다. PublishTweet 액션도 단순하며 작성한 트윗의 텍스트를 Tweetinvi.Tweet 클래스의 PublishTweet 메서드로 전달한다. 그런 다음 작성한 트윗을 볼 수 있는 홈 타임라인으로 리다이렉션한다.

마지막 작업은 ComposeTweet 뷰를 수정하는 것이다. 다음 절에서 진행한다.

ComposeTweet 뷰로 마무리하기

ComposeTweet 뷰를 사용해 마무리 작업을 한다.

ComposeTweet 뷰를 연 후 다음과 같이 마크업을 추가한다.

```
@{
    ViewData["Title"] = "Tweet";
}

<h2>Tweet</h2>

<form method="post" asp-controller="Twitter" asp-action="PublishTweet">
```

```
    <div class="form-group">
        <label for="tweet">Tweet : </label>
        <input type="text" class="form-control" name="tweetText" id="tweetText"
value="What's happening?" />
    </div>

    <div class="form-group">
        <input type="submit" class="btn btn-success" />
    </div>
</form>
```

호출할 컨트롤러와 액션을 정의하기 위해 태그 헬퍼를 사용하고 있다는 점에 다시 주목한
다. 하지만 이번에는 <form> 태그에서 사용하고 있다. 응용 프로그램을 실행할 준비를 마
쳤다. 이제 이 응용 프로그램이 어떻게 동작하는지 살펴보자.

▌ CoreTwitter 응용 프로그램 실행하기

모두 정확하게 만들어졌는지 확인하기 위해 프로젝트 빌드를 수행한 후 응용 프로그램을
디버깅한다. 인증받은 적이 없으므로 인증을 위해 트위터로 리다이렉션하게 된다.

이 페이지는 자주 봤던 화면이다.

1. 많은 웹 응용 프로그램에서 인증하려면 OAuth를 사용해야 한다. 계속 진행하려면 다음 화면에서 Authorize app 버튼을 클릭한다.

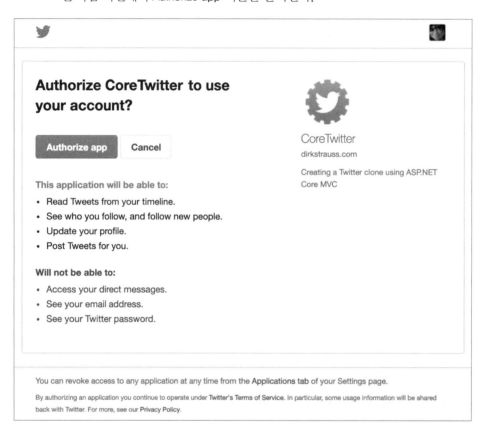

2. 리다이렉션 안내 문구가 나타나고 잠시 후 리다이렉션된다. 인터넷 연결 상태에 따라 차이가 날 수 있다.

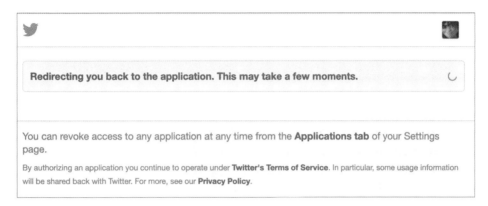

3. CoreTwitter 응용 프로그램으로 리다이렉션되면 다음과 같이 OAuth Authentication Succeeded라는 메시지가 화면에 표시되는 것을 볼 수 있다. Home 버튼을 클릭 해 HomeTimeline으로 진입한다.

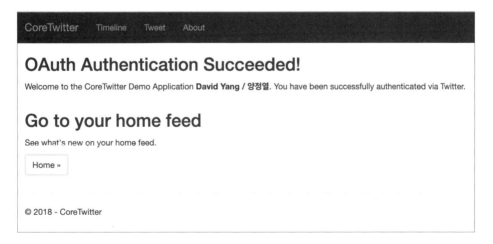

4. HomeController의 GetHomeTimeline 액션이 호출되고 사용자를 HomeTimeline 뷰로 리다이렉션하게 되며 다음과 같은 페이지에서 트윗을 확인할 수 있다.

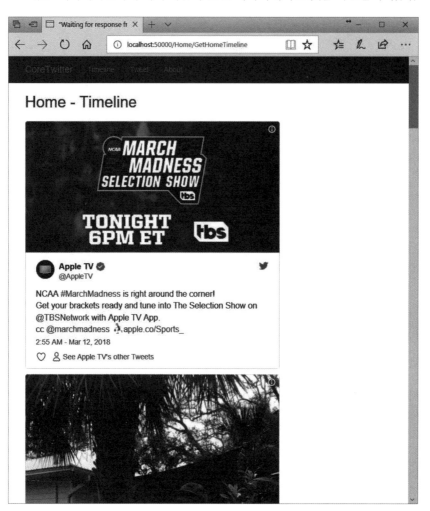

5. 트윗을 스크롤해보면(10개만 표시된다는 것을 기억한다), 다음과 같이 재생 버튼으로 볼 수 있는 동영상이 포함된 것을 알 수 있다.[3]

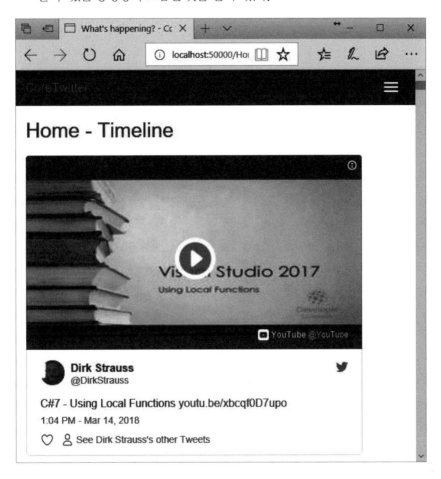

---

3 저자의 트위터에 표시되는 동영상 – 옮긴이

6. 타임라인에 다양한 매체의 트윗 미리 보기와 텍스트로 구성된 트윗을 볼 수 있다. 모든 링크는 완벽하게 동작하며 클릭하면 그 내용을 볼 수 있다.

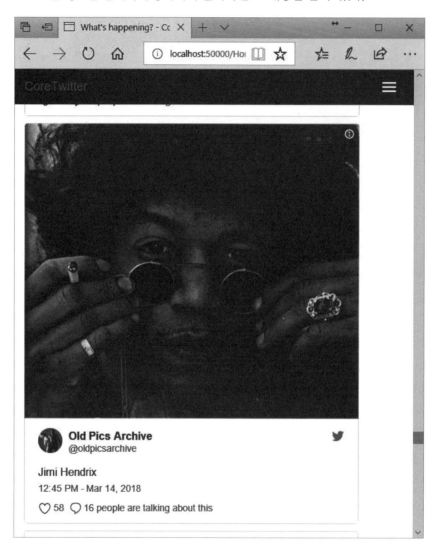

7. 타임라인의 맨 하단으로 스크롤하면 Tweet 버튼을 확인할 수 있다(이 버튼이 상단에 보인다면 브라우저의 크기를 줄인다). 클릭하면 새 트윗을 작성할 수 있다.

8. ComposeTweet 뷰에서 다음과 같이 트윗의 내용을 입력한 후 **제출** 버튼을 클릭한다.

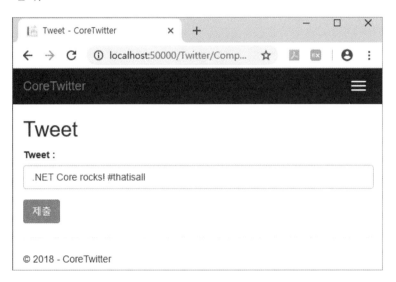

9. 트위터에 트윗이 게시되고 새로 게시된 트윗을 확인할 수 있는 홈 타임라인으로 다시 리다이렉션된다.

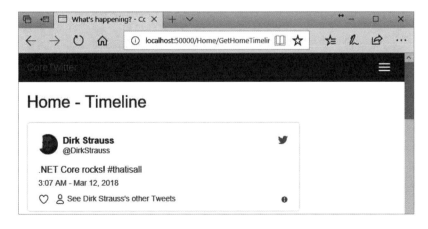

다음 URL에서 해당 트윗을 볼 수 있다.

https://twitter.com/DirkStrauss/status/973002561979547650

벌써 지금이 새벽 3:07 이다. #여기까지.

▌ 요약

8장을 되돌아보면 정말 많은 내용을 진행했다. https://github.com/linvi/tweetinvi에 있는 Tweetinvi 문서와 깃허브의 코드를 살펴보기 바란다. 8장에서는 Twitter Application Management 콘솔에 응용 프로그램을 등록하는 방법을 살펴봤다. Tweetinvi NuGet 패키지를 통해 ASP.NET Core MVC 응용 프로그램에 트위터 기능을 쉽게 추가할 수 있었다. 또한 라우팅과 컨트롤러, 모델, 뷰 그리고 `appsetting.json` 파일에 설정 값을 저장하는 방법을 살펴봤다.

OAuth를 통해 직접 인증하고 트위터 홈 타임라인에서 10개의 최신 트윗을 읽어왔다. 끝으로 트윗을 게시하고 홈 타임라인에서 확인했다.

아직도 트위터 클론 응용 프로그램으로 할 수 있는 것들이 많이 남아 있다. 8장이 재미있었길 바라며 특정 워크플로를 계속 개선하면서 자신의 것으로 만들어보길 바란다.

9장, '도커와 ASP.NET Core 활용'에서는 도커를 살펴보고 소프트웨어 개발자에게 어떤 의미가 있는지 알아본다. 도커 컨테이너에서 ASP.NET Core MVC 응용 프로그램을 구동하는 방법도 살펴본다.

09

도커와 ASP.NET Core 활용

9장에서는 도커의 동작 방식에 관해 살펴본다. 도커에 관해 들어본 적은 있지만 아직 사용해볼 기회가 없었을 수도 있다. 9장에서는 다음과 같은 내용을 살펴본다.

- 도커란 무엇인가?
- 이미지와 컨테이너
- 도커가 웹 개발자에게 주는 이점
- 윈도우 10 Pro에 도커 설치하기
- 도커를 실행하고 공유 드라이브 선택하기
- 윈도우 방화벽으로 인한 공유 드라이브 문제 해결하기
- 비주얼 스튜디오 2017과 도커를 통합하는 방법
- ASP.NET Core MVC 응용 프로그램을 만들고 컨테이너에서 실행하기
- 깃허브를 통한 도커 허브 사용과 자동 빌드 설정하기

도커의 신세계로 들어가보자.

▌도커란 무엇인가?

도커를 사용하기 전에 도커란 무엇인지 살펴보자. 다음 경로의 'Why Docker?' 웹 페이지를
보면 도커가 무엇인지 확인할 수 있다.

https://www.docker.com

이 페이지에서 도커는 컨테이너 플랫폼이라고 소개한다. 처음 보는 관점에서는 잘 이해가
가지 않는다. 하지만 좀 더 살펴보면 도커를 통해 응용 프로그램의 개발 과정을 단순화하
고 이러한 응용 프로그램을 다양한 환경에서 제공하고 실행할 수 있다는 것을 알 수 있다.
여기서 다양한 환경이란 개발과 테스트, 사용자 인수 테스트, 상용 환경 등이 될 수 있다.

도커는 이미지와 컨테이너를 사용한다. 다음의 도커 로고를 보면 컨테이너 개념이 이 로
고에 포함돼 있다는 것을 알 수 있다.

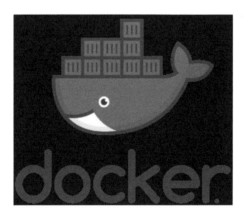

화물 설계자$^{Cargo\ planner}$는 화물선에 컨테이너를 쌓는 방법에 주의를 기울여야 한다. 화물선
에서 컨테이너의 위치를 선정할 때 컨테이너 목적지를 염두에 둬야 한다.

예컨대 중동 지역으로 가야 하는 컨테이너는 일본 도쿄 지역으로 가는 컨테이너 하단에 선적할 수 없다. 이는 아래 있는 컨테이너를 하역하려면 위에 있는 컨테이너를 다른 곳으로 옮겼다가 다시 이 컨테이너를 가져와야 한다. 화물 물류 효율성을 최적화하기 위해 컨테이너의 위치는 매우 신중하게 계획돼야 한다.

도커는 이 컨테이너 사용 방식과 비슷하다. **컨테이너**^{container}와 **이미지**^{image}라는 용어를 좀 더 명확하게 알아보자.

이미지와 컨테이너

도커 이미지는 도커 컨테이너를 만드는 데 사용하는 파일이다. 이 파일은 도커에서 동작하는 컨테이너를 만들기 위해 필요한 설계도라고 할 수 있다. 이미지는 계층형 파일 시스템으로 컨테이너 인스턴스를 생성하는 데 필요한 공용 파일을 공유하기 위한 읽기 전용^{read-only} 템플릿이다.

컨테이너는 이러한 이미지로부터 생성된 인스턴스라고 말할 수 있다. 컨테이너는 안전하게 격리되고 시작 및 중지, 이동, 삭제할 수 있다.

도커는 어디에서 동작하는가?

앞서 언급한 것처럼 화물선에 비유하자면 이 화물선은 개발 환경이나 테스트 환경, 상용 환경을 나타낸다.

도커는 기본적으로 다음과 같은 운영체제에서 동작한다.

- 리눅스
- 윈도우 서버 2016
- 윈도우 10

또한 도커는 다음과 같은 클라우드에서도 동작한다.

- 아마존 EC2
- 구글 컴퓨트 엔진^{Google Compute Engine}
- 애저^{Azure}
- 랙스페이스^{Rackspace}

도커는 매우 유연하며 토커를 사용하면 개발자에게 많은 이점이 있다는 것을 알 수 있다. 웹 개발자에게 주는 도커의 이점을 확인해보자.

도커가 웹 개발자에게 주는 이점

도커는 웹 개발자에게 몇 가지 이점을 제공한다. 자신이 개발자와 테스터, 디자이너 등이 혼재된 환경에서 일한다면 프로토타입보다는 실제 응용 프로그램으로 협업하는 것을 선호할 것이다. 보통은 이 응용 프로그램을 서버에 설정하고 SQL 데이터베이스에 연결한 후 이 서버의 사이트에 접속하는 각각의 사용자 권한을 관리한다. 반면, 도커에서는 컨테이너를 만들고 개발자나 디자이너의 장비를 별도로 쉽게 동작시킬 수 있다.

앞서 도커 컨테이너는 안전하게 격리된다고 언급했다. 이와 같은 이유로 컨테이너에서 응용 프로그램의 충돌이 제거된다. 어느 정도 개발이 진행됐다면 상용 서버에 응용 프로그램을 배포해야 한다. 만약 이 응용 프로그램의 프레임워크를 업그레이드하는 경우라면 이 업그레이드 결과가 다른 응용 프로그램과 충돌할 수 있다. 하지만 토커를 사용하면 해당 환경 안에 있는 다른 시스템에 영향을 미치지 않고 격리된 컨테이너에서 업그레이드할 수 있다.

배포된 응용 프로그램이 동작하지 않을 때 자신의 시스템에 있는 응용 프로그램은 정상적으로 동작한다고 말하는 개발자를 본 적이 있는가? 이러한 현상은 개발 장비와 스테이징 서버, 상용 서버의 설정 방식이 서로 다르기 때문에 발생한다. 도커를 사용하면 이미지를 각기 다른 환경으로 쉽게 옮기고 컨테이너를 구동시킬 수 있다. 이는 개발 장비의 컨테이너에서 응용 프로그램이 잘 동작한다면 스테이징이나 상용 장비에서도 잘 동작한다는 것을 의미한다.

코드를 과거의 방식보다 훨씬 빠르게 배포할 수 있는 것은 도커 컨테이너의 예측 가능성과 안정성 때문이며, 이는 생산성의 증가로 이어진다.

▋ 윈도우 10 Pro에 도커 설치하기

윈도우 10 Pro와 윈도우 10 엔터프라이즈용 **도커 커뮤니티 에디션**Docker Community Edition, Docker CE은 무료로 사용할 수 있다.

 Docker CE는 다음 경로에서 다운로드할 수 있다.
https://www.docker.com/products/docker-desktop

Docker CE에는 Hyper-V가 필요하며 이때문에 윈도우 10 Pro 이상의 버전에서만 동작한다. 어떤 버전의 윈도우를 사용하고 있는지 확인하려면 관리자 명령 프롬프트를 연 후 다음 명령어를 입력한다.

```
systeminfo
```

다음과 같은 정보를 확인할 수 있다.

![Administrator: Command Prompt 창 화면]

```
Microsoft Windows [Version 10.0.16299.192]
(c) 2017 Microsoft Corporation. All rights reserved.

C:\WINDOWS\system32>systeminfo

Host Name:                 MSI
OS Name:                   Microsoft Windows 10 Pro
OS Version:                10.0.16299 N/A Build 16299
OS Manufacturer:           Microsoft Corporation
OS Configuration:          Standalone Workstation
OS Build Type:             Multiprocessor Free
Registered Owner:          Dirk Strauss
```

Hyper-V가 활성화됐는지 여부를 확인하기 위해 아래로 스크롤한다.

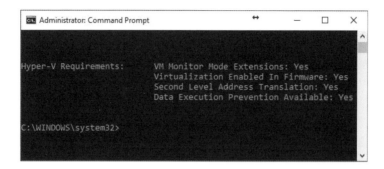

하위 버전의 윈도우에는 Hyper-V가 포함돼 있지 않으므로 Docker CE가 동작하지 않는다. 도커 문서(https://docs.docker.com/v17.09/docker-for-windows/faqs/#questions-about-stable-and-edge-channels)에 따르면 윈도우 10 Home에서도 지원하지 않는다.

구 버전의 맥과 윈도우를 위한 **도커 도구 상자**Docker Toolbox를 제공하며 무료 버전의 오라클 가상 머신 버추얼 박스에서 사용할 수 있다. 좀 더 자세한 정보는 다음 URL을 참고한다.

https://docs.docker.com/toolbox/toolbox_install_windows/

앞서 언급한 것처럼 Docker CE는 윈도우 10 Pro와 윈도우 10 엔터프라이즈용으로 다운로드한다. 다음 도커 스토어에서 설치 파일을 다운로드할 수 있다.

https://store.docker.com/editions/community/docker-ce-desktop-windows

스토어의 다운로드 페이지는 다음과 같다.

로그인해야 하며 미가입 상태라면 가입한 후에 진행한다. **Get Docker** 버튼을 클릭해 도커 설치 파일을 컴퓨터에 다운로드한다.

 TIP 설치를 완료하려면 윈도우 로그아웃이 필요하다. 자동으로 로그아웃하진 않지만 설치 과정을 시작하기 전에 다른 응용 프로그램을 모두 종료하는 것이 좋다.

이 설치 파일은 실제로 최근 몇 년 동안 사용한 설치 파일 중에 가장 편리한 설치 파일이다. 다음과 같이 설치도 매우 간단하다.

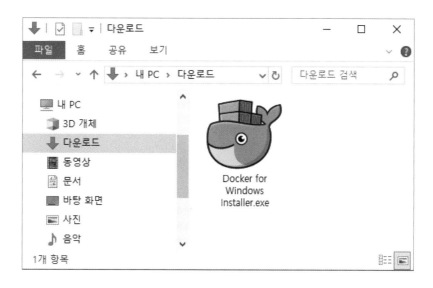

보통 관리자 권한으로 설치 파일을 실행한다. 다음과 같이 설치가 완료된다. 윈도우
Hyper-V 설정에 따라 로그아웃을 요청하는 경우도 있다.

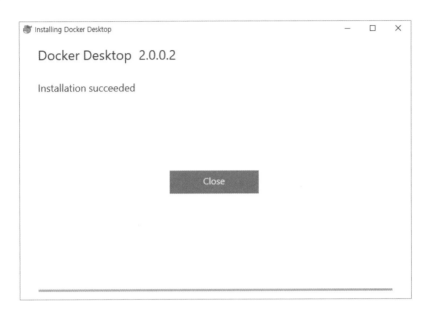

이 경우, 다시 윈도우에 로그인하면 도커 컨테이너를 사용하기 위해 Hyper-V를 켜라는
메시지가 나타난다. Hyper-V를 켜는 옵션을 선택한 후 컴퓨터를 다시 시작한다. 컴퓨터
가 다시 시작되면 다음과 같이 도커가 실행 중이라는 메시지가 나타난다.

도커가 성공적으로 설치됐다. 정말 간단하다.

도커 이해하기

도커를 시작하기 위해 Docker Desktop 앱을 찾는다.

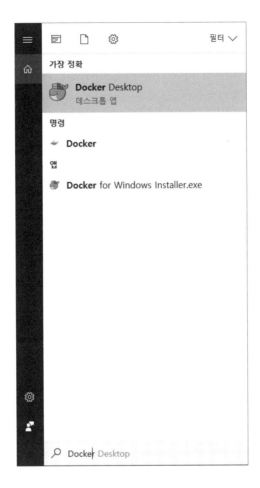

이 방법으로 컴퓨터에 설치된 도커를 시작한다. 도커가 시작되면 다음과 같이 작업 표시 줄에서 볼 수 있다.

기본적으로 도커는 설치 후 자동으로 시작되므로 먼저 작업 표시줄에서 실행 중인지 확인한다. 도커에서 사용할 수 있는 다양한 설정을 살펴보자. 작업 표시줄의 도커 아이콘에서 마우스 오른쪽 버튼을 클릭한 후 메뉴에서 **설정**Settings을 선택한다. 다음과 같은 화면이 나타나면 **공유 드라이브**Shared Drives 탭을 클릭한다.

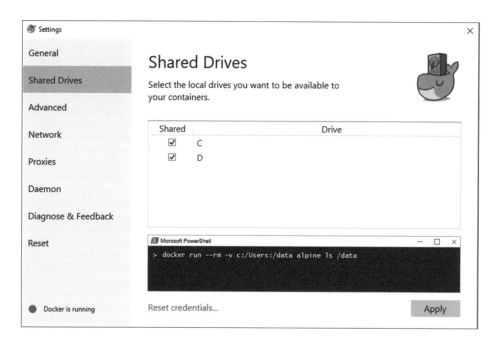

컨테이너에서 사용할 로컬 드라이브 선택은 중요하다. 공유 드라이브에서는 볼륨을 지원한다. 볼륨은 도커 컨테이너에서 만들어진 데이터가 저장(유지)되는 메커니즘이다. 좀 더 자세한 내용은 다음 경로의 공식 도커 문서에서 확인할 수 있다.

https://docs.docker.com/storage/volumes/

공식 문서의 다음 항목이 중요하다.

- 볼륨은 쉽게 백업할 수 있다.
- 볼륨은 리눅스와 윈도우 컨테이너에서 동작한다.
- 여러 컨테이너 간에 볼륨을 공유할 수 있다.

- 볼륨 드라이버를 사용해 볼륨을 원격에 있는 컴퓨터나 클라우드에 저장할 수 있다.
- 볼륨의 내용을 암호화할 수 있다.

볼륨은 컨테이너의 외부에 존재하므로 데이터를 저장하기에 좋은 선택이다. 도커에서 호스트 컴퓨터와 컨테이너 사이에 드라이브 공유하기 위해 445 포트를 열어야 한다. 도커에서 445 포트가 닫혔다는 것을 감지하면 다음과 같은 화면이 나타난다.

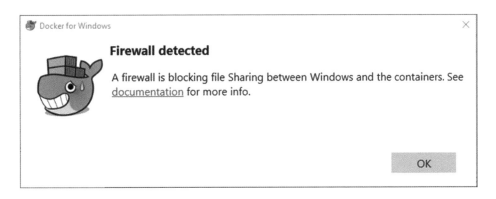

링크(documentation)를 클릭하면 자세한 오류 내용을 확인할 수 있다.

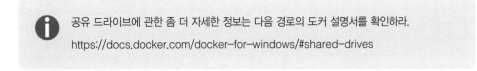

공유 드라이브에 관한 좀 더 자세한 정보는 다음 경로의 도커 설명서를 확인하라.
https://docs.docker.com/docker-for-windows/#shared-drives

온라인에는 이 문제를 해결하기 위한 몇 가지 추천 방법이 존재한다. 우선 다음 순서에 따라 'Microsoft 네트워크용 파일 및 프린터 공유'를 제거한 후 재설치한다.[1]

1. 윈도우 설정에서 '**네트워크 및 공유센터**'를 연 후 다음과 같이 vEthernet (DockerNAT) 연결을 클릭한다.

---

1 이 방법은 윈도우 10의 버전에 따라 동작하지 않을 수 있다. - 옮긴이

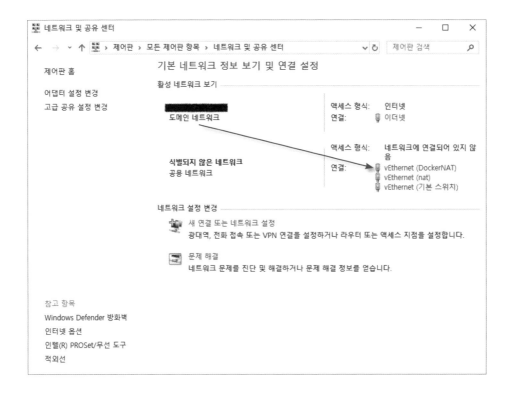

2. 다음과 같이 vEthernet (DocketNAT) **상태** 창에서 **속성** 버튼을 클릭한다.

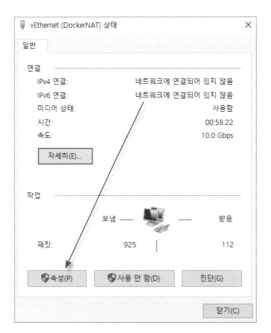

3. 여기서 'Microsoft 네트워크용 파일 및 프린터 공유'를 확인할 수 있다. 가장 먼저 **제거** 버튼을 클릭한다. 그러면 목록에서 해당 항목이 제거된다.[2] 그런 다음 **설치** 버튼을 클릭한다.

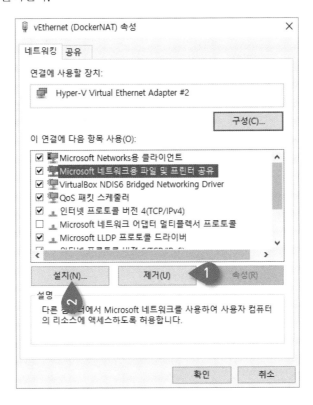

2 윈도우 10 버전에 따라 삭제되지 않고 오류가 발생하는 경우, 이 항목의 체크 박스의 선택을 '해제'한 후 '다시 선택'하는 것으로 대체할 수 있으며 이후의 설명은 건너뛴다. – 옮긴이

4. '**네트워크 기능 유형 선택**' 화면에서 '**서비스**' 기능을 클릭한 후 **추가** 버튼을 클릭한다.

5. '**네트워크 서비스 선택**' 화면에서 제조업체를 'Microsoft'로 선택하고 'Microsoft **네트워**
크용 파일 및 프린터 공유'를 클릭한다.

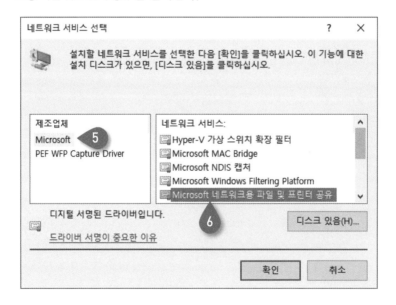

6. **확인**을 클릭한 후 화면이 모두 닫히면 작업 표시줄의 해당 아이콘에서 마우스 오른쪽 버튼을 클릭해 도커를 중지하고 **도커 종료**를 클릭한다. 그런 다음 다시 윈도우 응용 프로그램에서 도커를 클릭하면 도커가 다시 시작된다.

이제 설정 화면을 통해 도커에서 사용할 공유 드라이브를 선택한다. 방화벽이 감지됐다(Firewall detected)는 메시지가 아직 보인다면 백신 프로그램이 도커를 차단하고 있을 가능성이 있다.

저자의 컴퓨터 환경에서는 ESET Endpoint Security가 통신을 차단하고 있었다. 사용하고 있는 백신 프로그램의 최근에 차단된 응용 프로그램 목록을 찾아본다. 여기서는 ESET Endpoint Security를 시작하고 SETUP과 **Network**를 이어서 선택했다.

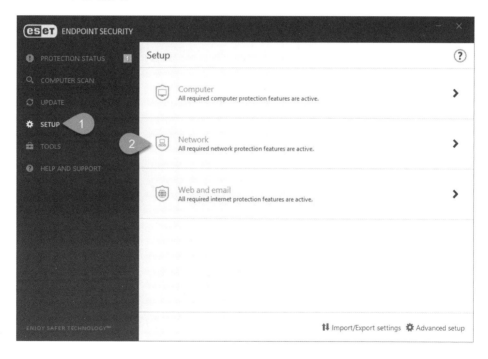

7. 다음과 같이 **최근에 차단된 응용 프로그램이나 장치**^{Recently blocked applications or devices} 목록을 선택했다.

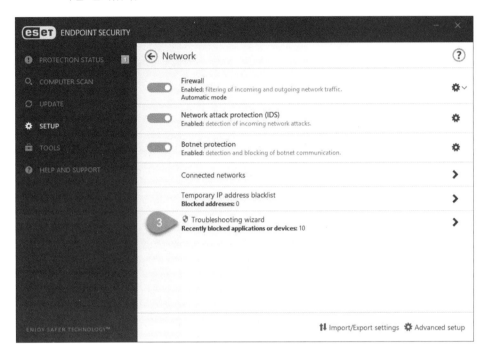

이 목록을 스크롤하면서 ESET에서 `10.0.75.2`를 차단하고 있다는 것이 발견됐다. 다음 도커 설명서 내용에 따르면 이 IP는 방화벽을 통과해야 한다.

> "드라이브를 공유하기 위해 윈도우 호스트 장비와 윈도우에 있는 가상 머신 또는 외부 방화벽 소프트웨어 간의 연결을 허용한다. 다른 네트워크의 445 포트는 열지 않아도 된다. 기본적으로 10.0.75.2(가상 머신)에서 10.0.75.1의 445 포트(윈도우 호스트)로의 연결이 허용된다. 만약 방화벽 정책이 열려 있는 것처럼 보인다면 파일 및 프린터 공유 서비스를 다시 설치하는 것을 고려해야 한다."

8. 다음 화면에서 **해제**^{Unblock} 버튼을 클릭하면 확인^{confirmation} 화면이 나타난다.

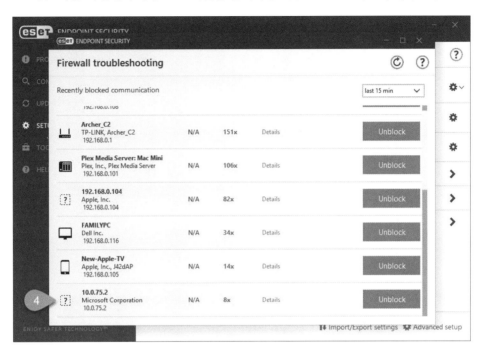

확인을 마치면 10.0.75.2의 차단이 해제된다.

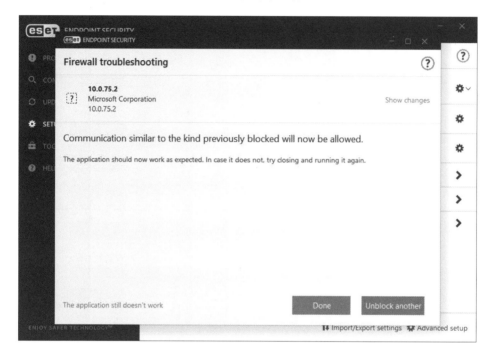

9. Done을 클릭해 마친다. 도커 설정 설정으로 돌아가 공유하려는 드라이브를 선택한다.

이제 도커에서 사용하려는 공유 드라이브를 선택할 수 있다. 여전히 드라이브를 공유할 수 없다면 추가적인 문제 해결을 위한 팁을 얻기 위해 스택오버플로stackoverflow를 살펴본다.

https://stackoverflow.com/questions/42203488/settings-to-windows-firewall-to-allow-docker-for-windows-to-share-drive/43904051#43904051

다음으로 도커와 비주얼스튜디오 2017을 통합하는 방법과 ASP.NET Core 응용 프로그램에서 도커를 지원하려면 무엇이 필요한지 살펴본다. 이미 존재하는 ASP.NET Core 응용 프로그램에서 도커를 지원하는 방법도 살펴본다.

도커는 건강한 개발자 커뮤니티와 도움을 받을 수 있는 문서가 다수 존재한다. 시간을 들여 이러한 커뮤니티와 문서들을 찾아보고 마주하게 될 문제를 해결하길 바란다.

비주얼 스튜디오 2017의 ASP.NET Core 응용 프로그램을 도커에서 실행하기

다음에는 무엇을 해야 할까? 지금까지 윈도우 10에 도커를 설정하는 방법과 이 설정을 둘러싼 몇 가지 문제 해결 방법을 살펴봤다. 이제 ASP.NET Core 응용 프로그램을 만들고 이 새 응용 프로그램을 도커에서 실행하는 방법을 살펴본다.

1. 다음과 같이 비주얼 스튜디오 2017에서 새 ASP.NET Core 웹 응용 프로그램을 만들고 **확인** 버튼을 클릭한다.

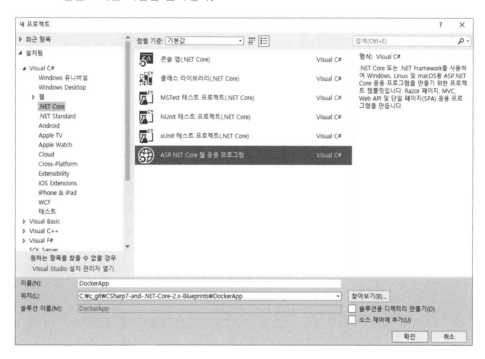

2. 다음 화면에서 **웹 응용 프로그램(모델–뷰–컨트롤러)**이나 원하는 유형의 응용 프로
그램을 선택한 후 드롭다운 목록에서 ASP.NET Core 2.1을 선택한다. 다음으로
Docker 지원 사용을 선택한다. 이렇게 하면 OS 드롭다운 목록이 활성화된다. 여
기서 Windows를 선택한 후 **확인** 버튼을 클릭한다.

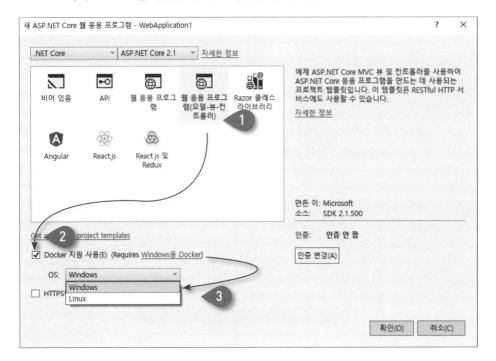

작업 표시줄의 도커 아이콘에서 마우스 오른쪽 버튼을 클릭하면 다음과 같이 윈도우 컨테이너를 활성화할 수 있는 옵션이 나타난다. Switch to Windows containers를 클릭해 윈도우 컨테이너로 전환한다.

About Docker

Discover Docker Enterprise Edition

Settings...

Check for Updates...

Diagnose and Feedback...

Switch to Windows containers...

Docker Store

Documentation

Kitematic

Sign in / Create Docker ID...

Swarms

Repositories

Quit Docker

윈도우 컨테이너로 전환하게 되면 완료될 때까지 수분이 소요되며 이는 컴퓨터의 하드웨어 구성과 인터넷 회선의 속도에 따라 다르다.

이 옵션을 사용하지 않으면 비주얼 스튜디오에서 빌드할 때 컨테이너 구성이 맞지 않다는 오류가 발생한다.

대상 OS로 윈도우 컨테이너를 선택한 이유는 나중에 도커 허브와 빌드 자동화에서 자세히 설명한다.

ASP.NET Core 응용 프로그램이 생성되면 다음과 같이 솔루션 탐색기의 프로젝트를 확인할 수 있다.

비주얼 스튜디오의 도커 지원Docker support은 도커 파일Dockerfile 형태로 제공된다.

3. 솔루션 탐색기에서 도커 파일을 열어보면 이 파일이 전혀 복잡하지 않다는 것을 알게 될 것이다. 이 도커 파일이 이미지를 만드는 파일이다. 이미지는 읽기 전용 템플릿으로 도커 컨테이너를 생성하는 방법이 기술된다. 즉 도커 파일에는 이미지를 생성하고 실행하는 데 필요한 단계가 포함돼 있다. 도커 파일의 명령어는 이미지를 계층 구조로 만든다. 만약 도커 파일이 변경되면 이미지를 다시 빌드할 때 변경된 계층만 빌드된다. 이 도커 파일의 모양은 다음과 같다.

```
FROM microsoft/dotnet:2.1-aspnetcore-runtime-nanoserver-1803 AS base
WORKDIR /app
EXPOSE 80

FROM microsoft/dotnet:2.1-sdk-nanoserver-1803 AS build
```

```
WORKDIR /src
COPY ["DockerApp/DockerApp.csproj", "DockerApp/"]
RUN dotnet restore "DockerApp/DockerApp.csproj"
COPY . .
WORKDIR "/src/DockerApp"
RUN dotnet build "DockerApp.csproj" -c Release -o /app

FROM build AS publish
RUN dotnet publish "DockerApp.csproj" -c Release -o /app

FROM base AS final
WORKDIR /app
COPY --from=publish /app .
ENTRYPOINT ["dotnet", "DockerApp.dll"]
```

비주얼 스튜디오 2017의 메뉴를 살펴보면 다음과 같이 **Run** 버튼이 **Docker**로 변경됐다는 것을 알 수 있다.

4. ASP.NET Core 응용 프로그램을 디버깅하기 위해 이 **Docker** 버튼을 클릭하면 출력 창에 몇 가지 내용이 출력된다. 여기서 살펴볼 부분은 IP 주소다. 다음과 같이 'http://172.23.191.141/'이 표시된다. 이 출력 화면은 다를 수 있다.

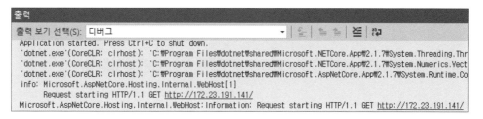

브라우저에서 자동으로 실행되며 ASP.NET Core 응용 프로그램이 **출력** 창에 표시된 IP 주소에서 동작한다는 것을 알 수 있다. 이제 ASP.NET Core 응용 프로그램이 윈도우 도커 컨테이너에서 동작하고 있다.

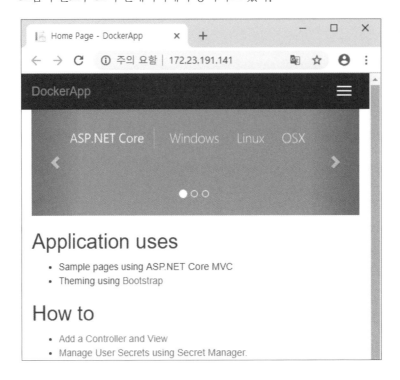

정말 간단하게 만들 수 있다. 그런데 이미 존재하는 ASP.NET Core 응용 프로그램에 도커 지원을 추가하려면 어떻게 해야 할까? 알고 나면 생각보다 간단하다.

이미 존재하는 ASP.NET Core 응용 프로그램에 도커 지원 추가하기

도커 지원 기능이 없는 ASP.NET Core 응용 프로그램을 생각해보자. 이렇게 이미 존재하는 응용 프로그램에 도커 지원을 추가하려면 다음 순서대로 컨텍스트 메뉴에서 도커 지원을 추가하면 된다.

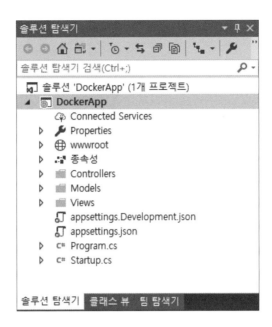

이미 존재하는 ASP.NET Core 응용 프로그램에서 도커 지원을 추가하려면 다음 순서대로 진행한다.

1. 솔루션 탐색기의 프로젝트에서 마우스 오른쪽 버튼을 클릭한다.
2. **추가** 메뉴를 클릭한다.
3. 메뉴가 표시되면 Docker **지원**을 클릭한다.

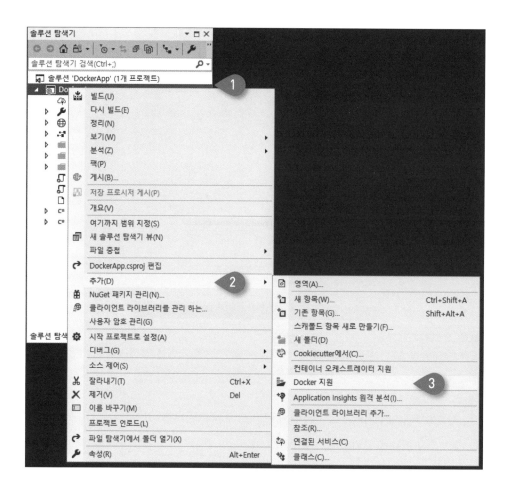

4. 이제 비주얼 스튜디오 2017에서 어떤 운영체제를 대상으로 할 것인지 묻는다. 여기서는 다음과 같이 'Windows'를 대상 OS로 한다.

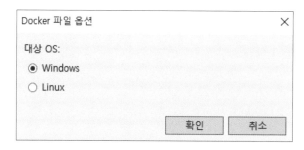

5. **확인** 버튼을 클릭하면 비주얼 스튜디오 2017에서 프로젝트에 도커 지원을 추가한다.

도커 지원이 포함된 ASP.NET Core 응용 프로그램을 생성하는 작업은 매우 간단하며 이미 존재하는 ASP.NET Core 응용 프로그램에 도커 지원을 추가하는 작업도 매우 쉽다.

마지막으로 파일 접근 이슈와 같은 이슈를 경험하게 된다면 백신 프로그램이 스캔할 때 도커 파일을 제외하도록 설정됐는지 확인한다. 그리고 비주얼 스튜디오를 관리자 권한으로 실행했는지 확인한다.

깃허브와 도커 허브 사용하기

이 절에서는 깃허브 저장소에 있는 프로젝트의 빌드를 자동화하기 위한 도커 허브 설정 방법을 설명한다.

ⓘ 이 예제에서 깃허브의 사용법은 진행하지 않는다.

1. 앞 절에서 생성한 DockerApp 프로젝트를 새 깃허브 저장소에 올린다. 자신의 코드를 올렸으면 다음 경로의 도커 허브로 가서 로그인한다. 계정이 없다면 계정을 생성해야 한다.

   https://hub.docker.com/

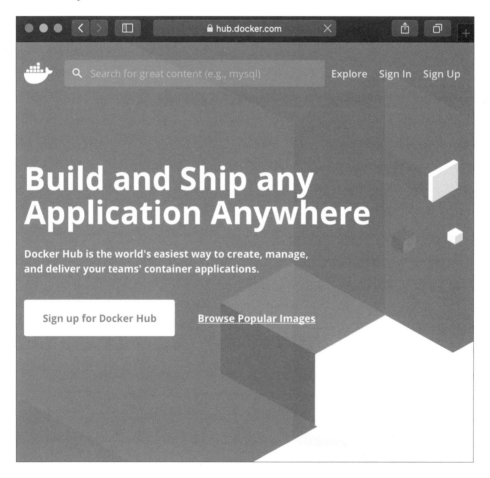

2. 계정을 만드는 과정은 매우 쉽고 빠르다. 이메일 주소를 확인하면 가입이 완료
   된다. 이메일 주소를 확인한 후 다시 로그인한다. 로그인하면 도커 허브 대시보
   드가 표시된다.

   이 페이지에서 사용할 수 있는 몇 가지 옵션이 있다. 다음과 같이 저장소repository
   와 조직organization을 생성한 후 저장소를 검색할 수 있다.

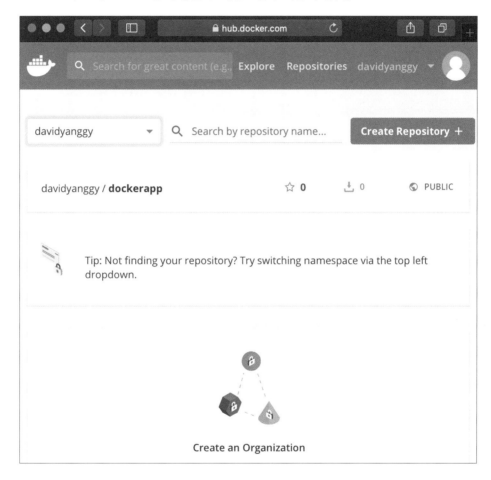

3. 깃허브로 작업하려면 먼저 도커 허브와 깃허브를 연결해야 한다. 이 페이지의 우측 상단에서 **사용자 이름**과 **계정 설정**Account Settings 메뉴를 순서대로 클릭한다.

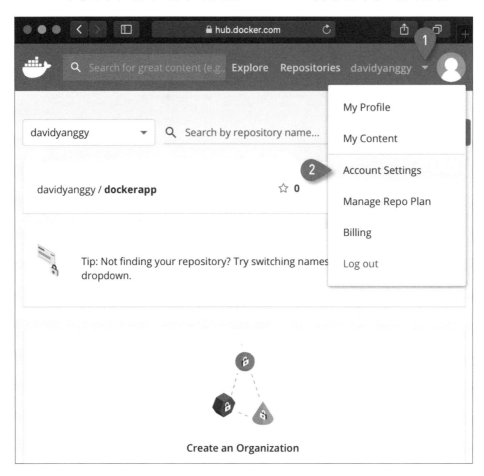

4. 계정 설정^{Account Settings} 화면에서 아래로 스크롤하면 연결된 계정^{Linked Accounts}이 나타난다. GitHub 항목에서 **Connect**나 전원 플러그 모양의 아이콘을 클릭한다.

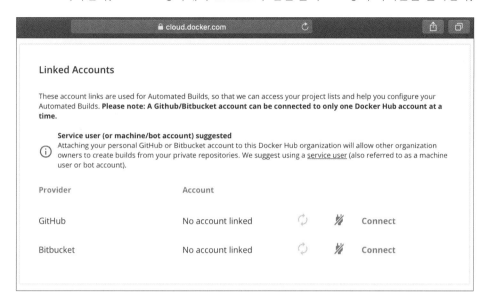

5. 도커 허브에서 자신의 깃허브 저장소에 접근하는 것을 허용하기 위한 인증 페이지로 리다이렉션된다. 깃허브 계정으로 로그인한다.

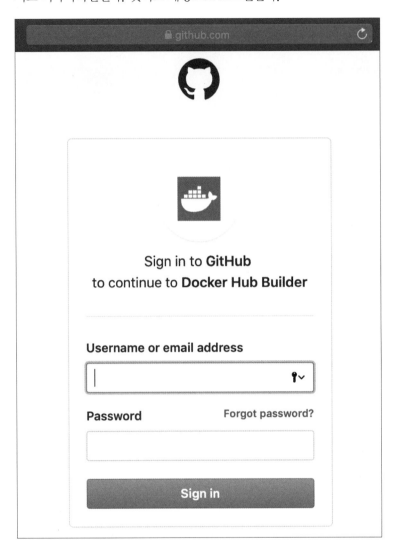

 TIP 2단계 인증이 활성화돼 있다면 자신의 스마트폰에서 생성한 인증 코드를 입력해야 한다. 따라서 자신의 스마트폰을 갖고 있어야 한다.

6. 도커 허브 인증을 위해 다음과 같이 Authorize docker 버튼을 클릭한다.

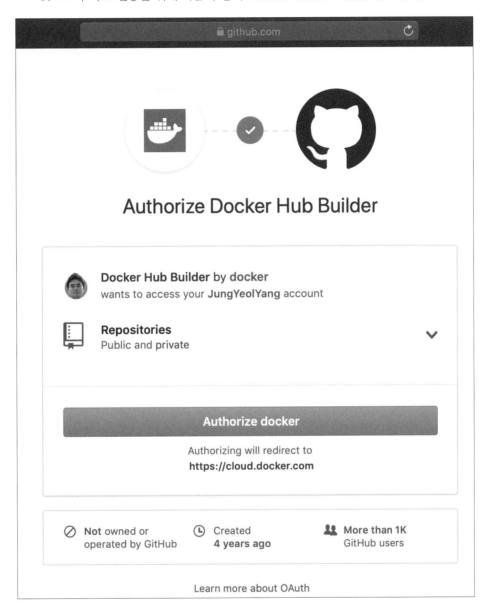

Linked Accounts 페이지로 다시 돌아가면서 도커 허브 프로필에 연결된 계정을
볼 수 있다.

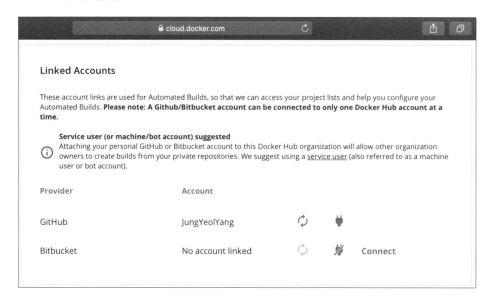

7. 자동 빌드를 계속 생성한다. Create Repository + 버튼을 클릭해 저장소를 생성
   한다.

8. 이름과 설명 입력란에 'dockerapp'과 'DockerApp'을 입력한다.

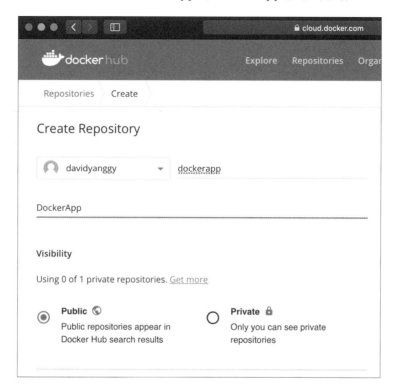

9. 화면을 아래로 스크롤해 Create 버튼을 클릭하면 저장소가 생성된다.

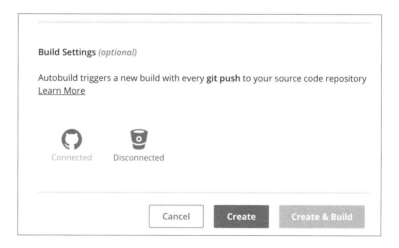

10. 생성한 저장소를 선택해 다음과 같은 상세 화면을 연 후 Builds 탭을 선택한다. 다음으로 자동 빌드를 설정하기 위해 Configure Automated Builds 버튼을 클릭한다.

11. 자동 빌드 구성 화면에서 자신의 **SOURCE REPOSITORY** 항목들을 선택한다. **드롭다운**을 선택하면 자신의 깃허브 계정의 사용 가능한 저장소 목록을 모두 보여준다. 예제에서는 깃허브 계정에 DockerApp 프로젝트를 올렸으며 그래야만 선택할 수 있다.

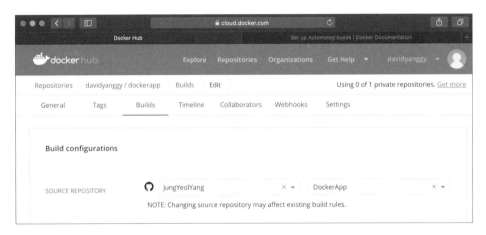

12. 같은 페이지에서 BUILD RULES(빌드 규칙)의 오른쪽에 있는 + 버튼을 클릭해 빌드 규칙을 추가한다. 필요에 따라 나머지 정보를 정의할 수 있으며 기본값을 그대로 사용할 수도 있다. 자신이 원하는 대로 구성을 모두 마친 후 화면 하단의 **Create** 버튼을 클릭한다.

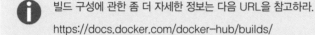

> 빌드 구성에 관한 좀 더 자세한 정보는 다음 URL을 참고하라.
>
> https://docs.docker.com/docker-hub/builds/

이제 자동 빌드가 구성됐고 사용할 준비가 됐다. 그렇다면 이 자동 빌드는 정확히 어떤 방식으로 동작할까? 자신의 깃허브 저장소에 코드를 커밋^{commit}할 때마다 도커 허브에서는 해당 프로젝트를 자동으로 빌드하게 된다.

13. 잘 동작하는지 확인해보려면 비주얼 스튜디오 2017에서 ASP.NET Core 응용 프로그램을 열고 수정한다. 그런 다음 변경 사항을 깃허브 저장소에 커밋한다. 그리고 도커 허브에서 저장소 상세 화면의 **Builds** 탭이나 **Timeline** 탭을 클릭한다. 빌드가 대기하고 몇 분 이내에 완료되는 것을 확인할 수 있다. 빌드 결과를 보려면 잠시 후 페이지를 새로 고침한다.

14. 페이지를 새로 고침하면 오류가 발생했다는 것을 알 수 있다. 도커 허브에서는 빌드 결과를 보여주며 실패한 세부 내용을 확인하려면 빌드 결과를 클릭한다.

> 자동 빌드를 하는 동안 나올 수 있는 일반적인 몇 가지 오류에 대해 설명한다. 그리고 이러한 문제를 해결을 위해 찾아낸 방법도 보여준다. 그 사이에 이러한 동작 방식이 변경됐을지 여부는 확신할 수 없지만 책을 쓰고 있는 지금은 이러한 이슈가 발생하고 있다.

문제의 원인을 보면 도커 허브에서 프로젝트 루트 경로에 있는 도커 파일을 찾지 못했다는 것을 알 수 있다. 도커 허브에서는 도커 파일의 위치를 찾기 위해 프로젝트 트리 구조를 반복적으로 탐색할 것이라고 생각되지만 왜 이러한 문제가 발생하는지 잘 이해되지 않는다. 하지만 이 문제 해결 방법은 다음과 같이 매우 간단하다.

도커 파일 사본을 만든 후 솔루션의 루트 경로에 복사한다. 깃허브에서 보면 다음과 같다.

15. 하단의 Save and Build 버튼을 클릭해 저장하면 프로젝트가 다시 빌드된다. 하지만 또 다른 오류가 발생한다. 오류 항목을 클릭하면 다음과 같은 세부 오류 내용이 나타난다.

```
Build logs          Dockerfile

Building in Docker Cloud's infrastructure...
Cloning into '.'...
Warning: Permanently added the RSA host key for IP address '192.30.253.112' to the list of known hosts.
Reset branch 'master'
Your branch is up-to-date with 'origin/master'.
KernelVersion: 4.4.0-1060-aws
Components: [{u'Version': u'18.03.1-ee-3', u'Name': u'Engine', u'Details': {u'KernelVersion': u'4.4.0-106
Arch: amd64
BuildTime: 2018-08-30T18:42:30.000000000+00:00
ApiVersion: 1.37
Platform: {u'Name': u''}
Version: 18.03.1-ee-3
MinAPIVersion: 1.12
GitCommit: b9a5c95
Os: linux
GoVersion: go1.10.2
Starting build of index.docker.io/davidyanggy/dockerapp:latest...
Step 1/16 : FROM microsoft/dotnet:2.1-aspnetcore-runtime-nanoserver-1803 AS base
image operating system "windows" cannot be used on this platform
```

이번에는 리눅스가 아닌 윈도우를 대상 운영 체제로 지정한 것이 오류의 원인이라는 정보를 다음과 같이 알려준다.

image operating system "windows" cannot be used on this platform

16. 이 이슈를 해결하려면 도커 파일을 수정해야 한다. 윈도우용 도커 파일의 모양은 다음과 같다.

```
FROM microsoft/dotnet:2.1-aspnetcore-runtime-nanoserver-1803 AS base
WORKDIR /app
EXPOSE 80

FROM microsoft/dotnet:2.1-sdk-nanoserver-1803 AS build
WORKDIR /src
COPY ["DockerApp/DockerApp.csproj", "DockerApp/"]
RUN dotnet restore "DockerApp/DockerApp.csproj"
COPY . .
WORKDIR "/src/DockerApp"
RUN dotnet build "DockerApp.csproj" -c Release -o /app

FROM build AS publish
RUN dotnet publish "DockerApp.csproj" -c Release -o /app

FROM base AS final
WORKDIR /app
COPY --from=publish /app .
ENTRYPOINT ["dotnet", "DockerApp.dll"]
```

17. 다음과 같이 도커 파일을 수정한다.

```
FROM microsoft/dotnet:2.1-aspnetcore-runtime AS base
WORKDIR /app
EXPOSE 80

FROM microsoft/dotnet:2.1-sdk AS build
```

```
WORKDIR /src
COPY ["DockerApp/DockerApp.csproj", "DockerApp/"]
RUN dotnet restore "DockerApp/DockerApp.csproj"
COPY . .
WORKDIR "/src/DockerApp"
RUN dotnet build "DockerApp.csproj" -c Release -o /app

FROM build AS publish
RUN dotnet publish "DockerApp.csproj" -c Release -o /app

FROM base AS final
WORKDIR /app
COPY --from=publish /app .
ENTRYPOINT ["dotnet", "DockerApp.dll"]
```

18. 다시 자동 빌드가 시작되도록 깃허브에 코드를 커밋한다.
이번에는 빌드가 성공하는 것을 볼 수 있다.

> ℹ️ .NET 컨테이너의 대상 OS에 관한 좀 더 자세한 정보는 다음 경로의 마이크로소프트 문서를
> 확인하라.
>
> https://docs.microsoft.com/ko-kr/dotnet/standard/microservices-architecture/
> net-core-net-framework-containers/net-container-os-targets

19. 이제 깃허브 프로젝트 빌드 자동화에 성공했다. **Repositories/General** 탭에서
Docker commands의 **Public View** 버튼을 클릭하면 나타나는 화면에서 Docker
pull command를 복사한다.

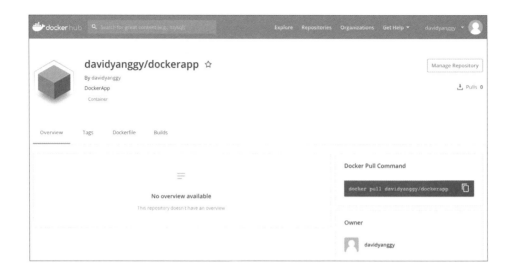

도커 이미지 저장소는 davidyanggy/dockerapp이고 Docker pull command는 docker pull davidyanggy/dockerapp이다.

20. 다음과 같이 윈도우 명령 프롬프트를 관리자 권한으로 실행하고 Docker pull command를 입력한 후 Enter를 누른다.

이미지가 자신의 컴퓨터로 다운로드되기 시작한다.

438

TIP 도커 이미지를 다운로드할 때 다음과 같은 오류 메시지가 나타나면 작업 표시줄의 도커 아이콘에서 마우스 오른쪽 버튼을 클릭하고 Reset을 클릭한 후 Restart Docker을 선택해 도커를 다시 시작한다.

Error response from daemon: Get https://registry-1.docker.io/v2/: net/http: request canceled while waiting for connection (Client.Timeout exceeded while awaiting headers)

다음 메시지가 포함된 오류가 발생하면 리눅스 컨테이너로 다시 전환해야 한다.

```
Image operating system "linux" cannot be used on this platform
```

좀 더 자세한 정보는 다음 URL을 확인하라.

https://github.com/docker/kitematic/issues/2828

21. 이제 다음과 같이 5000번 포트로 컨테이너를 바인딩해주는 명령을 입력해 컨테이너를 실행한다.

```
docker run -d -p 5000:80 [이미지 저장소]
```

관리자: 명령 프롬프트   — □ ×

```
C:\WINDOWS\system32>docker run -d -p 5000:80 davidyanggy/dockerapp_
```

22. 컨테이너가 시작됐는지 여부를 확인하고 싶다면 다음 명령어를 실행한다.

```
Docker container ls
```

이렇게 하면 실행 중인 컨테이너의 컨테이너 ID와 기타 정보를 확인할 수 있다.

23. 브라우저에서 깃허브에 올린 ASP.NET Core 응용 프로그램을 실행한다. 이를 위해서는 해당 IP 주소를 알아야 한다. 윈도우 10에서는 DockerNAT의 IP를 알아내기 위해 다음 명령어를 실행한다.

```
ipconfig
```

다음과 같이 정의된 IP 주소는 **10.0.75.1**이며 이 주소에서 컨테이너가 실행된다.

24. 브라우저를 연 후 이 IP 주소와 포트번호를 다음과 같이 입력하고 Enter를 누른다.

```
10.0.75.1:5000
```

다음과 같이 브라우저 창에 ASP.NET Core 응용 프로그램이 나타난다.

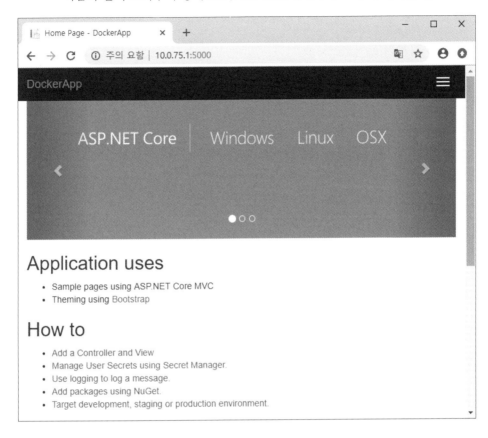

빌드를 자동화하기 위해 도커 허브와 깃허브를 설정하는 것이 처음에는 번거로운 작업처럼 보이지만 개발 팀이 얻는 이점이 더 많으며 항상 프로젝트의 죄신 빌드를 사용할 수 있게 해준다.

▌ 요약

9장에서는 윈도우 10 Pro가 설치된 컴퓨터에 도커를 설치하는 방법을 살펴봤다. 도커란 무엇이고 개발자에게 주는 이점에는 무엇이 있는지 살펴봤다. 자신의 컴퓨터에 도커 설치

시 방화벽에서 차단하는 문제가 발생할 때 이 문제를 해결 방법도 살펴봤다. 도커를 설치하고 프로젝트 생성 시 도커 지원이 포함된 ASP.NET Core MVC 응용 프로그램을 만들었다. 이미 만들어진 응용 프로그램에 도커 지원을 포함시키는 방법도 살펴봤다. 끝으로 도커와 깃허브를 통합해 빌드 자동화를 설정했다. 도커 허브의 컨테이너를 자신의 컴퓨터로 가져오는 방법과 이 컨테이너에서 응용 프로그램을 실행하는 방법도 살펴봤다.

도커 컨테이너와 도커 허브는 개발자의 작업을 보다 쉽게 만들어주는 도구다. 깃허브와 도커처럼 잘 알려진 플랫폼을 사용해 작업하면 생산성과 수익성을 증가시킬 수 있다. 또한 도커를 사용하면 다양한 장비에 응용 프로그램을 배포할 때 발생하는 호환성 문제를 해결할 수 있다.

도커에 관해서는 9장에서 설명한 것보다 배워야 할 내용이 더 많이 남아 있으며 도커의 능력을 계속 탐구해보길 바란다.

찾아보기

에이콘출판의 기틀을 마련하신 故 정완재 선생님 (1935-2004)

C# 7 and .NET Core 2.x Blueprints

프로젝트별 예제로 배우는 C#과 닷넷 코어

발 행 | 2019년 4월 30일

지은이 | 더크 스트라우스 · 야스 라드메이어
옮긴이 | 양 정 열

펴낸이 | 권 성 준
편집장 | 황 영 주
편 집 | 이 지 은
디자인 | 박 주 란

에이콘출판주식회사
서울특별시 양천구 국회대로 287 (목동)
전화 02-2653-7600, 팩스 02-2653-0433
www.acornpub.co.kr / editor@acornpub.co.kr

한국어판 ⓒ 에이콘출판주식회사, 2019, Printed in Korea.
ISBN 979-11-6175-291-4
ISBN 978-89-6077-210-6 (세트)
http://www.acornpub.co.kr/book/csharp7-.net-core-2.0

이 도서의 국립중앙도서관 출판시도서목록(CIP)은 서지정보유통지원시스템 홈페이지(http://seoji.nl.go.kr)와
국가자료공동목록시스템(http://www.nl.go.kr/kolisnet)에서 이용하실 수 있습니다.(CIP제어번호: CIP2019015928)

책값은 뒤표지에 있습니다.